普通高等职业教育“十三五”规划教材
“教—学—做一体化”校企合作课改科研成果推荐教材
21 世纪高职高专会计类专业课程改革规划教材

Excel 在财务中的应用

主　编　石　熠　王　娜
副主编　吕晓燕　王　迪　李迎春　叶梁军

中国人民大学出版社
·北京·

图书在版编目（CIP）数据

Excel 在财务中的应用/石熠，王娜主编．—北京：中国人民大学出版社，2017.9
21 世纪高职高专会计类专业课程改革规划教材
ISBN 978-7-300-24530-0

Ⅰ．①E… Ⅱ．①石… ②王… Ⅲ．①表处理软件-应用-财务管理-高等职业教育-教材 Ⅳ．①F275-39

中国版本图书馆 CIP 数据核字（2017）第 123485 号

普通高等职业教育“十三五”规划教材
“教—学—做一体化”校企合作课改科研成果推荐教材
21 世纪高职高专会计类专业课程改革规划教材
Excel 在财务中的应用
主　编　石　熠　王　娜
副主编　吕晓燕　王　迪　李迎春　叶梁军
Excel zai Caiwu zhong de Yingyong

出版发行	中国人民大学出版社		
社　　址	北京中关村大街 31 号	**邮政编码**	100080
电　　话	010－62511242（总编室）		010－62511770（质管部）
	010－82501766（邮购部）		010－62514148（门市部）
	010－62515195（发行公司）		010－62515275（盗版举报）
网　　址	http://www.crup.com.cn		
经　　销	新华书店		
印　　刷	天津中印联印务有限公司		
规　　格	185 mm×260 mm　16 开本	**版　　次**	2017 年 9 月第 1 版
印　　张	16.25	**印　　次**	2019 年 8 月第 6 次印刷
字　　数	386 000	**定　　价**	39.00 元

前　言

Excel是微软公司出品的Office系列办公软件中的一个组件，运用它可以进行表格处理、图形分析、数据管理等。Excel功能强大、技术先进、应用方便灵活，是目前非常流行的电子表格软件。

Excel 2010相对于以前版本的Excel有一些改进，涉及改善函数兼容性、增加公式编辑功能、增加迷你图等方面，这些新增内容让Excel 2010更加人性化，进一步提升用户感受。不断完善的Excel在会计核算、财务管理、审计、统计、经营决策等方面都具有独到之处，逐渐成为职场人士日常办公的首选工具软件。特别是财务人员，使用Excel进行会计核算，一方面可以减轻会计核算的工作量，另一方面可以降低财务成本，特别是能满足不必购置大型财务软件的中小型企业实现会计电算化的需求。

本教材以工作过程为导向，以一个会计专业毕业生在宏宇公司的实习为主线，采用项目教学方式，循序渐进地组织教学内容。本教材分为上下两篇，上篇为“基础篇”，主要内容为认知Excel及掌握基本应用技巧，共包括五个项目，从认知Excel开始，逐步讲解美化、编辑工作表，图表基础应用，公式及函数基础应用，以及在完整的表格中进行数据处理；下篇为“应用篇”，主要内容为结合会计工作的实际需要进行Excel应用，通过熟练应用Excel解决会计工作中的核心问题，共包括五个项目，从薪资管理、固定资产管理、财务总账、财务报表、进销存管理五个方面阐述Excel在财务工作中的应用。无论是上篇还是下篇，每个项目中都包括多个任务，每个任务都有详细的任务介绍、任务分析、相关知识、任务实施、任务总结等，每个项目后设置了练习及实训，以帮助读者学习操作方法和技巧，部分项目还有知识拓展内容，帮助读者学习了解更多功能与操作。其中：任务介绍是介绍任务（项目）的环境和目的；任务分析是介绍完成任务的思路，完成任务所需的技能点和知识点；相关知识为完成任务需要的一些背景知识，为实施任务做理论铺垫；任务实施是介绍任务完成的具体步骤，充分体现“做中学”的重要性；任务总结是总结学习过程中的思想、方法、知识点；练习及实训帮助学生理解、应用学到的方法与技巧；知识拓展主要介绍相关理论、新知识，或者任务难度较大的内容，是为了补充项目实施过程中没有介绍的或者不方便介绍的内容。

本教材由内蒙古商贸职业学院石熠老师、河南工业职业技术学院王娜老师任主编，内蒙古商贸职业学院吕晓燕老师、王迪老师和李迎春老师以及浙江长征职业技术学院叶梁军老师担任副主编。编写成员具体分工如下：石熠老师负责拟定本书的编写方案，对全书进行统稿，进行全书的校对工作，并编写了项目一、项目二、项目四和项目十；王娜老师编写项目三；叶梁军老师编写项目五；吕晓燕老师编写项目六、项目七；王迪老师编写项目八、项目九；李迎春老师负责编写所有项目的练习及实训题、教材附表等内容。

由于编者水平和经验有限，书中难免有欠妥和错误之处，恳请读者批评指正。

编者

目　录

上　篇　基础篇

下　篇　应用篇

上篇
基础篇

项目一 认知 Excel

情景介绍

王雪是某职业学院会计专业的应届毕业生，2013 年 1 月，到内蒙古宏宇股份有限公司（以下简称宏宇公司）财务部参加毕业实习。该公司尚未购买财务软件，计划自 2 月起使用 Microsoft Excel 软件进行会计相关核算工作。王雪为了适应岗位需求，开始自主学习 Microsoft Excel 基础操作及相关技能。

任务一 认知 Excel 窗口

任务介绍

开始学习的时候，王雪需要掌握 Microsoft Excel 2010 的打开及关闭方式；熟悉 Microsoft Excel 2010 的界面。

任务分析

Microsoft Excel 2010 有多种打开及关闭方式，王雪需要逐一掌握；Microsoft Excel 2010 是日常使用工具，需要熟悉各界面要素，保证正常使用。

相关知识

Microsoft Excel 2010 的 3 种打开方式及 5 种关闭方式；熟悉本项目介绍的 11 个界面要素。

任务实施

Excel是Microsoft Office System中的电子表格程序，它可以帮助使用者分析数据和做出更明智的业务决策。特别是，它可以跟踪数据，生成数据分析模型，编写公式以对数据进行计算，以多种方式透视数据，并以各种具有专业外观的图表来显示数据。简而言之，Excel是用来更方便处理数据的办公软件。

Excel的一般用途包括会计专用、预算、账单和销售、报表、计划跟踪、使用日历等。Excel中有大量的公式函数可以应用选择，使用Microsoft Excel可以计算、分析信息并管理电子表格或网页中的数据信息列表与制作数据资料图表，可以实现许多功能，给使用者带来方便。

目前，使用较多的是Excel 2013、Excel 2010。本书使用的Excel 2010与之前的版本相比具有以下新增功能：制作迷你图、切片功能、屏幕截图、粘贴预览、图片背景删除、自定义插入公式和文件开始菜单。

一、打开及关闭Excel 2010

（一）打开Excel 2010

(1) 通过开始菜单，在“所有程序”下点击Microsoft Office，选择Microsoft Excel 2010，打开工作簿。

(2) 双击桌面上的快捷方式启动。

(3) 右键点击桌面空白处，在“新建”菜单中选择Microsoft Excel工作表。

（二）关闭Excel 2010

(1) 点击右上角的关闭按钮。

(2) 使用组合键“Alt+F4”。

(3) 点击左上角控制菜单按钮中的“关闭”按钮。

(4) 双击左上角的控制菜单按钮。

(5) 点击文件菜单中的“退出”按钮。

二、窗口界面介绍

Excel 2010窗口界面如图1-1-1所示。

(1) 快速访问工具栏：该工具栏位于工作界面的左上角，包含一组用户使用频率较高的工具，如“保存”“撤销”和“恢复”。用户可单击“快速访问工具栏”右侧的倒三角按钮，在展开的列表中选择要在其中显示或隐藏的工具按钮。

(2) 标题行：显示当前窗口所属程序和文件的名字，工作簿1是新工作簿的暂定名字，Microsoft Excel是窗口所属程序的名字。

(3) 菜单栏：包含各种菜单项，具体包括文件、开始、插入、页面布局、公式、数

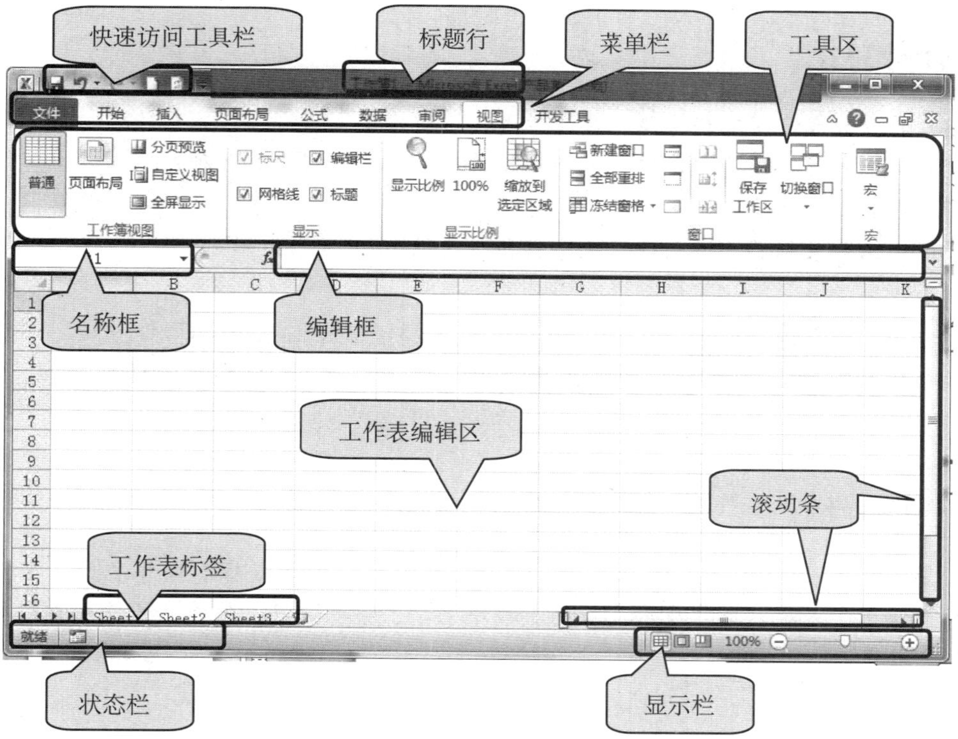

图 1-1-1

据、审阅和视图八项，每个菜单中都包含各种工具，具体可点击工具进行操作。

（4）工具区：位于菜单栏的下方，是一个由若干选项卡组成的区域。Excel 2010 将用于处理数据的所有命令组织在不同的选项卡中。单击不同的选项卡标签，可切换功能区中显示的工具命令。在每一个选项卡中，命令又被分类放置在不同的组中。组的右下角通常都会有一个对话框启动器按钮，用于打开与该组命令相关的对话框，以便用户对要进行的操作做更进一步的设置。

（5）名称框：显示当前选择单元格的名称。

（6）编辑框：编辑框主要用于输入和修改活动单元格中的数据。在工作表的某个单元格中输入数据时，编辑栏会同步显示输入的内容。

（7）工作表编辑区：用于显示或编辑工作表中的数据。

（8）工作表标签：位于工作簿窗口的左下角，默认名称为 Sheet1、Sheet2、Sheet3……单击不同的工作表标签可在工作表间进行切换。

（9）滚动条：可以调整查看工作表中的内容。

（10）状态栏：位于窗口底部，左端是信息区，右端是键盘区。此处显示当前系统是处于哪一种状态。

（11）显示栏：左端是显示方式区域，右端是显示比例区域。显示方式包括普通、页面布局和分页预览；显示比例为工作区域内容显示的比例，方便查看整体布局。

任务总结

(1) 打开方式：所有程序法、快捷方式法、新建法。

(2) 关闭方式：快捷组合键、关闭按钮法（2 种）、退出法（2 种）。

(3) 界面要素：快速访问工具栏、标题行、菜单栏、工具区、名称框、编辑框、工作表编辑区、工作表标签、滚动条、状态栏和显示栏。

任务二 工作簿、工作表基本操作

任务介绍

了解 Microsoft Excel 2010 基本知识之后，就要进一步学习基本操作了。这些操作方法虽然简单，但是也藏着不少的小技巧。接下来，王雪要学习工作簿、工作表的基本操作方法。

任务分析

工作簿的操作内容较少，包括新建、修改、保护及删除；而工作表的操作较多，除了日常操作之外，还涉及标签颜色修改、移动与复制、隐藏与取消隐藏等。

相关知识

工作簿新建、修改、保护及删除的方法，工作表右键快捷菜单中的新建、删除、重命名、移动与复制、标签颜色、隐藏与取消隐藏等操作。

任务实施

在 Microsoft Excel 中，工作簿是处理和存储数据的文件。每个工作簿可以包含一个或多个工作表，可以其中的工作表组织相关信息。在 Excel 2003 版本之前，每个工作簿可以使用 256 个工作表，在这个版本之后，工作表的数量没有具体限制，尤其是 Excel 2010 中公式和数据透视表缓存的可用内存已增加到 2 GB，可以同时拥有非常多的工作表，当然这也和工作表中的数据编辑复杂程度有关。

工作表是显示和分析数据的主要文档，它是由单元格组成的二维平面表格。用户可以同时在多张工作表上输入并编辑数据，并且可以对不同工作表中的数据进行汇总计算。在创建图表之后，既可以将其置于源数据所在的工作表上，也可以将其放置在单独的图表工作表上。工作表不能单独存盘，它只能以工作簿的方式存盘。

一、工作簿基本操作

本部分的讲解将结合以下例题进行。

例 1-2-1：新建一个工作簿，其内容为宏宇公司的职工详细信息，保存到 D 盘根目录下，并设置打开及修改密码为 123。

（一）新建及打开空白工作簿

新建空白工作簿时，既可通过启动 Excel 2010 来实现，也可通过执行“新建”命令来实现，具体步骤如下：

（1）单击“新建”命令。在 Excel 2010 工作簿窗口中单击“文件”按钮，在弹出的菜单中单击“新建”命令，如图 1-2-1 所示。

（2）新建空白工作簿。点击“新建”之后，右侧窗格中第一个就是“空白工作簿”，双击此处，如图 1-2-2 所示。

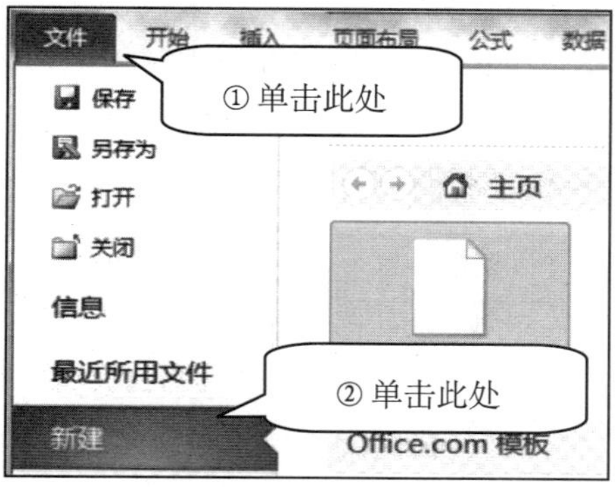

图 1-2-1

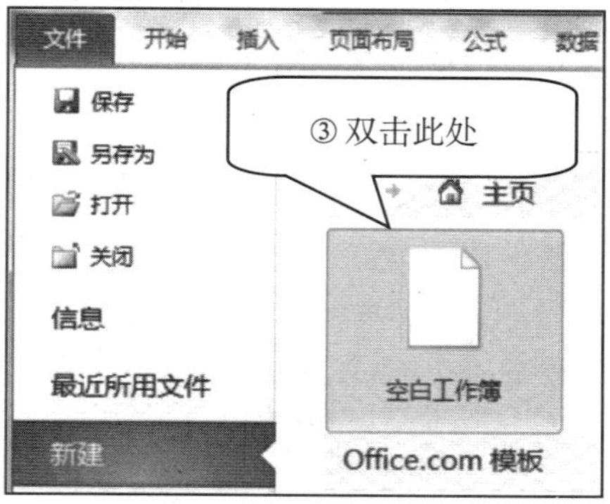

图 1-2-2

（3）查看新建空白工作簿。创建新工作簿后，打开新工作簿并检查命名，为“工作簿 2”，此时，新建空白工作簿工作完成，可以在新工作簿中进行相关操作，如图 1-2-3 所示。

图 1-2-3

（二）新建模板工作簿

除上述方法之外，还可以参照模板生成不同工作簿，让创建的表格更加专业。参照模板的方式有两种：方法一，若要使用已安装的模板，在“Office.com 模板”或者“样本模板”中进行选择；方法二，若要使用自己的模板，在“我的模板”中双击自己已保存的模板。

1. 使用已安装模板

如按照方法一使用已安装模板进行新建，具体操作步骤如下：

（1）单击“新建”命令，操作如前。

(2) 创建模板工作簿。双击“Office.com 模板”中的对应模板（所有可参考模板见图 1－2－4），然后选择目标模板，参照生成对应工作簿，如图 1－2－5 所示。

图 1－2－4

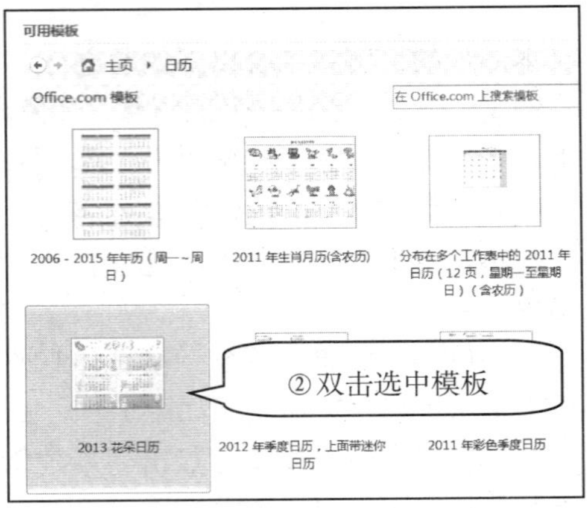

图 1－2－5

(3) 查看新建模板工作簿。创建新模板工作簿后，打开新工作簿并检查命名（为按照模板命名的工作簿），此时，新建模板工作簿工作完成，如图 1－2－6 所示。

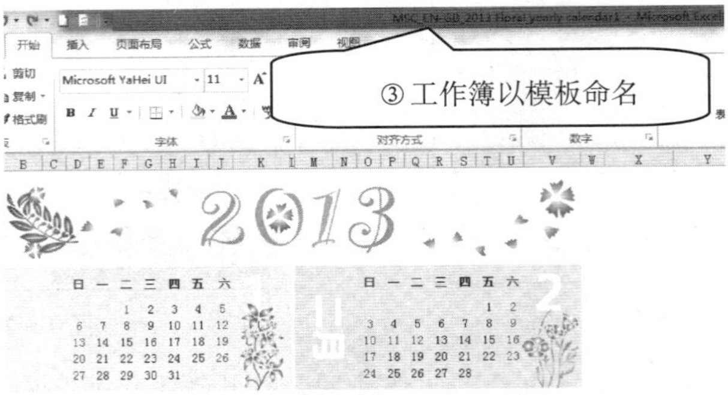

图 1－2－6

2. 使用“我的模板”

如需使用“我的模板”，需要增加相关内容到模板，具体方法如下：将“文件”的“另存为”中的“保存类型”选择为“受信任模板”。这样，在以后的使用过程中，就可以直接使用了。

（三）保存及保护工作簿

在用户创建一个工作簿并在其中完成数据的输入或修改后，为了防止数据的丢失，同时方便下次查看或编辑，应该对其进行保存。首次保存工作簿需要设置保存路径和名称。

1. 直接保存

将宏宇公司的所有员工信息录入到工作簿 1 中，检查确认无误后，准备保存，保存步骤如下：

(1) 单击“文件”目录，如图 1－2－7 所示。

(2) 选择“保存”按钮，如图 1－2－8 所示。

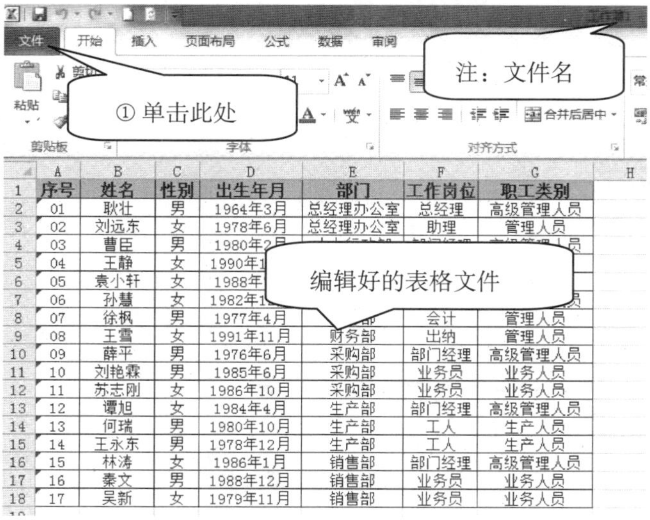

图 1－2－7

图 1－2－8

（3）按照“另存为”提示，选择保存路径，重新命名为“职工详细信息”后进行保存，如图 1－2－9 所示。

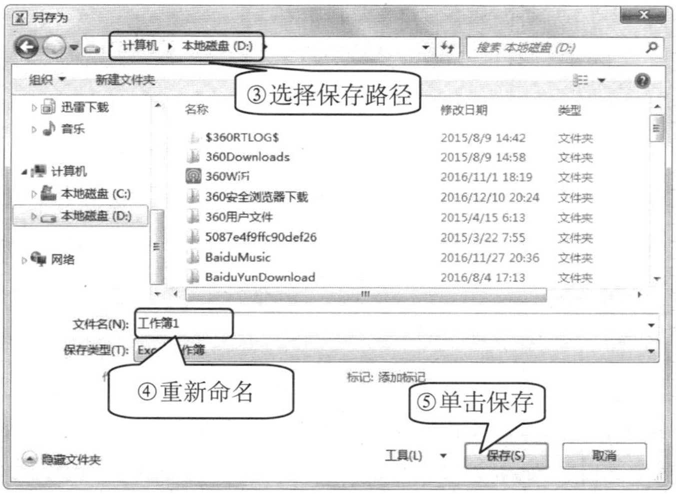

图 1－2－9

（4）保存完毕后，可以进入 D 盘查看保存情况，也可以查看标题行是否已经按照要求命名表格文件。

2. 保存为其他类型文件

如需保存为其他类型文件，基本操作方法同直接保存，但是，需要在重新命名之后，在“文件名”下方的“保存类型”中选择需要保存的文件类型，然后保存表格文件。Excel 2010 可保存的文件类型如图 1－2－10 所示，用户可以根据需求选择其一进行保存。

3. 保存为加密文件（即保护工作簿）

为了避免重要的工作簿被盗、被查看或被篡改，用户可对一些重要的工作簿进行加密，这样用户在打开和操作工作簿时必须先输入密码，从而达到保护工作簿的目的。保护

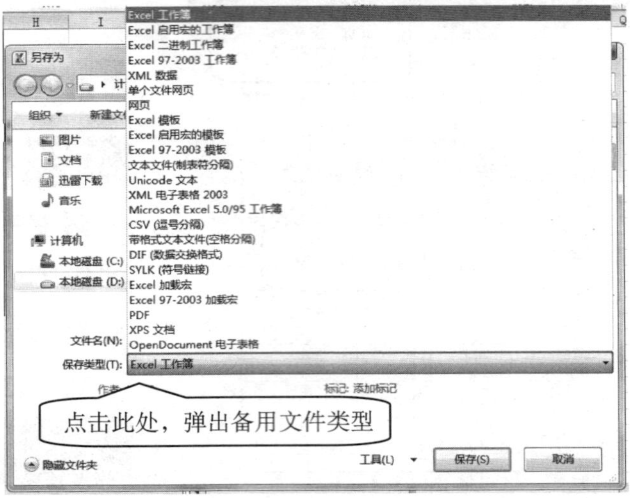

图 1-2-10

工作簿的方法有两种：一是通过“另存为”的选项进行设置；二是通过“文件”下的“保护”实现。

（1）通过“另存为”选项设置，具体步骤如下：

1）其他基本操作同上，在“另存为”页面选择“工具”，然后选择其中的“常规选项”，如图 1-2-11 所示。

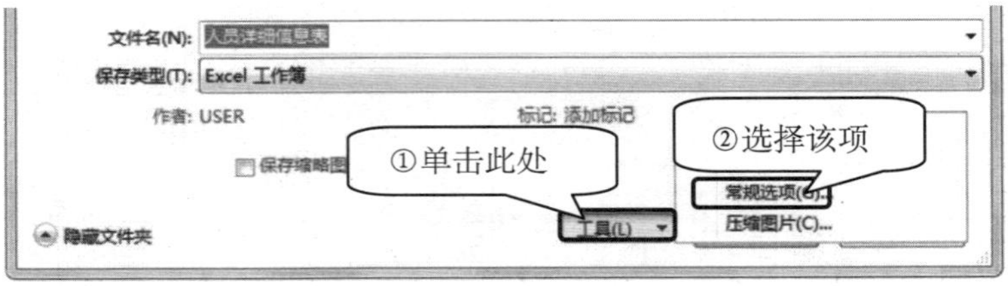

图 1-2-11

2）按照例题要求填写密码 123，如图 1-2-12 所示。练习时，为方便学习，密码可以简单、明了，但在实际工作中，密码要在便于记忆的基础上，注意具有保护性，这样才能真正起到保护作用。

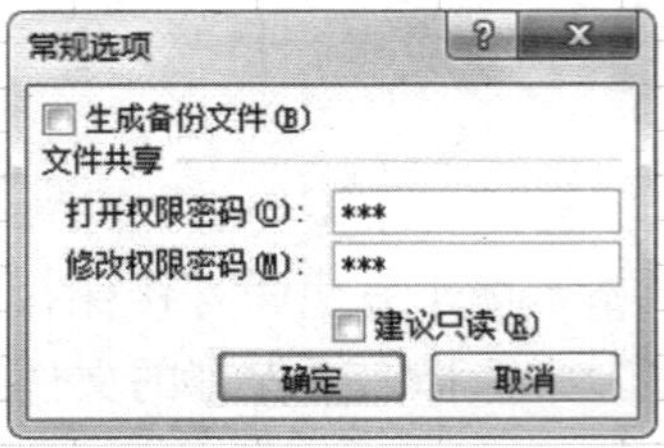

图 1-2-12

3）为了保证密码的正确性，在点击“确定”之后，还需重新确认密码，按照提示重新输入密码 123 即可，如图 1-2-13 所示。

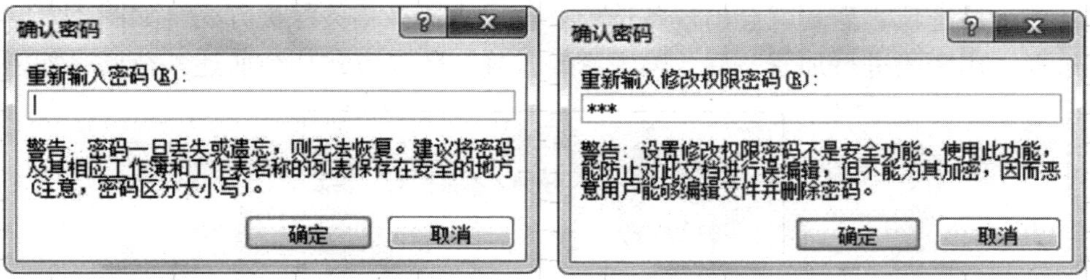

图 1-2-13

4）操作完毕，文档已经设置了相关权限密码，如需要打开该文件，必须输入正确的密码，如图 1-2-14 所示。

图 1-2-14

如果密码错误，则无法打开文件，出现图 1-2-15 中的提示；如果密码正确，则再次输入权限密码后，可以打开相应表格文件，并进行表格文件编辑工作，否则只能以只读方式打开表格文件，不能进行修改，如图 1-2-16 所示。

图 1-2-15

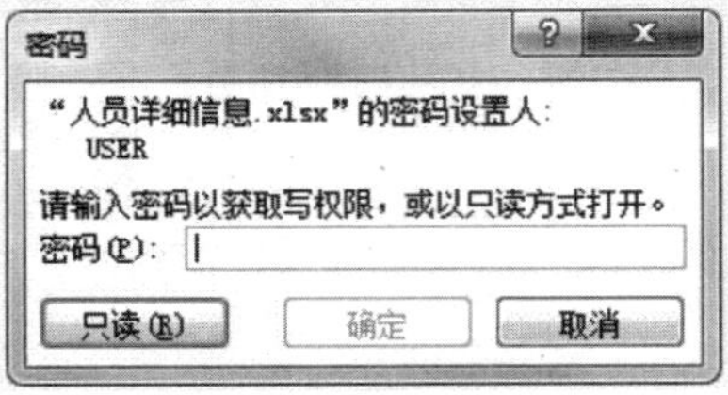

图 1-2-16

（2）通过“文件”下的“保护”进行设置，具体步骤如下：

1）其他基本操作同上。

2）在保存文件之前，点击菜单栏中的“文件”，就会出现常规页面，此时，选择“保护工作簿”，如图 1-2-17 所示。

图 1-2-17

3）单击该选项之后，就会出现备选项，供用户选择相关保护方式（如图1－2－18所示），选择“用密码进行加密”后，输入密码及确认密码方式如前所述，至此，加密完成。

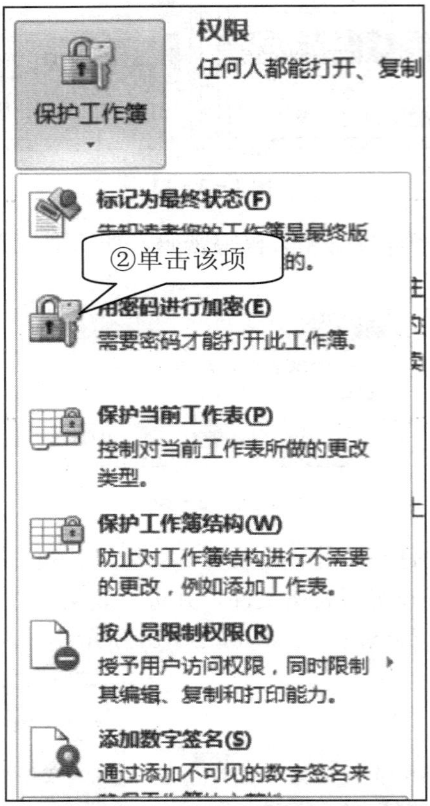

图1－2－18

（四）删除工作簿

当不再使用某工作簿时，可以通过删除工作簿彻底清空相关数据。具体方法为：选择要删除的工作簿，单击右键，选择删除，则将工作簿删除至“回收站”。在这里需要说明的是：如果在删除的同时按住快捷键Shift可以做到无痕迹删除，即不保存在“回收站”中，直接删除。

二、工作表基本操作

用户操作工作表会涉及工作表标签，工作表标签实际上就是工作表名，它位于工作表的最下方，有时为了便于查找某一工作表，用户可修改工作表标签颜色。用户对工作表的操作都是通过单击或右击工作表标签来完成的。例如：用户可通过单击工作表标签实现不同工作表之间的切换、查看工作表中的内容，或者通过右击工表标签实现工作表的插入、删除、重命名、移动、复制和隐藏等操作。

例1－2－2：重新命名工作簿“职工详细信息”中的Sheet1为“详细信息”，并复制至新建工作簿中。把该标签的颜色修改为蓝色，保护“详细信息”工作表，并将工作底稿

Sheet2（员工生日信息表）及 Sheet3（按性别统计工作表）隐藏，然后取消隐藏工作底稿 Sheet2。

（一）选择工作表

单击某个工作表标签，工作表标签为白色时，可以选择该工作表为当前工作表。此时，用户可对当前工作表进行相关编辑。

按住快捷键 Ctrl，分别单击工作表标签，可以同时选择多个工作表，组成一个工作组，同时进行编辑。

（二）插入新工作表

方法一，单击插入位置右边的工作表，然后在“开始”菜单下选择“插入”下拉菜单中的“插入工作表”（如图 1-2-19 所示），新插入的工作表就会出现在当前工作表之前。

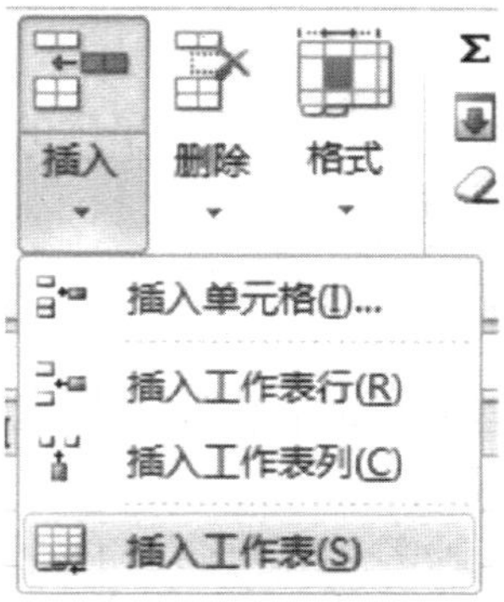

图 1-2-19

方法二，右击插入位置右边的工作表标签，再选择快捷菜单中的“插入”命令，此时，会出现如图 1-2-20 所示的对话框，选定工作表之后单击“确定”按钮，新插入的工作表仍然会出现在当前工作表之前。

图 1-2-20

方法三，单击 Sheet3 右边的按钮“”，插入的工作表就会出现在最后。

方法四，点击组合键“Shift+F11”，插入的工作表同样会出现在最后。

如果需要增加多张工作表，则先按住快捷键 Shift，同时选中与待增加工作表数目相同的工作表标签，然后通过菜单栏或者右键插入工作表，就会批量新建工作表。

（三）删除工作表

方法一，选中要删除的工作表，在“开始”菜单下，选择“删除”下拉菜单中的“删除工作表”，就可以删除选中工作表，如图 1-2-21 所示。

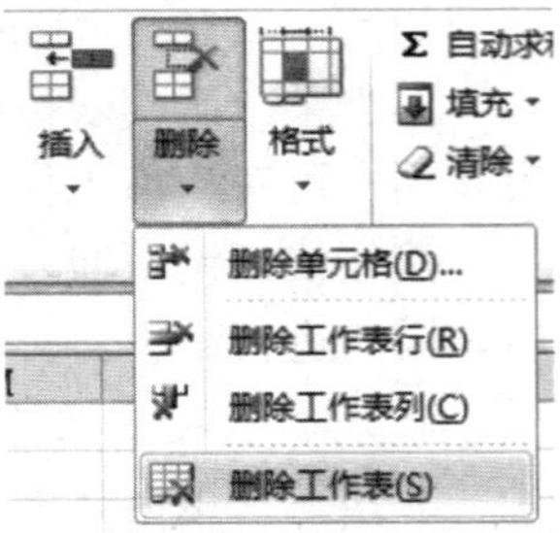

图 1-2-21

方法二，右键单击要删除的工作表，选择快捷菜单中的“删除”命令，即可删除。

可以通过上述两个方法删除刚才新建的空白工作簿。

（四）重命名工作表

方法一，双击 Sheet1 标签，待标签名称变为黑色之后，录入新名称“详细信息”，点击回车键，重命名成功。

方法二，右键点击 Sheet1 标签，通过快捷菜单中的“重命名”命令重新输入新名称“详细信息”，点击回车键，重命名成功。

（五）移动或复制工作表

1. 同一工作簿内移动工作表

单击工作表标签，选定工作表“详细信息”，然后拖动鼠标左键到目标位置。

2. 不同工作簿之间移动工作表

右键单击工作表“详细信息”标签，在快捷菜单中选择“移动或复制”，在弹出对话框中选择“新工作簿”（如图 1-2-22 所示），点击“确定”，则工作表“详细信息”会另外成为一个新的工作簿，原工作簿中不再保留该工作表。

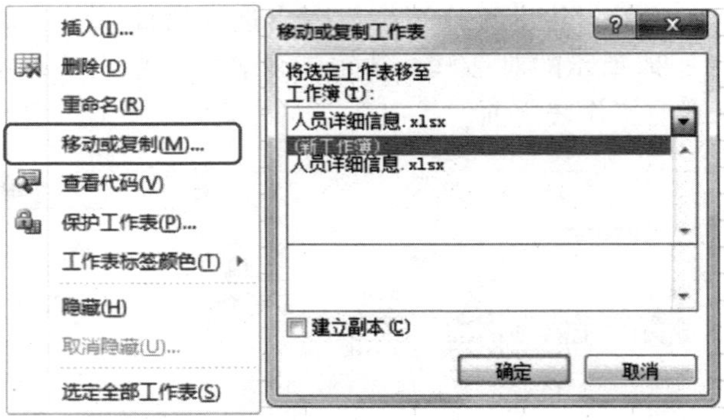

图 1-2-22

最终移动结果如图 1-2-23 所示。

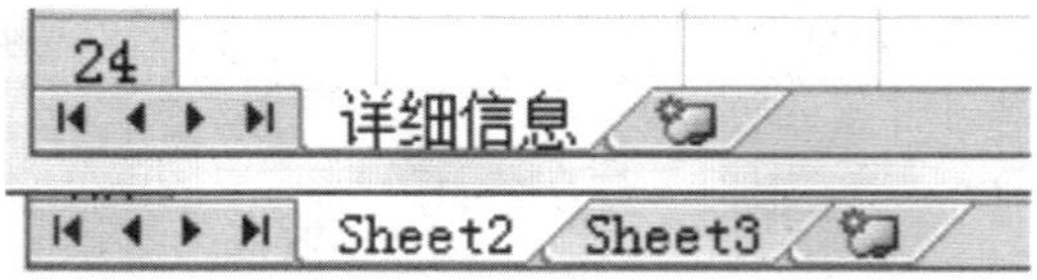

图 1-2-23

3. 同一工作簿内复制工作表

右键单击工作表“详细信息”，在快捷菜单中点击“移动或复制”，选中“建立副本”，点击“确定”（如图 1-2-24 所示），就会出现工作表“详细信息”的副本“详细信息(2)”，如图 1-2-25 所示。

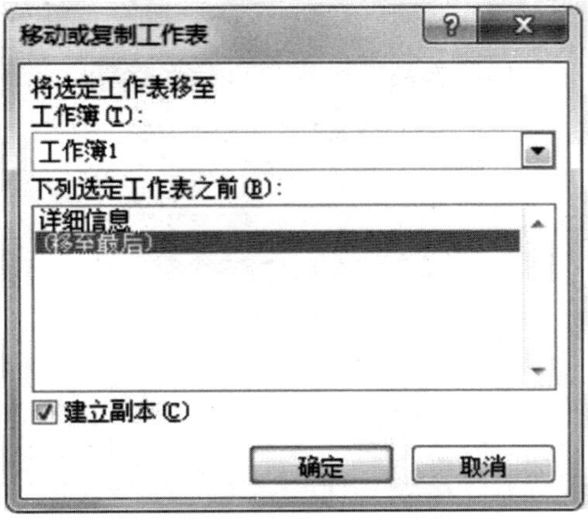

图 1-2-24

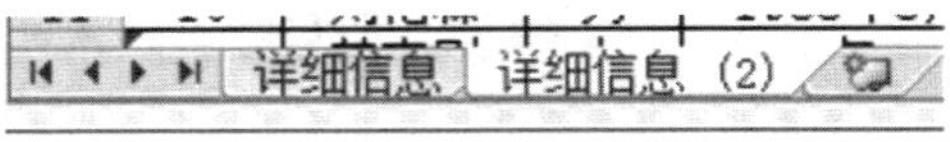

图 1-2-25

4. 不同工作簿之间复制工作表

右键单击工作表“详细信息”标签，在快捷菜单中选择“移动或复制”，同样在弹出的对话框中选择“新工作簿”和“建立副本”，点击“确定”（如图 1-2-26 所示），则工作表“详细信息”会另外成为一个新的工作簿，与此同时，原工作簿中仍保留该工作表，如图 1-2-27 所示。

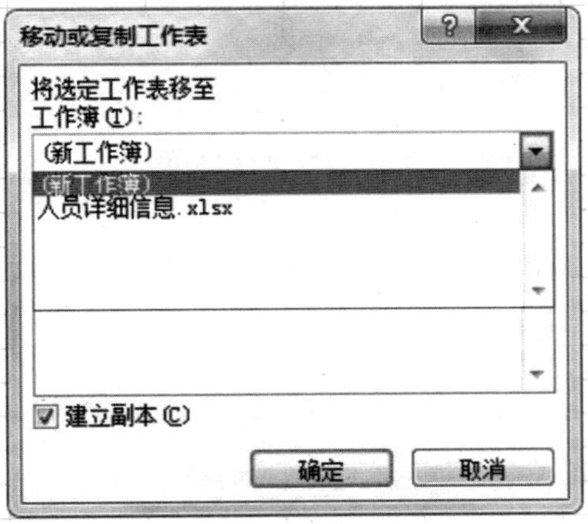

图 1-2-26

图 1-2-27

综上所述，如果选择“建立副本”，则属于复制工作表，原有工作表和新工作表同时保留；不选择此项，则属于移动工作表，原有工作表不再保留，新工作表保留。

（六）保护工作表

同工作簿一样，如果不希望别人对某工作表进行编辑，可以保护该工作表，限制用户的操作权限，达到保护原始数据的目的。

方法一，右键单击工作表“详细信息”标签，在快捷菜单中选择“保护工作表”（如图 1－2－28 所示），之后就会弹出“保护工作表”对话框，需要用户输入取消保护时使用的密码（密码暂定为“1”），与此同时，用户可以设定保护各项内容的权限，如允许用户进行操作，则选择该内容，在前方的方框内打“√”（如图 1－2－29 所示）。点击“确定”之后，需要再次确认密码，此后，工作表保护完成。

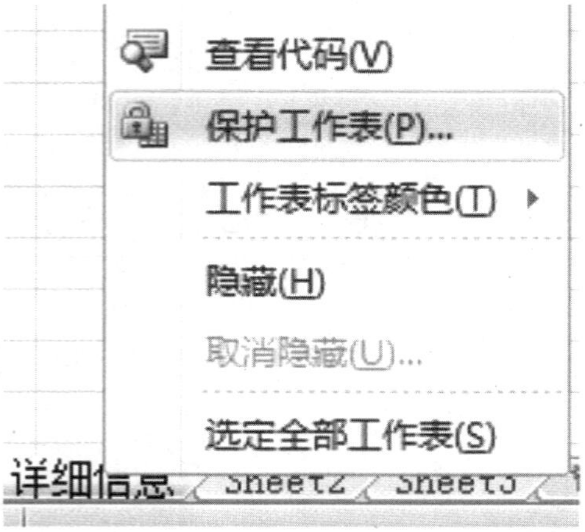

图 1－2－28

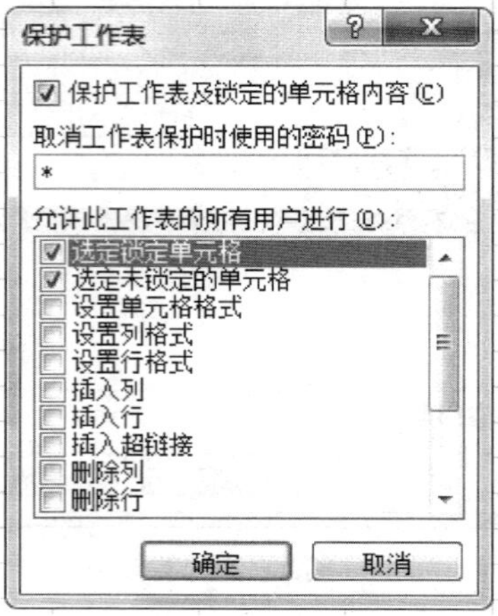

图 1－2－29

方法二，可以通过“审阅”选项卡中的“更改”组中的“保护工作表”进行保护（如图 1－2－30 所示），具体操作内容如方法一。

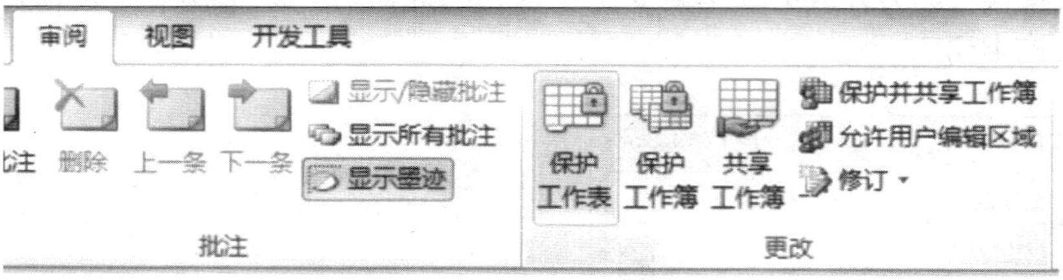

图 1－2－30

如果该工作表已经被保护，用户进行相关操作时会弹出对话框（如图 1－2－31 所示），只有撤销保护，才能够进行该工作表的编辑工作。

图 1－2－31

（七）工作表标签添加颜色

在具体工作过程中，有时需要将一个工作簿中的不同工作表进行分类，此时可以使用工作表标签进行区分。例如：可以将作为工作底稿的工作表标签设置为红色，将进行分析汇总的工作表标签设置为黄色，将最终呈现结果的工作表标签设置为绿色，这样就能够很快区分不同时间段的工作表，方便查找与使用。

如将工作表“详细信息”的标签颜色改为蓝色，具体方法如下：

右键单击工作表“详细信息”标签，在快捷菜单中选择“工作表标签颜色”，快捷菜单右侧就会出现“主题颜色”窗体，选择第四列第三行（深蓝，文字 2，浅色 40%）（如图 1－2－32 所示），然后选择其他工作表，就可以看到设置效果。

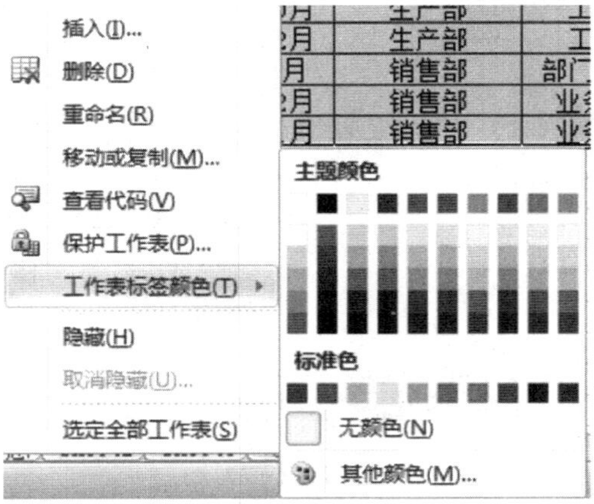

图 1－2－32

（八）隐藏和取消隐藏工作表

工作过程中，有一些内容不希望被别人看到，但是又不能缺少，此时可以使用“隐藏”功能将这些内容隐藏起来。

1. 隐藏工作表

选中工作表 Sheet2 与 Sheet3，当这两个工作表标签同时显示为白色时，用鼠标右键单击其中一个标签，在快捷菜单中选择“隐藏”（如图 1－2－33 所示），此时就会将两个工作表隐藏起来（如图 1－2－34 所示）。

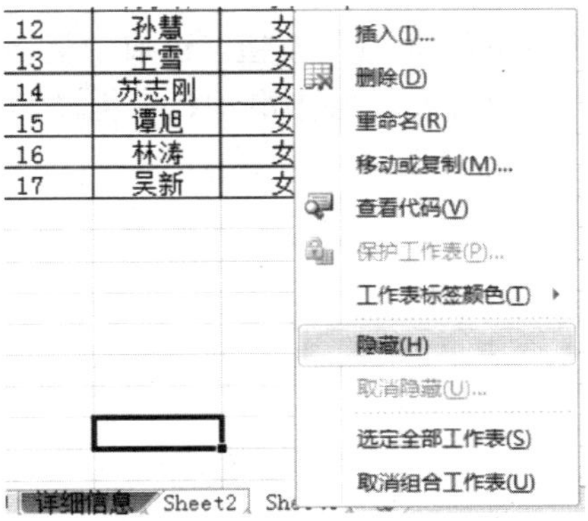

图 1－2－33

图 1－2－34

2. 取消隐藏工作表

如果需要取消已经隐藏的工作表，用鼠标右键点击工作表“详细信息”，在快捷菜单中选择“取消隐藏”（如图 1－2－35 所示），此时会弹出显示“取消隐藏”对话框，选择需要取消隐藏的工作表 Sheet2（如图 1－2－36 所示），单击确定，取消隐藏成功，具体效果如图1－2－37 所示。

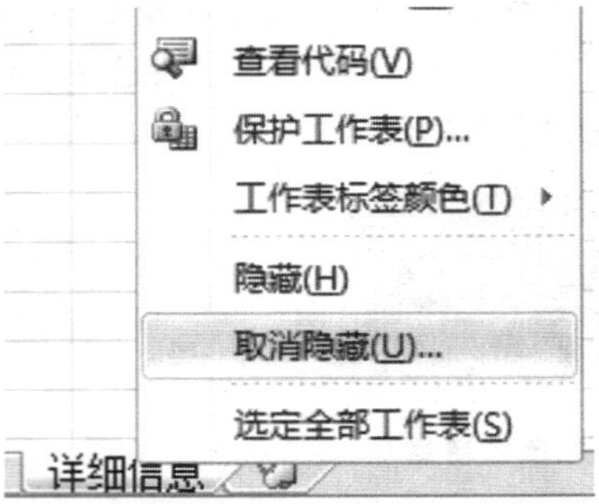

图 1－2－35

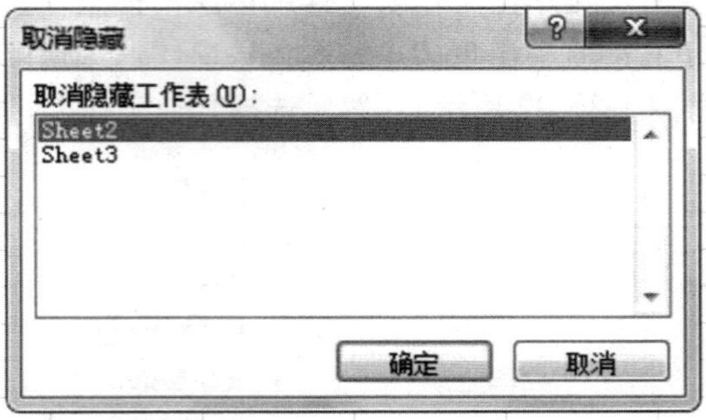

图 1－2－36

图 1－2－37

需要说明的是，只有工作簿中有已经隐藏的工作表，“取消隐藏”功能节点才是黑色可操作状态；如果工作簿中没有已经隐藏的工作表，“取消隐藏”功能节点为灰色不可操作状况。

（九）拆分工作表窗口及冻结窗口

1. 拆分工作表窗口

方法一，用鼠标左键点击水平滚动条至右侧或垂直滚动条上方的滑动杆，待鼠标变为形之后，拖动至需要分割的单元格右侧，放开，窗口拆分结束。

方法二，在“视图”选项卡中，单击“窗口”组中的“拆分”按钮，窗口中就会出现“十”字形拆分窗口（如图 1－2－38 所示），此时，用鼠标左键选中滑动杆，拖动至需要分割单元格的右侧，放开，窗口拆分结束。

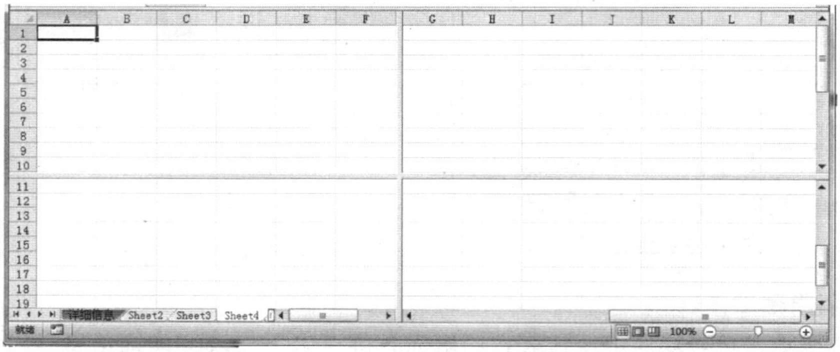

图 1－2－38

2. 冻结窗口

工作时，如果需要表格的某一部分不随表格其他部分滚动，可以使用冻结窗格功能。应用冻结窗格功能，首先确定需要冻结的单元格，然后选择“视图”选项卡，单击“窗口”组中的“冻结窗格”下拉按钮，执行“冻结窗格”命令。冻结窗格有 3 种命令，具体的功能如下：

(1) 冻结首行：滚动工作表其他部分时，保持首行始终可见。

(2) 冻结首列：滚动工作表其他部分时，保持首列始终可见。

(3) 冻结拆分窗格：滚动工作表其他部分时，保持用户自定义的行及列始终可见。

任务总结

工作簿与工作表的相关操作比较多，但是大部分可以通过单击鼠标右键的快捷菜单实现。其中，除了“保护”功能需要做其他操作处理之外，基本可以通过鼠标实现相关操作。

冻结窗格时需要特别注意冻结首行、冻结首列及冻结拆分窗格的不同效果。

任务三 行、列、单元格基本操作

任务介绍

行、列、单元格是构成工作表的基本单位，也是日常工作中操作人员直接面对的内容。王雪应学会不同的选择、插入、删除及设置的方法。

任务分析

行、列、单元格选择的方法有很多，不同方法会有不同效果，需要区别对待。尤其是对设置行高、列宽的方法需要特别注意。

相关知识

连续选择行、列、单元格需要使用快捷键 Shift，不连续选择行、列、单元格需要使用快捷键 Ctrl。

任务实施

Excel 工作表由一个个小方格（单元格）组成，它们是组成表格的细胞，因此，了解 Excel 的组织结构和科学地应用它们是学习和应用 Excel 的前提。在打开一张空白工作表后，用户不管是输入数据还是输入公式、函数，都是在单元格中操作的。

单元格是工作表每行、每列交叉所形成的区域，它是工作表最小的组成单位，是通过行号和列标来标识的。而单元格区域是由多个单元格构成的群组，这些单元格可以是连续的，也可以是相互独立不连续的，对单元格区域进行操作的过程会涉及对单元格的选择、插入、删除等。

一、选择行、列、单元格

在编辑工作表之前或者执行命令之前，用户都会选择相应的单元格或者单元格区域，选择不同区域有不同的方法，以下逐一介绍。

（一）选择单元格

1. 选择单个单元格

单击相应单元格，或将光标移动到相应单元格。

2. 选择连续单元格（即区域）

（1）连续小面积单元格。单击选定该区域的第一个单元格，然后拖动鼠标至最后一个单元格。

（2）连续大面积单元格。单击选定该区域左上角的单元格，然后按住快捷键 Shift，再单击该区域右下角单元格。如果区域非常大，可以滑动滚动条，使右下角的单元格可见，如图 1-3-1 所示。

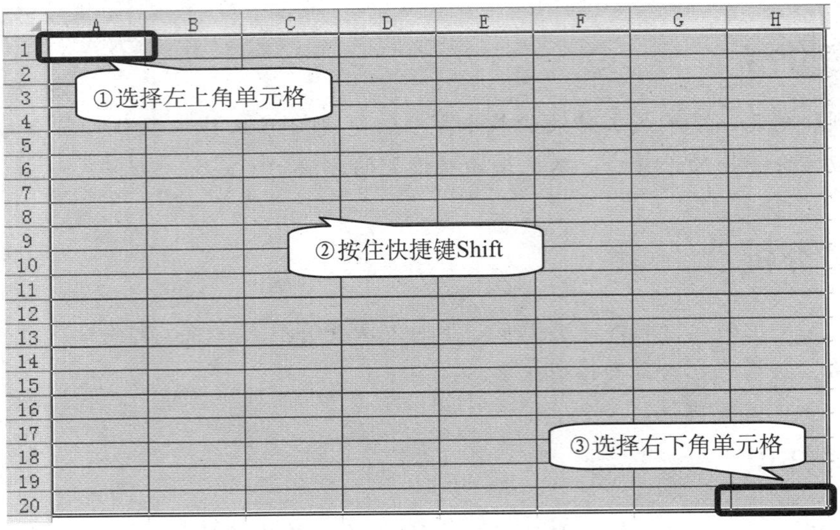

图 1-3-1

3. 选择不连续单元格

单击选中第一个单元格，然后按住快捷键 Ctrl，接着继续选择需要进行编辑的单元格，如图 1-3-2 所示。

（二）选择行（列）

在 Excel 工作表中，以阿拉伯数字作为行号，以大写英文字母作为列标。行号和列标

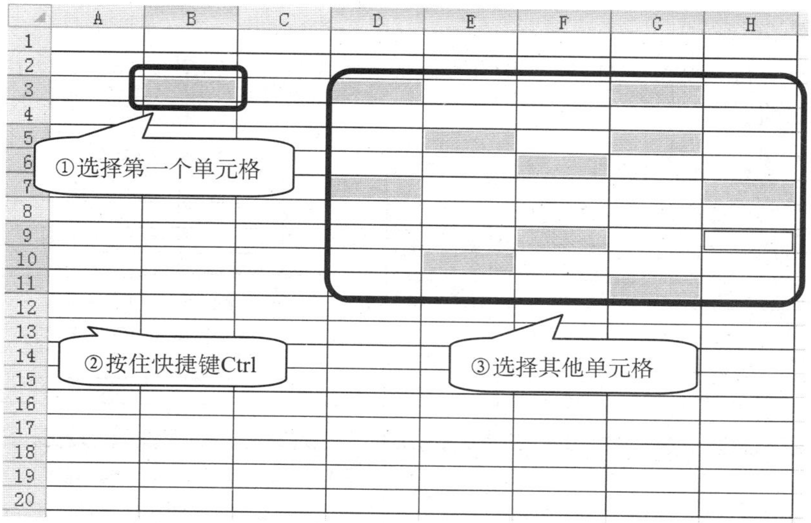

图 1－3－2

在选择行列时具有非常重要的作用。

1. 选择整行（列）

选择整行时，将鼠标放置在目标行的行号上，等鼠标变为➡时，点击目标行的行号；同样，选择整列时，将鼠标放置在目标列的列标上，等鼠标变为⬇时，点击目标列的列标。

2. 选择连续行

方法一，选中第一行的行号，然后拖动鼠标至最后一行的行号处松开。

方法二，先选定第一行的行号，然后按住快捷键 Shift，之后再选定最后一行的行号，如图 1－3－3 所示。

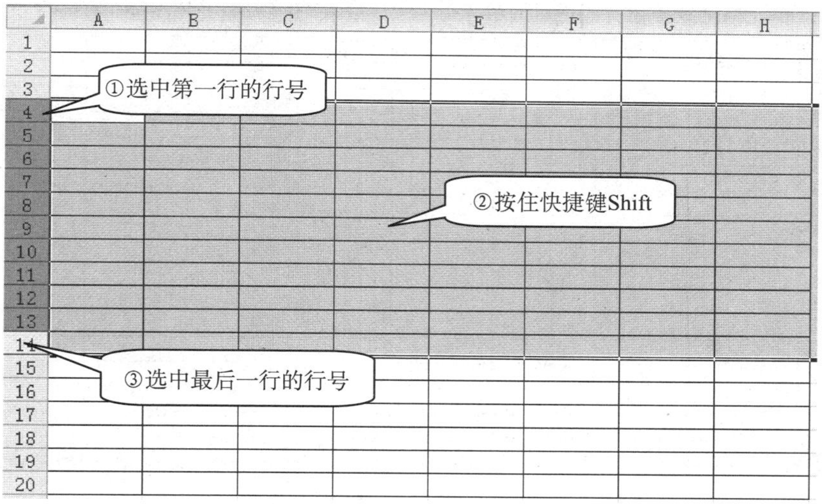

图 1－3－3

选择连续列的方法同上。

3. 选择不连续行

先选定第一行，然后按住快捷键 Ctrl，再选择其他行，如图 1-3-4 所示。选择不连续列的方法如前。

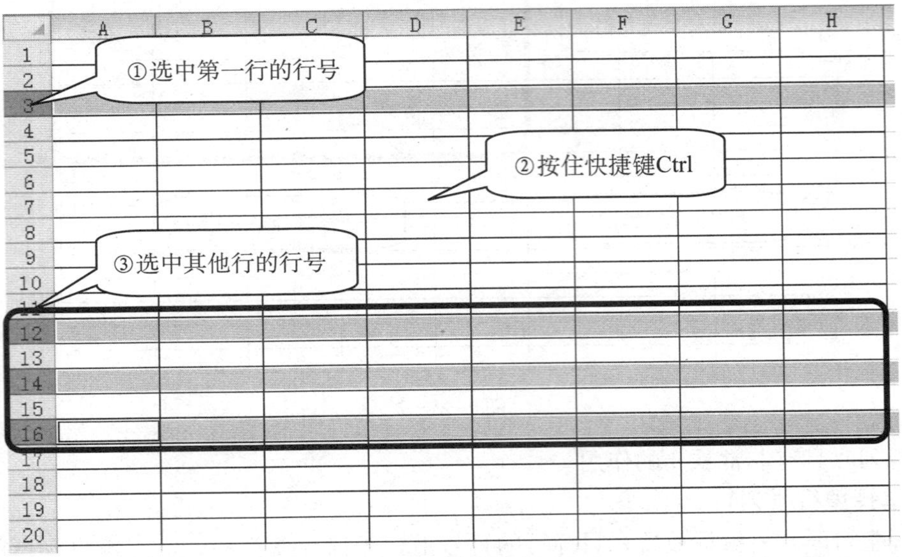

图 1-3-4

（三）选择所有单元格

在 Excel 表格中，选择所有单元格可以使用快捷键组合“Ctrl+A”，也可以点击工作区左上角的全选按钮（如图 1-3-5 所示），实现一键选择所有单元格。

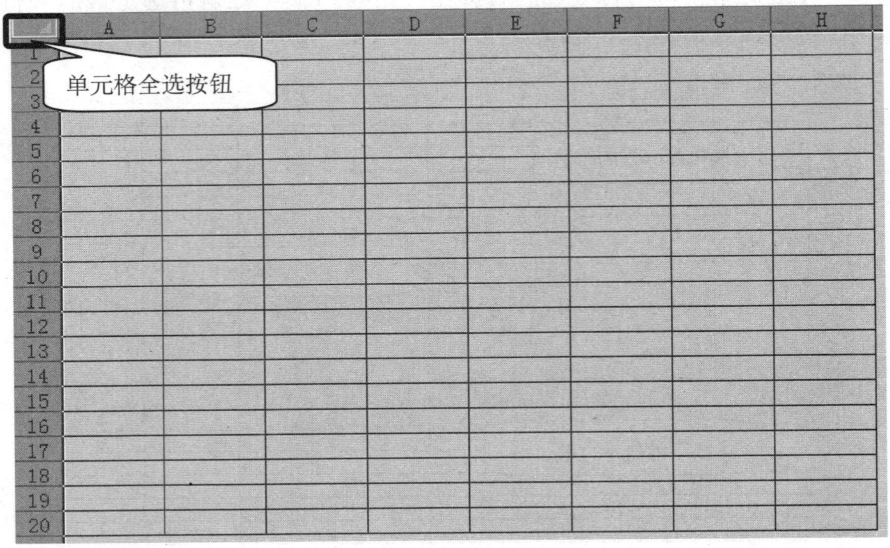

图 1-3-5

二、插入及删除行、列、单元格

（一）插入行、列、单元格

1. 插入单元格

选择需要插入单元格的位置，单击鼠标右键，在快捷菜单中选择“插入”，在弹出“插入”对话框中选择相应的选项，单击“确定”，如图 1-3-6 所示。

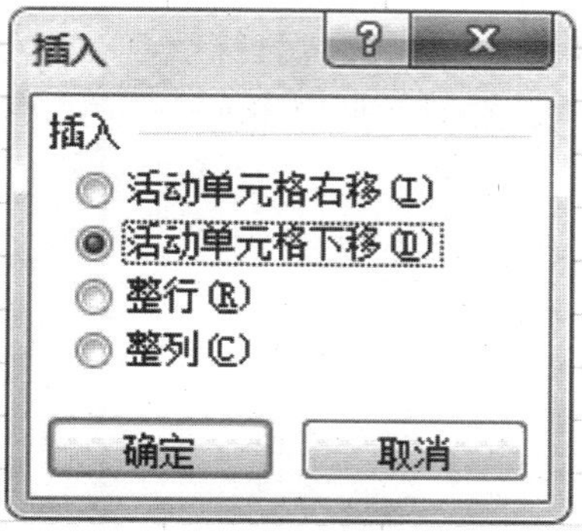

图 1-3-6

2. 插入行、列

方法一，选择需要插入行的行号，单击鼠标右键，在快捷菜单中选择“插入”，新插入的行就会出现在选中行的上方。

方法二，在上方需要插入行的行中选择一个单元格，单击鼠标右键，在快捷菜单中选择“插入”，在对话框中选择“整行”，新插入的行就会出现在选中行的上方。

插入列的方法同上。

（二）删除行、列、单元格

1. 删除单元格

选择想要删除的单元格，单击鼠标右键，在快捷菜单中选择“删除”，在“删除”对话框中选择相应选项，单击“确定”，如图 1-3-7 所示，单元格删除完毕。

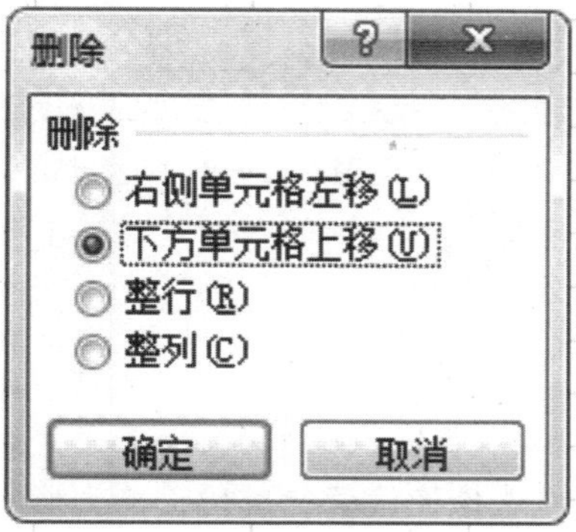

图 1-3-7

2. 删除行、列

方法一，选择需要删除行的行号，单击鼠标右键，在快捷菜单中选择“删除”，下行就会顶替已删除的行。

方法二，在需要删除的行中选择一个单元格，单击鼠标右键，在快捷菜单中选择“删除”，在对话框中选择“整行”，该行就会被删除，下一行就会顶替已删除的行。

三、设置行高及列宽

方法一，用鼠标左键选择需要设置行高的行号，单击右键，在快捷菜单中选择“行高”，就会出现“行高”对话框，在对话框中输入行高值，然后单击“确定”，如图 1-3-8 所示。

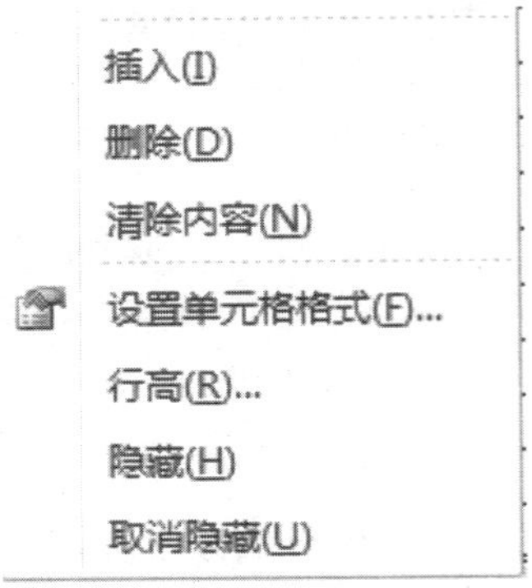

图 1-3-8

方法二，用鼠标左键选择需要设置行高的行号，鼠标向该行的下边线移动，等鼠标变为时，拖动下边，可以调整行高，如图 1-3-9 所示。

图 1-3-9

列宽的调整方法同上。

任务总结

(1) 使用快捷键 Shift 可以选择连续的行、列、单元格。

(2) 使用快捷键 Ctrl 可以选择不连续的行、列、单元格。

(3) 选择全部单元格可以使用全选按钮，也可以使用快捷键组合“Ctrl+A”。

（4）合理设置行高及列宽，可通过鼠标右键实现，也可拖动实现。

练习及实训

一、问答题

1. 如何新建工作簿、工作表？

2. 依据模板建立工作簿的方法有几种？分别是如何操作的？

3. 编辑工作表时，大部分功能如何实现？

4. 如何选择连续的行？如何选择不连续行？

二、实训题

要求：自行设计本班的综合测评排名表。

步骤：

1. 启动 Excel 2010，新建一个工作簿，将其命名为“成绩统计簿”。

2. 将 Sheet1 重命名为“综合测评”，设置为绿色；将 Sheet2 重命名为“加减分明细”，设置为蓝色；删除 Sheet3。

3. 设置 Sheet1 中合适的行高、列宽，以显示最终成绩。

4. 表格样式如图 1-0-1、图 1-0-2 所示。

	A	B	C	D	E	F	G	H	I	J
1	学号	姓名	德育					综合素质		
2			科目1	科目2	加减分	小计	实际得分	得分	实际得分	总分
3										
4										

图 1-0-1

	A	B	C	D	E
1	学号	姓名	加分项目	加减分	合计
2					
3					

图 1-0-2

项目二
美化、编辑工作表

情景介绍

王雪在学习了 Microsoft Excel 2010 基本知识及操作之后，准备尝试通过设计简单表格、录入基础数据等方法进一步学习使用 Excel 2010。

1 月 7 日，她开始学习“设置单元格格式”功能，以美化工作表；除此之外，她还通过请教他人、查询互联网资料等方式，掌握了基础数据录入、编辑的不同方法。通过一周的学习，她能够制作漂亮实用的工作表，也能快速有效地录入基础数据。

任务一 美化工作表

任务介绍

王雪开始学习设置单元格录入内容格式、设置单元格的对齐方式和字体、表格加边框及增加底纹底色，使表格更加美观。

任务分析

设置单元格格式有两种方法：第一种方法是在快捷菜单中设置单元格格式，此方法较为细致，用户可以根据实际需求自行设置；第二种方法是参照套用格式，该方法快捷但是灵活性欠佳，需谨慎使用。

相关知识

快捷菜单中“设置单元格格式”功能的具体应用，尤其是如何设置自动换行、缩小字体填充、增加删除线、增加下划线、设置上下标及背景底色；套用格式的具体方法。

任务实施

工作簿、工作表建立之后，为了让工作表看起来更加美观，需要对其进行进一步的编辑、美化。对工作表进行完善之后，可以达到数据清晰化、逻辑合理化和视觉美观化的目的，带来更加舒适美好的用户体验。

一、设置单元格格式

设置单元格格式的方法很简单，一种方法是，选择 Excel 表格中需要设置的列、行、单元格或单元格区域，单击鼠标右键，选择“设置单元格格式”菜单，如图 2－1－1 所示。

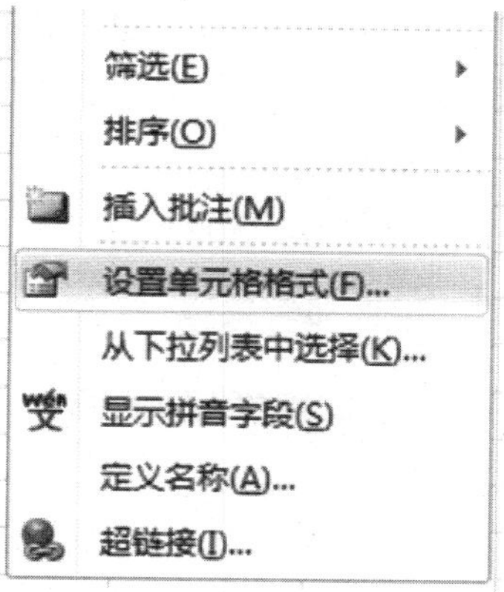

图 2－1－1

另一种方法是，在选择完区域后，在“开始”选项卡中对“字体”“对齐方式”和“数字”等内容（如图 2－1－2 所示）进行编辑，同样可以达到美化工作表的目的。

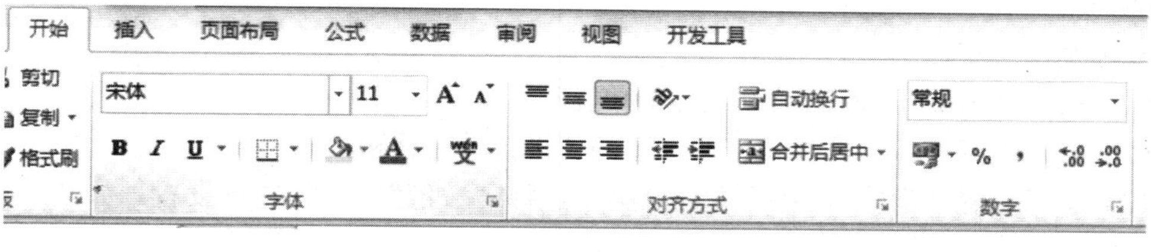

图 2－1－2

打开“设置单元格格式”菜单之后，会看到“数值”“对齐”“字体”“边框”“填充”和“保护”六个页签。下面逐一介绍不同页签的功能。

（一）数值

在该页签中，可以将数字转换为文字，设置小数点位数、百分比、时间、日期等，可以将单元格中的内容保存为如图 2－1－3 所示的几种类型。

1. 常规

即不包含任何特定的数字形式，它会自动判定用户录入内容的形式，并将其保存。

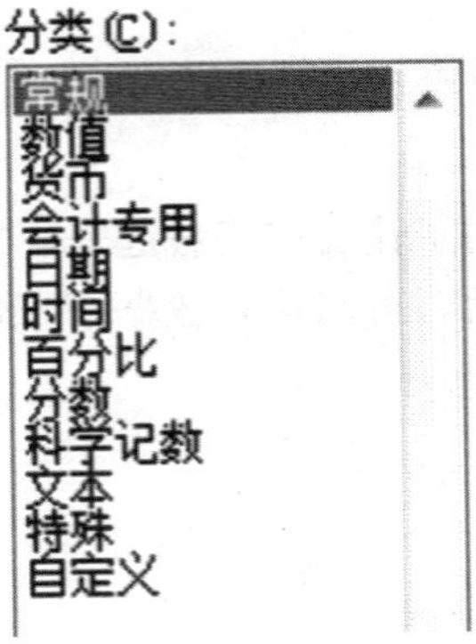

图 2-1-3

2. 数值

用于一般数字的表示，货币和会计专用则提供货币计算的专用格式。其中包括小数位的设置、千分位的设置、负数表现方式的设置，具体设置内容如图 2-1-4 所示。

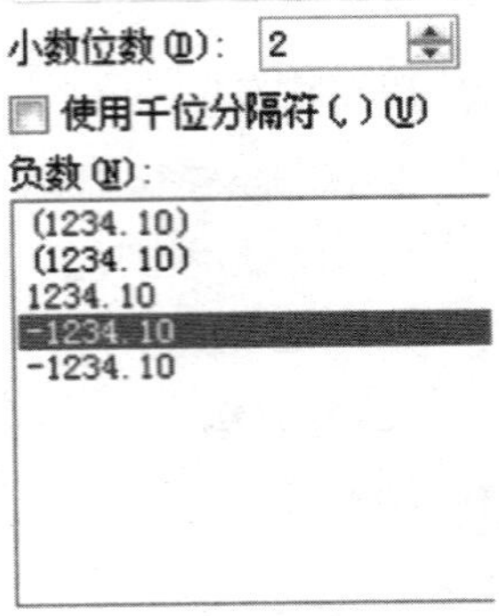

图 2-1-4

例 2-1-1：将数值 965 423.486 9 设置为保留一位小数、使用千分位和小括号表示负数的形式。

具体操作步骤如下：

(1) 选择数值 965 423.486 9 所在的单元格。

(2) 单击鼠标右键，选择快捷菜单中的“设置单元格格式”。

(3) 选择页签“数字”，在下方的分类中选择“数值”，然后进行设置，如图 2-1-5 所示。

(4) 设置完成之后，单击“确定”，设置完成，最终效果如图 2-1-6 所示。

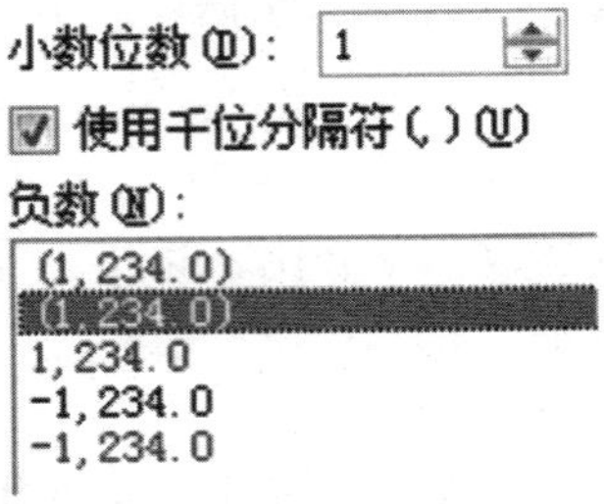

图 2-1-5

原始数值	设置之后
-965423.4869	(965,423.5)

图 2-1-6

3. 货币与会计专用

货币用于表示一般货币形式，而会计专用则可以对一列数值进行小数点对齐操作，使得数字更加美观好看。

例 2-1-2：将金额表格中的原始金额设置成货币形式与会计专用形式。

具体操作步骤如下：

（1）将原始金额所在列复制两列。

（2）选择第一列单元格，单击鼠标右键，选择快捷菜单中的“设置单元格格式”。

（3）选择页签“数字”，在下方的分类中选择“货币”。

（4）进行设置，设置内容如图 2-1-7 所示。

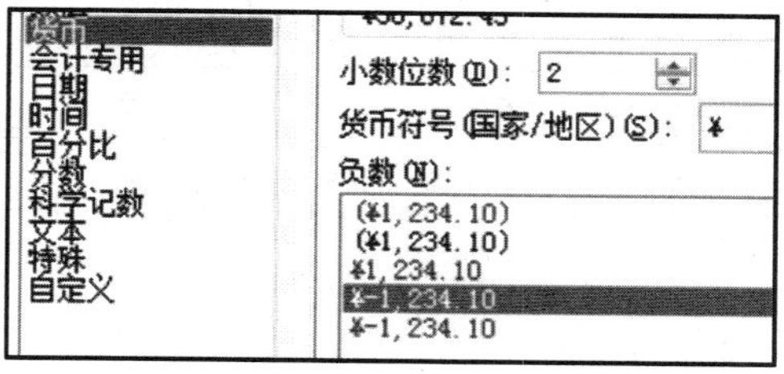

图 2-1-7

（5）设置完成之后，单击“确定”；再选择第二列单元格，进行同样的操作，在“会计专用”中进行设置，设置内容如图 2-1-8 所示，设置完成后，显示效果如图 2-1-9 所示。

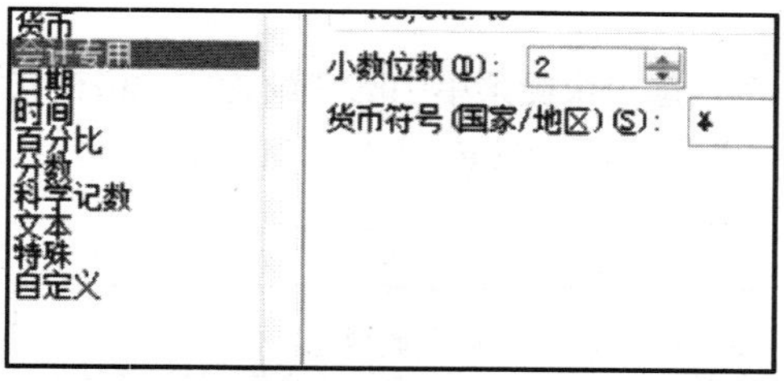

图 2-1-8

原始金额（元）	货币形式	会计专用形式
56872.45	¥56,872.45	¥ 56,872.45
5421.8	¥5,421.80	¥ 5,421.80
18722.1	¥18,722.10	¥ 18,722.10
68.1	¥68.10	¥ 68.10
487.8	¥487.80	¥ 487.80

图 2-1-9

4. 日期与时间

日期格式与时间格式是将日期和时间系列数值显示为日期值与时间值。右边下拉菜单中，带星号（*）的格式响应操作系统特定区域时间设置的更改，不带星号的不受操作系统的影响。也就是说，为了保证日期与时间格式的正常使用，应将计算机的系统时间设置成为“yyyy/mm/dd”的格式。

例 2-1-3：将日期及时间 2015 年 12 月 25 日 14:45 设置成“二〇一五年十二月二十五日”的日期形式及“下午 2 时 45 分”的时间形式。

具体操作步骤如下：

（1）选定需要设置格式的单元格，单击鼠标右键，选择快捷菜单中的“设置单元格格式”。

（2）进一步选择页签“日期”，在右侧“类型”对话框中选择格式“二〇〇一年三月十四日”（如图 2-1-10 所示），单击回车键。

（3）采用同样的方法设置时间形式（如图 2-1-11 所示），最后显示结果如图 2-1-12 所示。

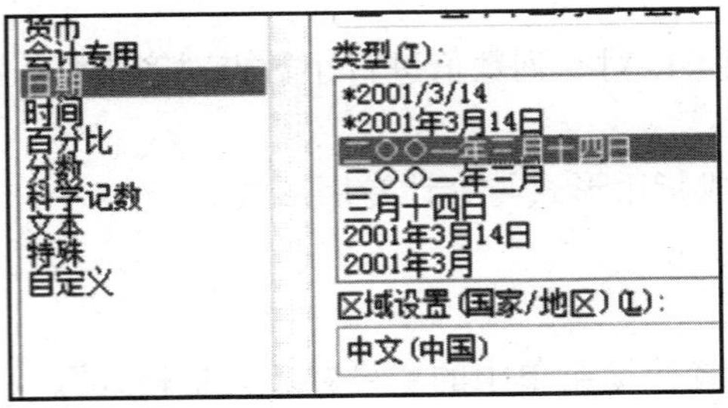

图 2-1-10

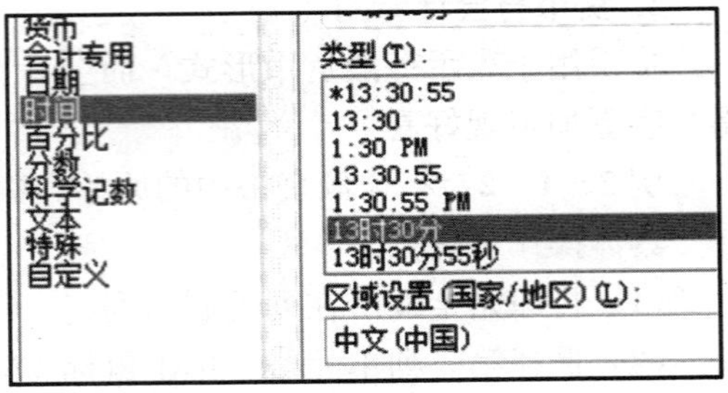

图 2-1-11

原始格式	2015年12月25日 14:45
日期格式	二〇一五年十二月二十五日
时间格式	下午2时45分

图 2-1-12

5. 百分比、分数及科学记数

这些设置都是将数值按照特定的要求进行书写。其中，百分比和分数都是将数字直接转换为对应格式，科学记数则是把录入数字转换为仅有一位整数位的数值与 10 的幂次方的乘积。

例 2-1-4：将原始数值转换为对应格式的数值（见图 2-1-16）。

具体操作步骤如下：

（1）选定需要设置格式的单元格，单击鼠标右键，选择快捷菜单中的“设置单元格格式”。

（2）分别选择页签“百分比”“分数”及“科学记数”，具体设置内容如图 2-1-13 至图 2-1-15 所示。

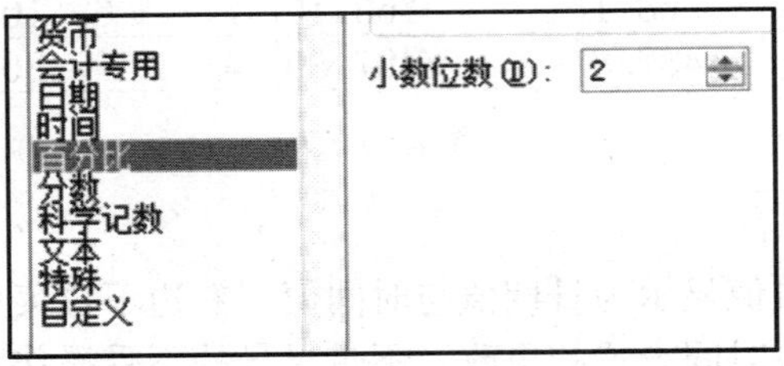

图 2-1-13

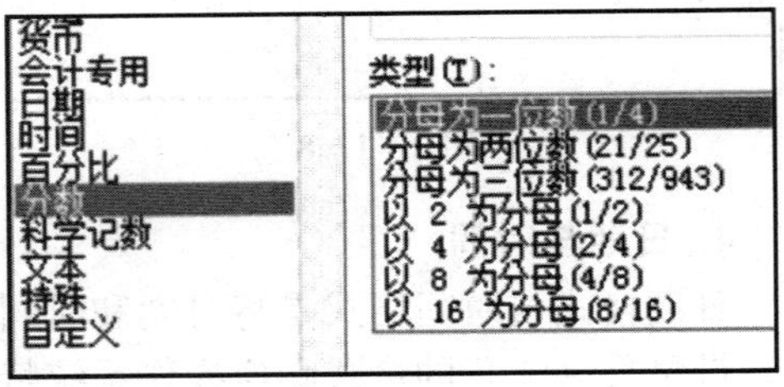

图 2-1-14

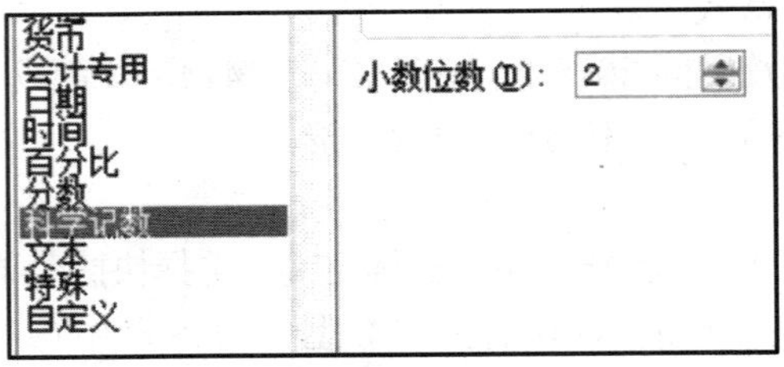

图 2-1-15

（3）单击“确定”，具体转换结果如图 2-1-16 所示。

原始数值	对应形式	显示结果
0.56	百分数	56.00%
1.25	分数	1 1/4
22.78	科学记数	2.28E+01
795632.99	科学记数	7.96E+05

图 2-1-16

6. 文本

在文本格式的单元格中，将数字作为文本处理，显示内容与输入内容一致。该功能常用于身份证号码、银行卡号及序号录入等内容。

例 2-1-5：统计某班级学生的基本信息（含学号、身份证号码及银行卡号）。

具体操作步骤如下：

（1）选中需要设置的单元格，单击鼠标右键，在快捷菜单中选择“设置单元格格式”，在左边直接选择“文本”。

（2）单击“确定”即可，如图 2-1-17 所示。

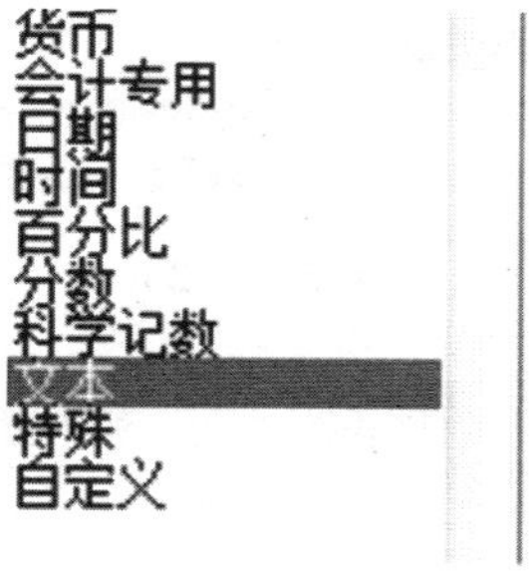

图 2-1-17

具体设置结果如图 2-1-18 所示；如果没有设置单元格格式为“文本”，则显示结果如图 2-1-19 所示。

学号	姓名	身份证号	银行卡号
050200321	张雪	150101199701012222	6211908600003800301
050200322	刘婷	222106199611081718	6211908600003800302
050200323	王飞	140207199709020517	6211908600003800303
050200324	田强	260404199806112223	6211908600003800304

图 2-1-18

学号	姓名	身份证号	银行卡号
50200321	张雪	1.50101E+17	6.21191E+18
50200322	刘婷	2.22106E+17	6.21191E+18
50200323	王飞	1.40207E+17	6.21191E+18
50200324	田强	2.60404E+17	6.21191E+18

图 2-1-19

7. 特殊

此选项适用于跟踪数据列表和数据库的值。它可以帮助用户将录入内容调整为相应格式。尤其是转换为“中文大写数字”，能够帮助会计人员转换数字录入，提高工作效率。

需要特别说明的是：在“区域设置（国家/地区）”中，“中文（中国）”是转换为简体字，而“中文（台湾）”则是转换为繁体字。

例 2-1-6：将下列信息（见图 2-1-21）分别转换为邮政编码、中文小写数字、中文大写数字。

具体设置时，选中需要设置的单元格，单击鼠标右键，在快捷菜单中选择“设置单元格”，在左边直接选择“特殊”，再依次选择“邮政编码”“中文小写数字”和“中文大写数字”，单击“确定”即可。具体设置内容如图 2-1-20 所示，设置结果如图2-1-21 所示。

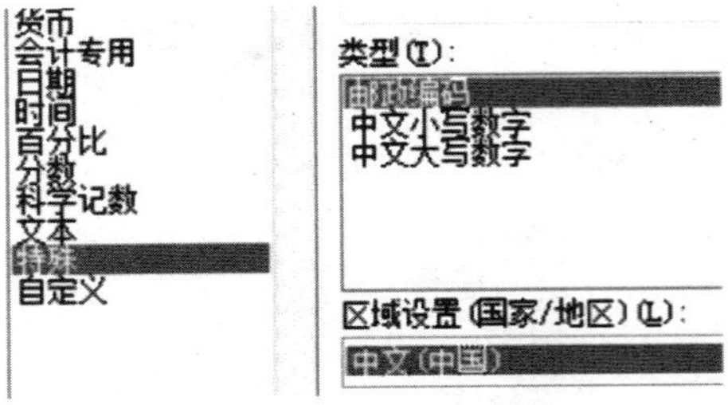

图 2-1-20

原始数值	更改形式	显示结果
10010	邮政编码	010010
459821	中文小写	四十五万九千八百二十一
	中文大写	肆拾伍万玖仟捌佰贰拾壹

图 2-1-21

8. 自定义

以现有格式为基础，生成自定义的数字格式。具体内容如下：

(1)“G/通用格式”：以常规的数字显示，相当于“分类”列表中的“常规”选项。

例 2-1-7：代码：“G/通用格式”。10 显示为“10”；10.1 显示为“10.1”。

(2)“#”：数字占位符。只显示有意义的零而不显示无意义的零。小数点后数字如大于“#”的数量，则按“#”的位数四舍五入。

例 2-1-8：代码：“###.##”。12.1 显示为“12.10”；12.1263 显示为“12.13”。

(3)“0”：数字占位符。如果单元格的内容大于占位符，则显示实际数字；如果小于占位符的数量，则用 0 补足。

例 2-1-9：代码：“00000”。1234567 显示为“1234567”；123 显示为“00123”。

代码：“00.000”。100.14 显示为“100.140”；1.1 显示为“01.100”。

(4)“*”：重复下一次字符，直到充满列宽。

例 2-1-10：代码：“@*-”。ABC 显示为“ABC---------------”。

此外，还可用于仿真密码保护，如代码为“**；**；**；**”，123 显示为“*************”。

（5）“,”：千位分隔符。

例 2－1－11：代码：“＃，＃＃＃”。12000 显示为“12,000”。

（6）\：用这种格式显示下一个字符。“文本”，显示双引号里面的文本。

“\”：显示下一个字符。和双引号用途相同都是显示输入的文本，且输入后会自动转变为双引号表达。

例 2－1－12：代码：“人民币” ＃，＃＃0,，“百万”，与\人民币 ＃，＃＃0,，\百万。输入 1234567890 显示为“人民币 1,235 百万”。

（7）“?”：数字占位符。在小数点两边为无意义的零添加空格，以便当按固定宽度时，小数点可对齐。

例 2－1－13：分别设置单元格格式为“?? .??”和“??? .???”，对齐结果如下：输入 12.1212 显示“12.12 12.121”。

（8）颜色：用指定的颜色显示字符。可有 8 种颜色可选：红色、黑色、黄色、绿色、白色、蓝色、青色和洋红。

例 2－1－14：代码：“［青色］；［红色］；［黄色］；［蓝色］”。结果为正数显示青色，负数显示红色，零显示黄色，文本则显示蓝色。

［颜色 N］：是调用调色板中颜色，N 是 0～56 之间的整数。

例 2－1－15：代码：“［颜色 3］”。单元格显示的颜色为调色板上第 3 种颜色。

（9）条件：可以对单元格内容判断后再设置格式。条件格式化只限于使用三个条件，其中两个条件是明确的，另一个条件是“所有的其他”。条件要放到方括号中。必须进行简单的比较。

例 2－1－16：代码：“［＜0］" 负数"；［＝0］；" 零"；" 正数"”。结果是单元格数值大于零显示正数，等于 0 显示零，小于零显示“负数”。

（10）“!”：显示“"”。由于引号是代码常用的符号。在单元格中无法用""" 来显示“"”。要想显示出来，须在前加入“!”。

例 2－1－17：代码：“＃!"”，10 显示为“10"”；代码：“＃!"!"”，10 显示为“10""”。

（11）时间和日期常用时间和日期代码。

“YYYY”或“YY”：按四位（1900～9999）或两位（00～99）显示年；

“MM”或“M”：以两位（01～12）或一位（1～12）表示月；

“DD”或“D”：以两位（01～31）或一位（1～31）表示天。

例 2－1－18：代码：“YYYY-MM-DD”。2005 年 1 月 10 日显示为“2005－01－10”。

（二）对齐

可设置“对齐方式”“自动换行”和“合并单元格”三项内容。

设置对齐方式，如常见的居中对齐，需要注意的是两个方向：垂直方向和水平方向。用户可以设定 9 种不同的位置。

“自动换行”和“缩小字体填充”：当一行内容较多而列宽有限时，可以勾选选项，单元格通过自动换行和自动调节字号的方式显示全部内容。

“合并单元格”可能是最重要的应用之一，勾选它可以合并单元格；取消对钩，可以取消合并单元格。

例 2－1－19：制作学习笔记“负债按照时间长短分类”表格时，原始表格如图 2－1－22 所示。

按时间长短分类	
短期借款	长期借款
时间不足一年或者	时间长于一年或者一个经营周期的借款

图 2－1－22

设置对齐方式为水平居中、垂直居中，如图 2－1－23 所示，其效果如图 2－1－24 所示。

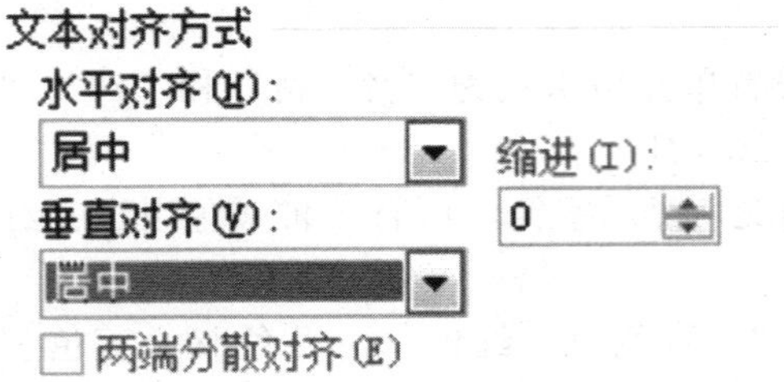

图 2－1－23

按时间长短分类	
短期借款	长期借款
时间不足一年或者一个经营周	年或者一个经营周期的借款

图 2－1－24

由于解释说明的内容太长，用户可以尝试显示全部内容，例如设置“短期借款解释内容”为“自动换行”，“长期借款解释内容”为“缩小字体填充”，两者需要分别设置，如图 2－1－25 所示。

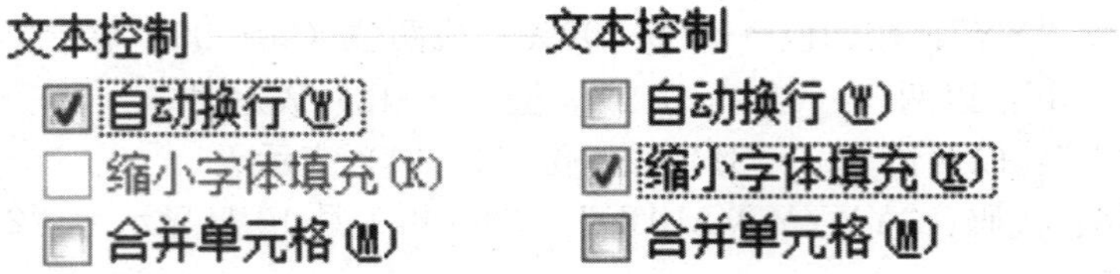

图 2－1－25

设置后的内容如图 2－1－26 所示。

按时间长短分类	
短期借款	长期借款
时间不足一年或者一个经营周期的借	时间长于一年或者一个经营周期的借款

图 2－1－26

由于“按时间长短分类”是两者的分类标准，故应将其放在两列中间，此时就用到了“合并单元格”功能，并令其“水平居中”（如图 2－1－27 所示）。操作时需要注意：选择需要合并的两个单元格后，单击鼠标右键进行操作，操作效果如图 2－1－28 所示。

图 2－1－27

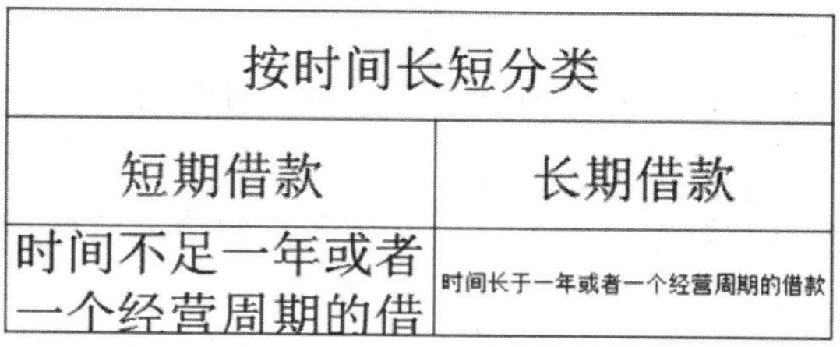

按时间长短分类	
短期借款	长期借款
时间不足一年或者一个经营周期的借	时间长于一年或者一个经营周期的借款

图 2－1－28

合并单元格并且让文本居中也可通过工具栏中的 合并后居中 实现。

（三）字体

使用“字体”功能，可以像在 Word 软件中一样，非常方便地设定文字的颜色、字体、字号、下划线等。在这里，不再赘述字体、字形及字号的设置方法及效果，主要讲解特殊设置的方法及效果。

1. 下划线

下划线是常用的工具，通常表示需要填写的空格内容，也可以用来表示强调。

例 2－1－20： 在制表的过程中，签字完成后，需要填写日期，并将其设置为“20__年__月__日”。

具体操作步骤如下：

（1）在单元格内录入日期的基本内容“20□□年□□月□□日”（其中：□表示空格），然后，在单元格编辑状态下选中文本中的空格，单击鼠标右键，在快捷菜单中选择“设置单元格格式”。

（2）选择“字体”页签，在下划线处选择“单下划线”（如图 2－1－29 所示）。

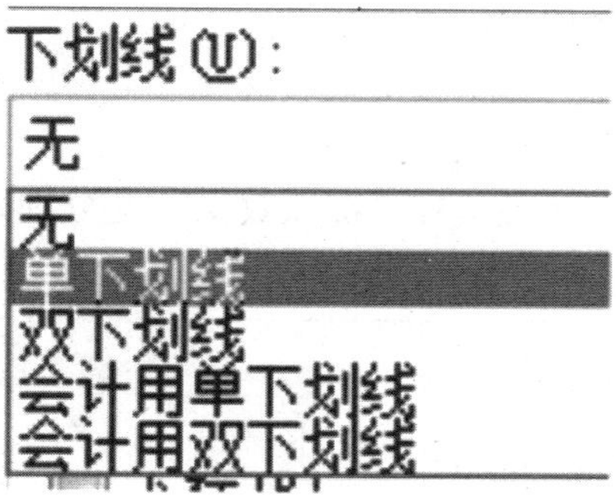

图 2－1－29

（3）设置效果如图 2－1－30 所示。

加下划线之前	加下划线之后
20　年　月　日	20__年__月__日

图 2－1－30

2. 删除线

一般用于原来内容的修改和审核，使用删除线会让删除内容一目了然，便于使用者正确修改表格内容。

例 2－1－21：将“会计的两项基本职能为核算与管理监督”这句话中的“管理”删除。

具体操作步骤如下：

（1）在单元格内录入基本内容“会计的两项基本职能为核算与管理监督”。

（2）在单元格编辑状态下，选中文本中需要删除的内容，单击鼠标右键，在快捷菜单中选择“设置单元格格式”。

（3）进一步选择“字体”页签，在“特殊效果”处勾选“删除线”（如图 2－1－31 所示）。

（4）设置效果如图 2－1－32 所示。

图 2－1－31

删除前	会计的两项基本职能为核算与管理监督
删除后	会计的两项基本职能为核算与~~管理~~监督

图 2－1－32

3. 上标和下标

使用该功能，方便录入带有上标、下标的内容。在录入平方、立方、公式或者化学分子式的时候需要使用该功能。

例 2－1－22：输入平方和及加速度计算公式。

具体操作步骤如下：

（1）在单元格内录入基本内容。

（2）在单元格编辑状态下，选中文本中需要变为上标或者下标之处，单击鼠标右键，在快捷菜单中选择“设置单元格格式”。

（3）进一步选择“字体”页签，在“特殊效果”处分别勾选“上标”和“下标”，其效果如图 2－1－33 所示。

设置前	设置后
(a+b)2=a2+2ab+b2	$(a+b)^2=a^2+2ab+b^2$
a=(Vt-Vo)/t	$a=(V_t-V_0)/t$

图 2－1－33

（四）边框

本功能在需要打印时非常有用，如果不设置边框，打印出的表格就不会显示表格边框。此功能还提供了多种线型供使用者选用，提升表格设置美观度。

例 2-1-23：将 20×6 年的销售情况按季度汇总并制作成表格。

具体操作步骤如下：

(1) 录入表体各项内容，并按照要求设置字体、对齐方式等内容。

(2) 全选表格，单击鼠标右键，在快捷菜单中选择“设置单元格格式”，选择“边框”页签，在左边“线条”选项处，选择对应的线条样式及颜色，在右边边框处点击增加不同的线条，使得整个表格看起来更美观、更舒服（如图 2-1-34 所示）。

(3) 设置完成后，效果如图 2-1-35 所示。

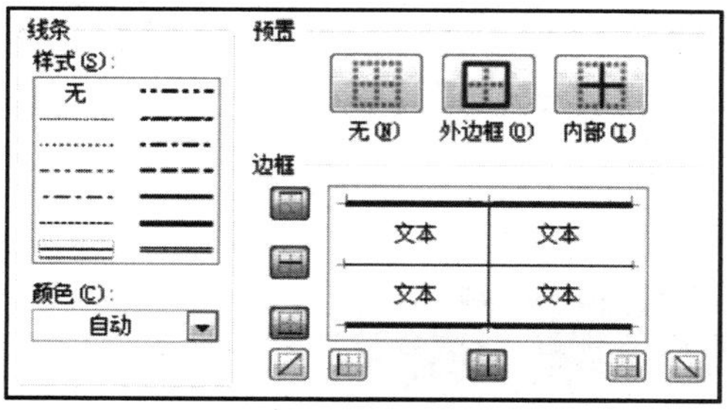

图 2-1-34

×公司20×6年销售统计表

	销售额	所占比例
第一季度	65	21.38%
第二季度	89	29.28%
第三季度	76	25.00%
第四季度	74	24.34%
合计	304	100.00%

图 2-1-35

（五）填充

使用“边框”功能可设置边线效果和颜色，那么使用“填充”功能就可设置填充颜色和图案。通过该页签的设置，可以有效区分不同内容，在美观的前提下提高辨识度。此页签不仅可以添加颜色，而且可以设置渐变色，还可以增加不同的图片样式。

例 2-1-24：沿用例 2-1-23 中的销售统计表，将其首行设置为蓝色向下渐变，末行设置为有图片样式的填充色。

具体操作步骤如下：

(1) 选择需要修改的行，单击鼠标右键，在快捷菜单中选择“设置单元格格式”，选择“填充”页签，单击下方的“填充”选项，进入对话框设置（如图 2-1-36 所示）。

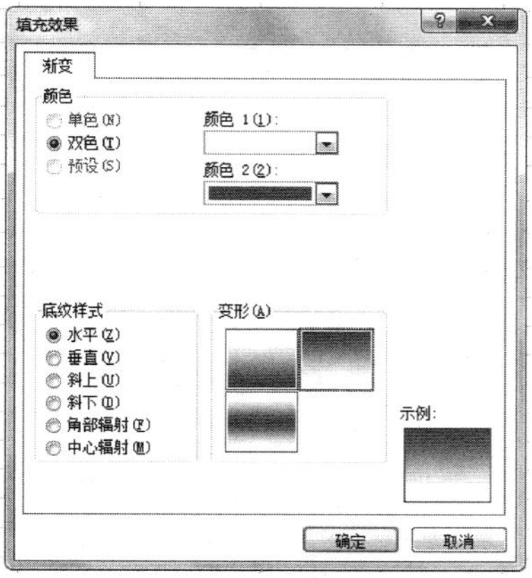

图 2-1-36

（2）设置完毕单击“确定”。如果需要增加图案，则在右侧的“图案颜色”及“图案样式”中进行相应设置（如图 2－1－37 所示），单击“确定”。

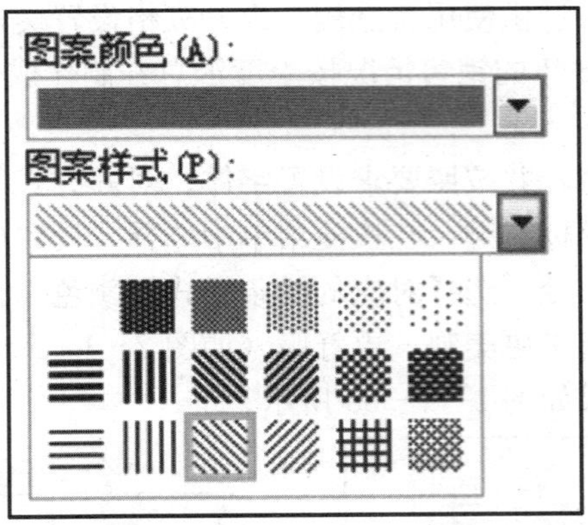

图 2－1－37

（3）设置完成，具体效果如图 2－1－38 所示。

×公司20×6年销售统计表		
	销售额	所占比例
第一季度	65	21.38%
第二季度	89	29.28%
第三季度	76	25.00%
第四季度	74	24.34%
合计	304	100.00%

图 2－1－38

（六）保护

可对单元格进行“保护”与“隐藏”操作，但这两项功能只有在保护工作表后才有效。具体操作方法为：选中单元格，单击鼠标右键，在“设置单元格格式”快捷菜单中选择“保护”页签，选择相应内容，然后单击“确定”，设置完成。但如需要真正实现保护或隐藏，则需要按照前述方法保护工作表，此处不再赘述，具体设置效果可自己尝试。

二、套用格式

用户除了使用上述方法对电子表格进行美化之外，Excel 还提供了自动格式化的功能，它可以根据预设的格式，将制作的报表格式化，产生美观的报表，也就是表格的自动套用。这种自动格式化的功能，可以节省使用者的许多时间，并且制作出的报表还很美观。表格样式自动套用步骤如下：

（1）选取要格式化的范围，选用“格式”页签中“自动套用格式”命令。出现“自动套用格式”对话框（如图 2－1－39 所示）。

（2）在“格式”列表框中选择要使用的格式，双击该样式，选中的单元格就会按照选

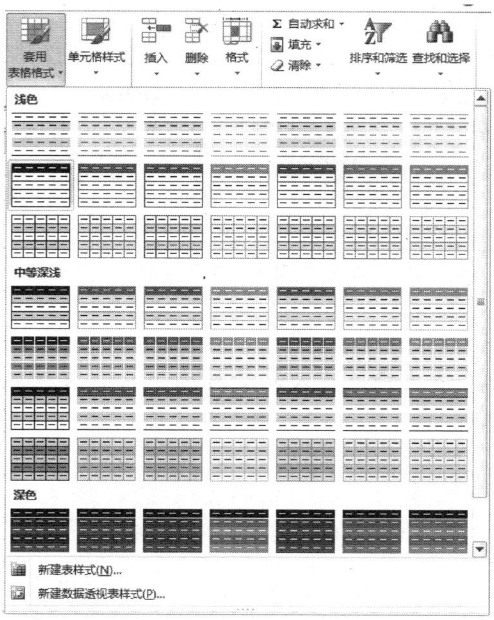

图 2-1-39

择的样式设置格式。

自动格式化时，格式化的项目包含数字、边框、字体、图案、对齐、列宽和行高。在使用中我们可以根据实际情况选用其中的某些项目，而没有必要每一项都接受。如果我们需要建立新样式，可以在“格式”对话框下方单击“新建表样式”按钮，使应用格式化选项出现，如图 2-1-40 所示。然后，根据自己的实际需求点击“格式”按钮进行个性化设置。

图 2-1-40

任务总结

在“设置单元格格式”的过程中，应该在“对齐”页签中设置自动换行、缩小字体填充，在“字体”页签中增加删除线、增加下划线、设置上下标，在“填充”页签中设置背景底色。除此之外，“数值”页签也会影响录入数据的正确性，需要提前设置。

套用格式时，需要明确自己的用途，谨慎设置合适的预设格式。

任务二 录入数据

任务介绍

美化表格之后，需要快速准确地录入相关数据，只有这样，表格才能真正发挥作用，王雪的工作才能体现出价值。

任务分析

录入数据，除了手工录入，还有快速填充的方法。使用快速填充法可以达到事半功倍的效果。录入之后，还可以快速查找相关数据，并对部分数据进行复制、粘贴以及替换操作。

相关知识

四种数据类型；手工录入不同数据的方法；快速填充数据的不同方法；录入数据之后，对数据进行编辑的方法。

任务实施

录入数据是制作Excel表格的基本操作，工作表中不同类型数据的输入规则是不同的；此外，一些特殊数据的输入还有一定的技巧。为了能够正确、快速地输入数据，用户应对每种类型的数据及其输入规则和技巧进行了解。

一、认识数据的类型

在工作表中主要有四种数据类型，分别是数值、文本、日期和公式。它们是最基本的数据类型。

数值是所有能够代表数量的数字形式。可以是正数，也可以是负数，可以进行数值计算，但不仅仅限于数字。在Excel中，一些带有特殊符号，如百分号、货币符号、千位分隔符号、科学记数符号等的数字也被称为数值。

文本型数据本身没有一个严格的定义，通常是指一些非数值型的文字、符号或者不代表数量、不需要进行数值计算的数字等。文本型数据虽然不能进行数值计算，但可以比较大小。

日期在Excel中是一种特殊的数值形式，它可进行一般的数值运算，如加、减等运算，但运算的日期序列值必须是整数数值，即数值单位是整数数值。时间是日期的一部分，也具有数值运算功能。但 Excel 是以小数形式的序列值来代表时间的，如果输入的时间超过了 24 小时，系统会自动将其以天为单位进行整数进位处理，将以小数形式存在的时间和以整数形式存在的时间结合起来就是一个序列值，表示一个完整的日期时间点。

公式在 Excel 中也是一种数据类型，它以“＝”开头，具有强大的计算功能。Excel 中的公式既可以是简单的数学公式，也可以是一个函数，而公式的运算结果从数据类型上讲，可分为数值型数据和文本型数据。

二、数据的手工录入

在 Excel 中，数据的输入和修改都在当前单元格或者对应编辑栏中进行。Excel 文件打开后，单元格均默认处于就绪状态，等待数据的输入。

（一）在单个单元格中录入数据

选定目标单元格，录入数字或者文本。

（二）在单张工作表的多个单元格中快速录入完全一样的数据

选定单元格区域，在当前活动单元格或者对应的编辑栏中录入所需的数字或文本，通过组合键“Ctrl＋Enter”确认输入内容。

（三）在单张工作表的多个单元格中快速录入部分相同的数据

工作中，用户可能会面对快速录入大量因系统性编码而部分重复的数据，这些数据在录入时重复较多，Excel 可以通过设置加快录入速度，提高效率。

例 2-2-1：录入某班学生的校园卡卡号，前六位均为“150809”，末两位随学号变动。

具体操作步骤为：

(1) 选中需要录入数据的单元格区域。

(2) 单击鼠标右键，在快捷菜单中选择“设置单元格格式”对话框。

(3) 选择“数字”页签下“分类”中的自定义，在“类型”编辑框中输入“"150809" @”，单击“确定”，完成设置。如图 2-2-1 所示。

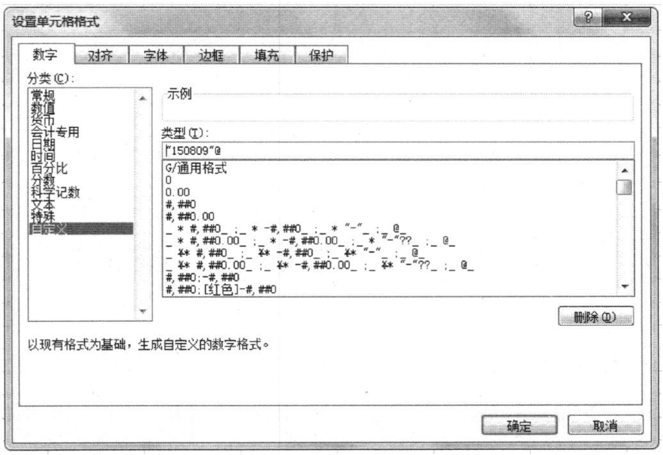

图 2-2-1

设置完成后，在相应的单元格输入数据时，只需要输入不重复的数字部分，系统会在输入的数字前自动加上重复部分。如图 2-2-2 所示。

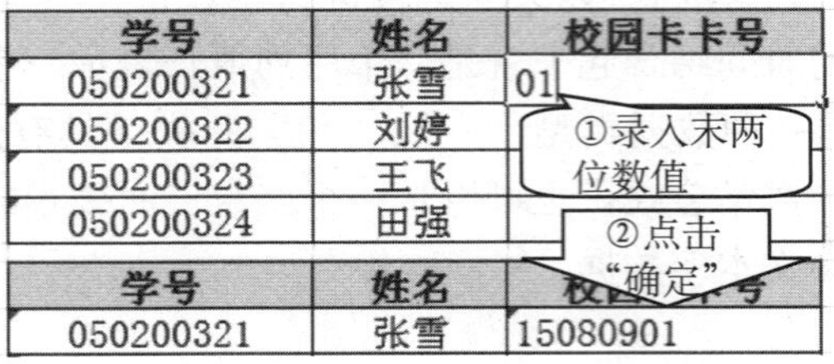

图 2-2-2

（四）在工作组的一个单元格或多个单元格中快速录入相同的数据

工作中，用户有时需要对同一个表格进行多次编辑，以体现不同管理对象的不同情况，接下来就以例 2-2-2 说明在工作组中录入相同数据的方法。

例 2-2-2：学校要求统计每位学生的详细信息。用户将通过组建工作组的方法，一次完成该表格的批量制作（以 5 张表格为例），具体步骤如下：

（1）将工作簿中多张工作表组合成工作组。具体方法：新建工作簿，新增两张工作表，单击 Sheet1 标签，按住 Shift 键不放，再单击 Sheet5 标签，这两个工作表标签之间所有工作表均被选中。如果按住 Ctrl 键不放，则可以选中多个非连续的工作表。如图 2-2-3 所示。

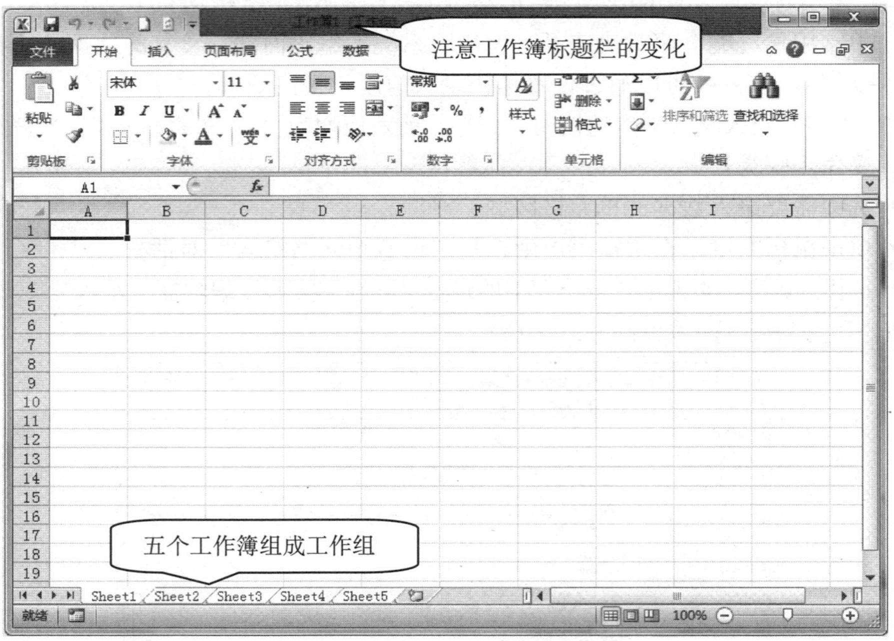

图 2-2-3

被选中的这些工作表共同组成工作组，工作簿标题栏中的文件名后面随之出现“[工作组]”字样。对于较多的工作簿，通过快捷菜单选定全部工作表来构成包含全部工作表的工作组；如果有部分工作表不需要列入工作组，可以在成组状态下按住 Ctrl 键来点选不需要的工作表。

（2）在当前工作表 Sheet1 中选定目标单元格，按照在单个单元格中录入数据的方法录入相关数据，具体内容如图 2－2－4 所示。

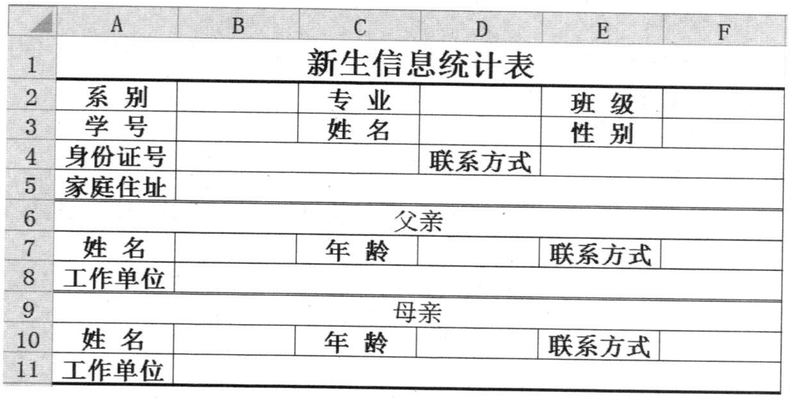

图 2－2－4

在一个单元格区域或者不连续区域，如同按照在单张工作表的多个单元格中录入相同数据的方法录入相关数据，如图 2－2－5 所示。

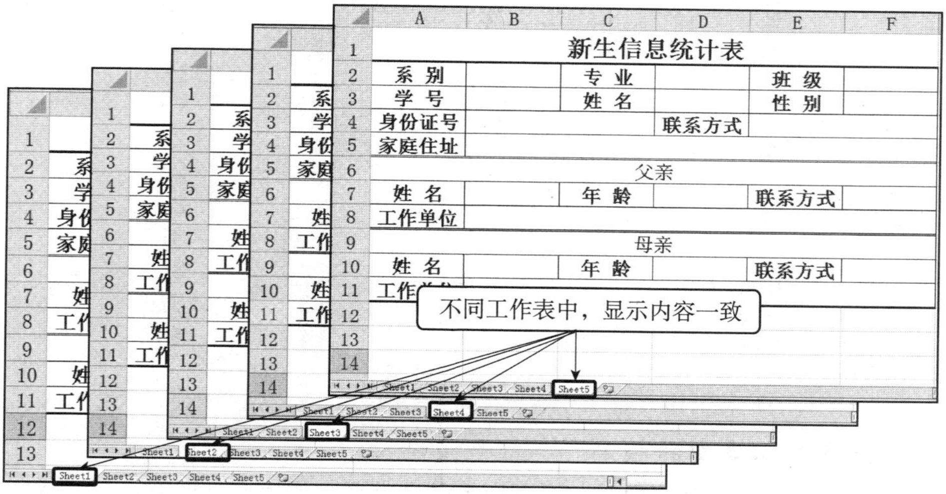

图 2－2－5

（3）完成数据录入后，可采用下列方法取消该工作组：单击所在工作簿中其他未被选中的工作表标签（及组外工作表标签），如果该工作组包含工作簿的所有工作表，只需单击活动工作表以外的一个工作表标签；如果该工作组包含工作簿任意一个工作表，单击鼠标右键，从弹出的快捷菜单中选定“取消成组工作表”。

（4）检查数据录入情况。

三、单元格数据的快速填充

（一）相同数据的填充

当需要将某单元格的内容复制到其他单元格时，通常可点击该单元格右下角的填充柄，鼠标箭头随之变为黑十字形，按住鼠标左键向上下左右任意方向拖动，然后松开鼠标左键，该单元格的内容就可以填充到其他单元格。

（二）序列的填充

序列是指按照某种规律排列的一列数据，如等差数列、等比数列等。使用填充柄可自动根据已填入的数据填充序列的其他数据。

例 2-2-3： 快速填充等差数列 1、4、7、10、…、40。

具体操作过程如下：

（1）在需要填入序列的第一个单元格中输入序列的第一个数“1”，紧接第二个单元格输入序列的第二个数“4”。

（2）选中上述两个单元格，点击第二个单元格右下角的填充柄，按住鼠标左键拖动，在适当的位置释放鼠标，拖过的单元格将会自动进行填充。

整体过程如图 2-2-6 所示。

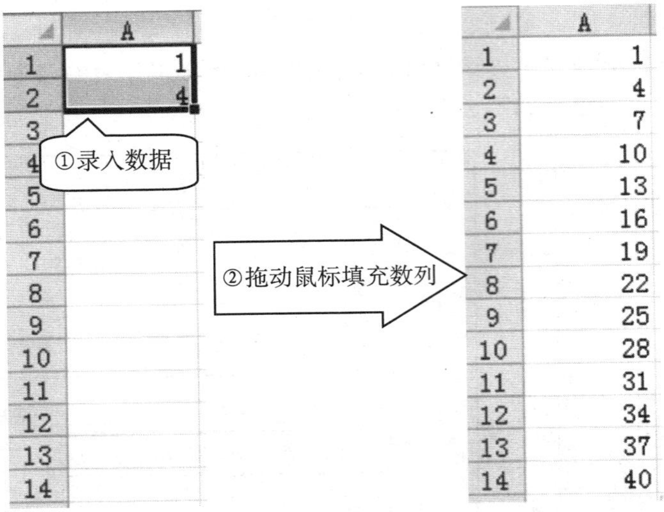

图 2-2-6

（三）填充序列类型的指定

利用自动填充功能填充序列后，可以指定序列类型，如填充日期值，可以指定按年填充、按月填充或者按日填充等。

拖动填充柄并释放鼠标时，鼠标箭头附近出现“自动填充选项”按钮，单击该按钮打开下拉菜单，选择填充序列类型。

例 2-2-4： 快速填充 2015 年 1 月的所有工作日。

具体操作过程如下：

（1）在需要填入序列的第一个单元格中输入序列的第一个数据“2015/1/1”，单击回车键。

（2）点击单元格右下角的填充柄，按住鼠标左键拖动，在适当的位置释放鼠标，拖过的单元格将会自动进行填充。

以上过程见图 2-2-7。

（3）释放鼠标时，鼠标箭头附近会出现“自动填充选项”按钮，单击该按钮打开下拉菜单，选择“以工作日填充”，如图 2-2-8 所示。

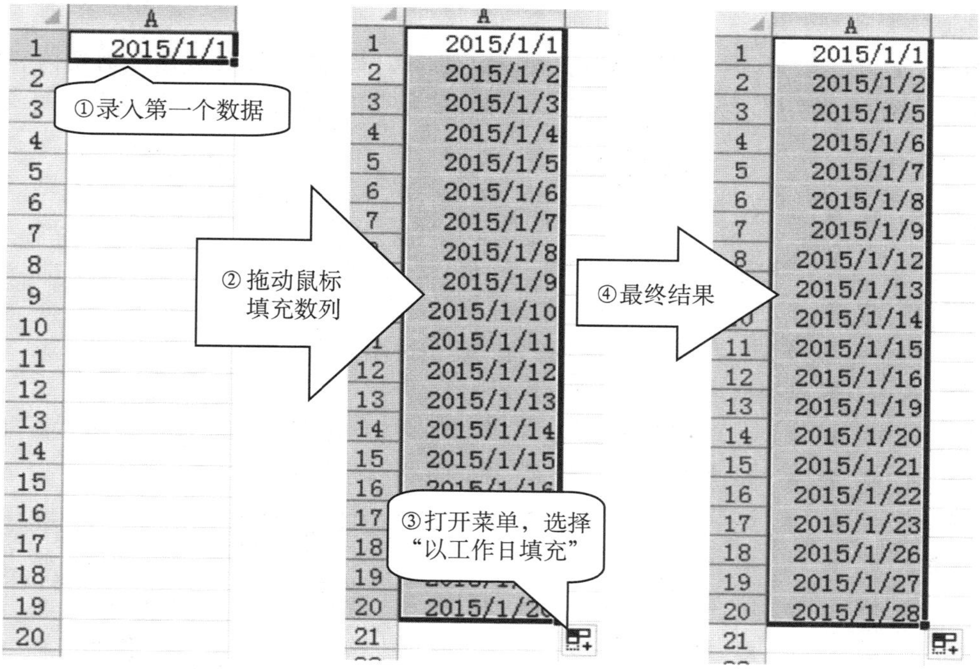

图 2-2-7

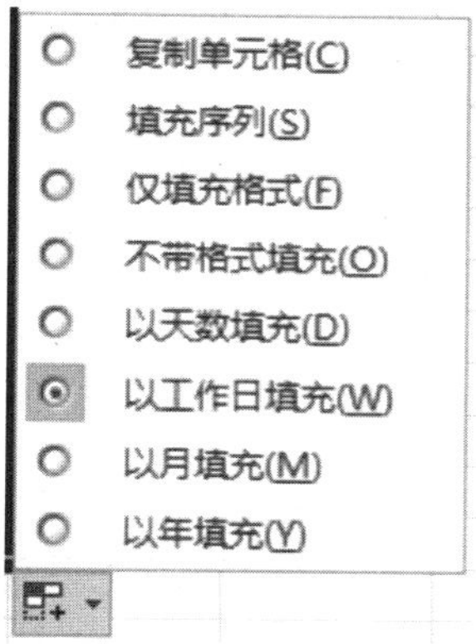

图 2-2-8

四、导入其他数据库的数据

Excel 可以获取 SQL Server、Access 等数据库的数据，实现小型数据库管理系统的交互。

五、数据的编辑

（一）数据的复制与剪切

数据的复制与剪切不同。数据复制后，原单元格中的数据仍然存在，目标单元格中同时增加原单元格中的数据；数据剪切后，原单元格中的数据不复存在，只在目标单元格中增加原单元格中的数据。

在 Excel 中，数据复制、剪切和粘贴的程序是：(1) 选中需要复制或剪切内容的对象；(2) 复制或剪切原单元格内容；(3) 选中需要粘贴的目标位置；(4) 粘贴复制或剪切的内容。

此外，还可以使用“选择性粘贴”命令有选择地粘贴剪切板中的数值、格式、公式、批注等内容。

例 2-2-5： 分两表计算数字 1～10，11～20 的平方值。

具体操作过程如下：

(1) 进行基本设置，并录入平方计算公式，快速填充至整列。

(2) 选中计算结果区域并进行复制。

(3) 选中目标位置，单击鼠标右键，在快捷菜单中选择“选择性粘贴”对话框（如图 2-2-9 所示），在粘贴区域中选择“公式”(如图 2-2-10 所示)。

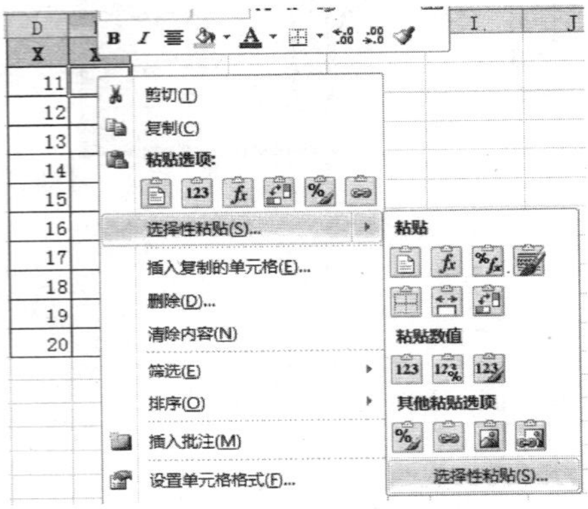

图 2-2-9

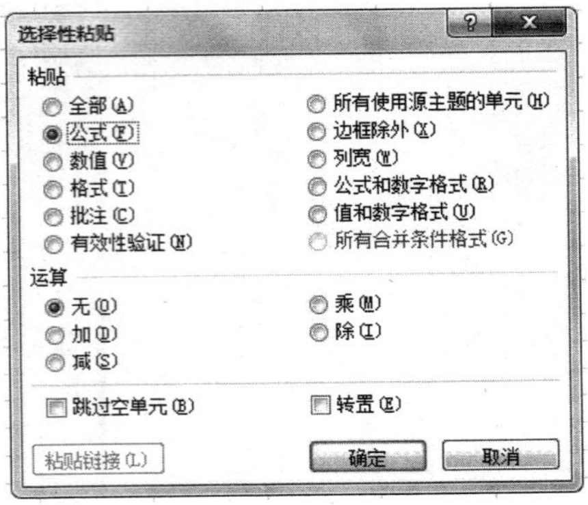

图 2-2-10

(4) 单击“确定”，运算结果如图 2-2-11 所示。

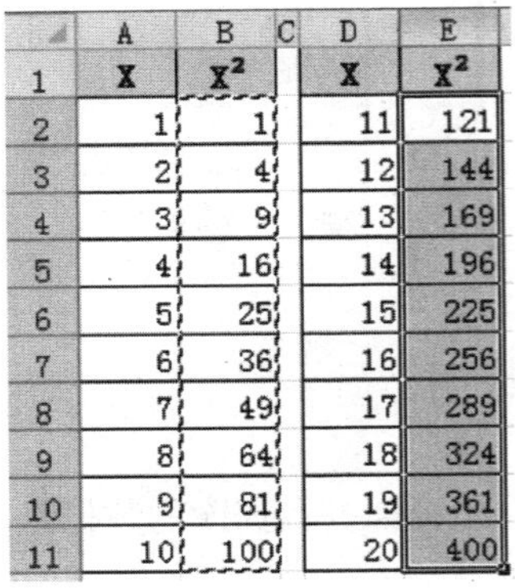

	A	B	C	D	E
1	X	X^2		X	X^2
2	1	1		11	121
3	2	4		12	144
4	3	9		13	169
5	4	16		14	196
6	5	25		15	225
7	6	36		16	256
8	7	49		17	289
9	8	64		18	324
10	9	81		19	361
11	10	100		20	400

图 2-2-11

(二) 数据的查找与替换

1. 查找和替换特定数据

工作中，有时需要在大量数据中查找特定数据，此时，如果用户自己进行查找，不仅降低了工作效率，还会出现失误，查找不到相应的数据。Excel 提供了“查找”功能，帮助用户高效查找数据，如果需要更改查找到的有误数据，还可使用“替换”功能进行调整。

例 2-2-6：在学生名单中查找 15 会计 2 班的学生，并将 15 会计 3 班的班级名称变更为 15 会计（注会）班。

具体操作步骤如下：

（1）选中需要查找、替换数据的数据表，如图 2-2-12 所示。

班级	学号	姓名
15会计1班	050200321	张雪
15会计2班	050200322	刘婷
15会计2班	050200323	王飞
15会计3班	050200324	田强

图 2-2-12

（2）单击菜单栏的“开始”页签，选择“编辑”中的“查找和替换”，选择“查找”，如图 2-2-13 所示。

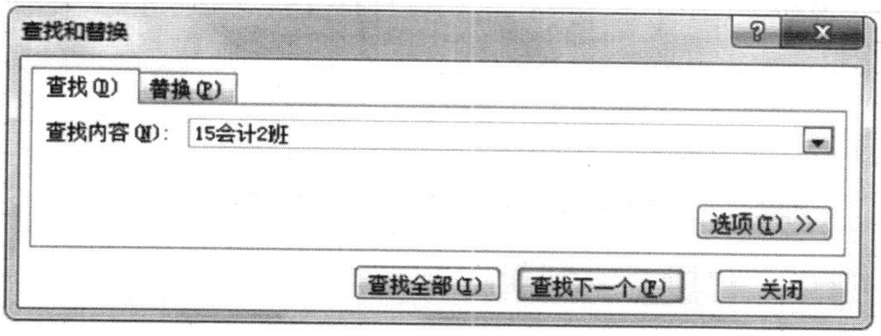

图 2-2-13

（3）在“查找内容”编辑栏中输入查找或替换的内容，在“替换为”编辑栏中输入替换的内容，如图 2-2-14 所示。

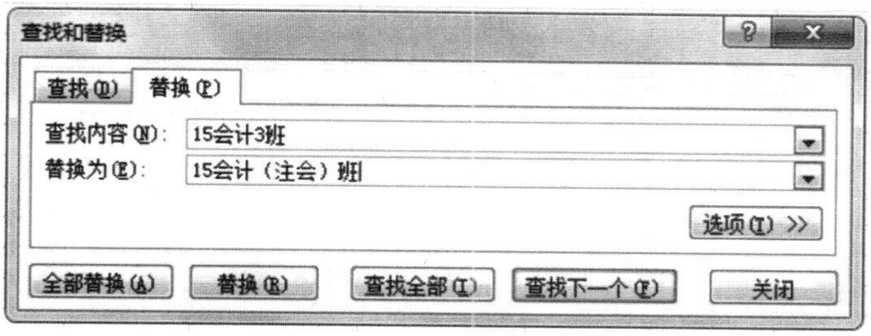

图 2-2-14

（4）如果需要查找，单击“查找下一个”或“查找全部”进行查找；如果需要替换，单击“替换”逐个替换或单击“全部替换”一次性全部替换。结果如图 2-2-15 所示。

班级	学号	姓名
15会计1班	050200321	张雪
15会计2班	050200322	刘婷
15会计2班	050200323	王飞
15会计（注会）班	050200324	田强

图 2-2-15

2. 替换格式

如果需要强调查找到的内容，可以使用“替换格式”功能实现。

例 2-2-7：承例 2-2-6，在学生名单中，将 15 会计（注会）班变更为底色为红色、字体加粗的强调格式。

具体操作步骤如下：

（1）选中需要替换格式的数据表。

（2）单击菜单栏的“开始”页签，选择“编辑”中的“查找和替换”，选择“替换”。

（3）在“查找内容”编辑栏中输入被替换的内容。

（4）单击“选项≫”按钮，打开选项设置页面，在“格式”中设置替换格式，并在下方设置各替换选项，如图 2-2-16 所示。

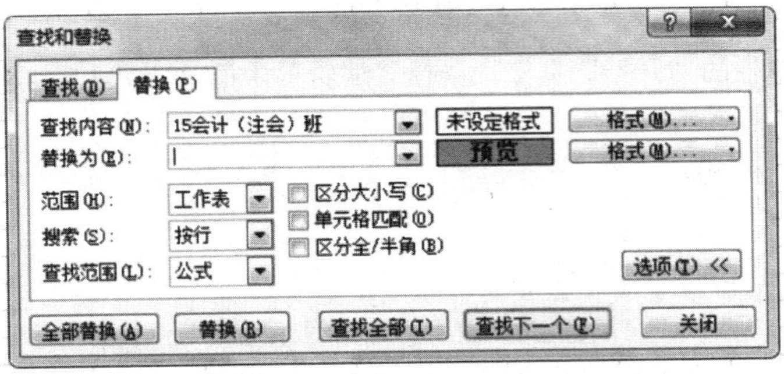

图 2-2-16

（5）单击“替换”，格式替换完成，结果如图 2-2-17 所示。

班级	学号	姓名
15会计1班	050200321	张雪
15会计2班	050200322	刘婷
15会计2班	050200323	王飞
15会计（注会）班	050200324	田强

图 2-2-17

六、创建数据清单

数据清单，即常说的表格，由一行文字作为区分数据类型的表头标志，在表头标志下，是连续的数据区。数据清单的第 1 行必须是文本类型，为相应列的名称。用户只要执行了数据库命令，Excel 就会自动将数据清单默认为一个数据库。数据清单中列示数据库中的字段，数据清单中的列表只是数据库中的字段名，数据清单中的一行数据对应数据库中的一条记录。

（一）创建原则

在创建数据清单的时候，应该遵守以下原则：

（1）一个数据清单最好占用一个工作表。

（2）数据清单是一片连续的数据区域，不允许出现空行和空列。

(3) 每一列包含相同类型的数据。

(4) 将关键数据列置于清单的顶部或底部，避免将关键数据放到数据清单的左右两侧，因为在筛选数据记录时，这些数据可能会被隐藏。

(5) 显示行和列。在修改数据清单之前，要确保隐藏的行和列已经被显示。如果清单中的行和列未被显示，那么数据有可能会被删除。

(6) 使用带格式的列标。在输入列标前，将单元格设置为文本格式。对于列标，请使用与清单中数据不同的字体、对齐方式、格式、填充色等进行设置。

(7) 使清单独立。在工作表的数据清单与其他数据间至少留出一个空行和一个空列，在执行排序、筛选和自动汇总等操作时，这将有利于Excel检测和选定数据清单。

(8) 不要在单元格前边或后边输入空格，否则会影响排序和搜索。

(二) 创建流程

创建数据清单可以分为创建字段名、输入数据记录、删除和编辑记录三大步骤。具体编辑方式前面已经介绍，这里不再赘述。

任务总结

(1) 数据分为四类：数值、文本、日期和公式。

(2) 手工可以录入单个单元格的数据，也可以录入单张工作表中多个单元格完全一样或部分一致的数据，还可以录入工作组中的工作表数据。

(3) 快速填充数据的方法有：填充相同数据、填充序列、指定填充序列类型。

(4) 对于已经录入的数据、可以进行复制、粘贴以及查找与替换操作。

练习及实训

一、问答题

1. 设置单元格格式时，分别有什么样的设置效果？
2. 数据一共有几种类型？各自的定义是什么？
3. 可以手工录入的数据类型有几种？分别是什么？
4. 快速填充数据的方法有几种？可以填充哪类数据？
5. 创建数据清单的原则有哪些？

二、实训题

要求：继续完善本班的综合测评排名表。在两个工作表中设置：

1. 标题行字体加粗，灰色为底色。
2. 设置学号列、姓名列为文本类型。
3. 设置分数列为数值类型，且保留两位小数。
4. 整体对齐方式为“垂直居中”“水平居中”，整体增加边框，内外边框均添加。
5. 手工录入各位学生的学号、姓名及各科成绩（见表2-2-1、表2-2-2）。

表 2-2-1 ×班成绩清单

学号	姓名	德育		综合素质
		科目 1	科目 2	成绩
15030230201	刘媛媛	90	80	83
15030230202	王婷	88	85	97
15030230203	章艳茹	88	80	83
15030230204	田敬唯	89	85	82
15030230205	孙小宇	87	85	83
15030230206	钱红雨	91	80	78
15030230207	吴艳	87	80	75
15030230208	郑永芳	86	80	77
15030230209	段文慧	87	85	80
15030230210	和浩琪	88	80	81
15030230211	包塔拉	87	80	79
15030230212	于天祺	88	80	78
15030230213	薛思琪	80	90	83
15030230214	姜苗苗	87	85	83
15030230215	王丽萍	87	90	85
15030230216	张芳芳	87	80	74
15030230217	杨晨霞	89	85	85
15030230218	牛茹	87	85	84
15030230219	吕彩霞	89	85	79
15030230220	李莹莹	89	90	80
15030230221	邓旭	83	85	97
15030230222	刘英	71	80	83
15030230223	季艳艳	89	85	80
15030230224	乔智慧	88	85	80
15030230225	郑素英	90	85	83
15030230226	贾美艳	84	80	79
15030230227	霍永清	87	85	76
15030230228	吴秀玲	87	85	77
15030230229	齐宝龙	86	80	83
15030230230	孙东	88	80	85

表 2-2-2 ×班加分明细

学号	姓名	加分项目	加减分
15030230201	刘媛媛	比赛三等奖	3
15030230202	王婷	英语 B 级	12
15030230203	章艳茹		
15030230204	田敬唯	比赛三等奖	3
15030230205	孙小宇		
15030230206	钱红雨	英语 B 级	12
15030230207	吴艳		
15030230208	郑永芳		
15030230209	段文慧		

续前表

学号	姓名	加分项目	加减分
15030230210	和浩琪		
15030230211	包塔拉		
15030230212	于天祺	比赛三等奖	3
15030230213	薛思琪	比赛三等奖	3
15030230214	姜苗苗	英语 B 级、从业考试	14
15030230215	王丽萍		
15030230216	张芳芳	比赛三等奖	3
15030230217	杨晨霞		
15030230218	牛茹		
15030230219	吕彩霞	比赛三等奖	3
15030230220	李莹莹	比赛二等奖	6
15030230221	邓旭	英语 B 级、会计初级	15
15030230222	刘英	比赛二等奖	6
15030230223	季艳艳		
15030230224	乔智慧		
15030230225	郑素英	比赛三等奖	3
15030230226	贾美艳	比赛一等奖	8
15030230227	霍永清		
15030230228	吴秀玲		
15030230229	齐宝龙	比赛一等奖	8
15030230230	孙东	比赛二等奖	6

项目三
图表基础应用

情景介绍

随着掌握的操作方法越来越多，王雪学习、应用 Excel 的积极性越来越高。她发现，日常利用表格能够搜集数据，并进一步做一些简单的数据汇总，但得到的结果不够简洁直观，不能发现趋势，解读现状。所以，她又开始了图表应用的学习，希望通过图表把枯燥无味的数据形象化、生动化，让使用者一目了然，做到对现状心中有数。

Excel 图表用于以图形显示数值数据系列，使用户更容易理解大量数据以及不同数据系列之间的关系。

任务一 认知图表

任务介绍

零基础开始学习图表使用是一件充满挑战的事情，要想很好地利用图表对数据进行分析，就应了解系统预定义的各种图表类型，熟练掌握不同类型图表的适用情况。

任务分析

图表分为标准图表类型与常见子图表类型，不同的图表适用于不同的情况，使用者需要熟练掌握；熟悉表格的各项元素，为使用图表打下基础。

相关知识

11 种系统预定的标准图表类型；5 种常见的子图表类型；图表的 7 个关键构成要素。

任务实施

一、认知标准图表类型

在 Excel 2010 中，标准图表类型有 11 种之多，每种类型又有子类型。下面对标准图表类型进行简单描述。

（一）柱形图

柱形图用于显示一段时间内的数据变化或说明各项之间的比较情况。在柱形图中，通常沿横坐标轴组织类别，沿纵坐标轴组织数值。排列在工作表的列或行中的数据可以绘制到柱形图中。柱形图如图 3－1－1 所示。

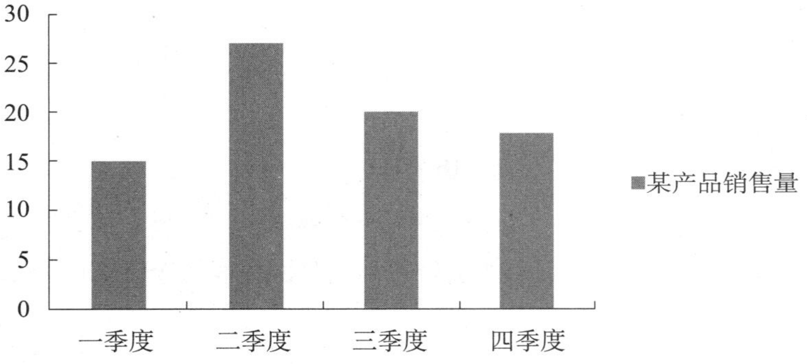

图 3－1－1

（二）折线图

折线图可以显示随时间而变化的连续数据（根据常用比例设置），因此适用于显示在相等时间间隔下数据的趋势。在折线图中，类别数据沿水平轴均匀分布，所有的数据沿垂直轴均匀分布。排列在工作表的列或行中的数据可以绘制到折线图中。折线图如图 3－1－2 所示。

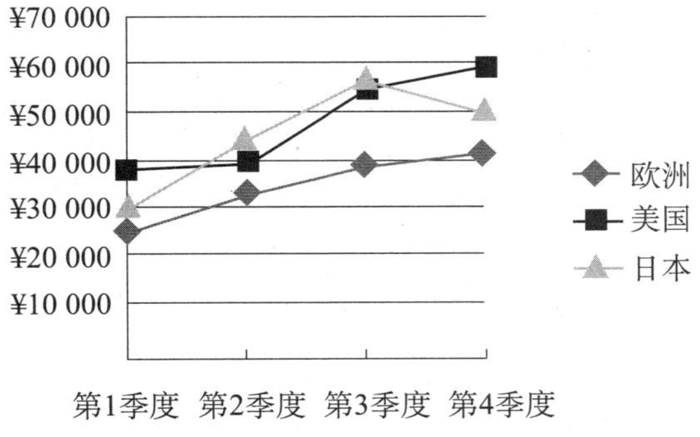

图 3－1－2

如果分类标签是文本并且表示均匀分布的数值（例如月份、季度或财政年度），则应使用折线图。当有多个系列时，尤其适合使用折线图；对于一个系列，则应考虑使用散点图。如果有几个均匀分布的数值标签（尤其是年份），也应该使用折线图。如果拥有的数值标签多于10个，应使用散点图。

（三）饼图

饼图显示一个数据系列中各项的大小，与各项总和成比例。饼图中的数据点显示为整个饼图的百分比，仅排列在工作表的一列或一行中的数据可以绘制到饼图中。饼图如图3-1-3所示。

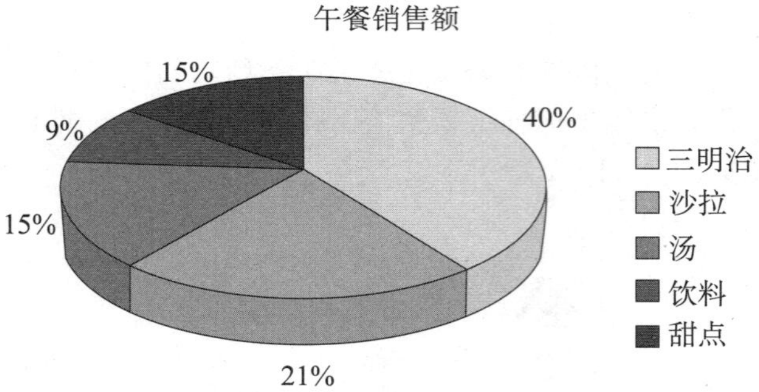

图3-1-3

可以使用饼图的情况有：仅有一个要绘制的数据系列；要绘制的数值没有负值；要绘制的数值几乎没有零值；不超过7个类别；各类别分别代表整个饼图的一部分。

（四）条形图

条形图显示各项之间的比较情况。排列在工作表的列或行中的数据可以绘制到条形图中。可以使用条形图的情况有：轴标签过长；显示的数值是持续型的。条形图如图3-1-4所示。

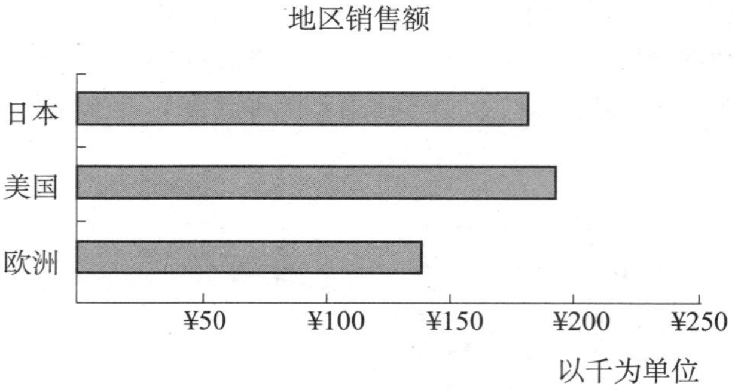

图3-1-4

（五）面积图

面积图强调数量随时间而变化的程度，可引起人们对总值趋势的注意。例如，可将随时间而变化的利润数据绘制到面积图中以强调总利润。通过显示所绘制的值的总和，面积图还可以显示部分与整体的关系。排列在工作表的列或行中的数据可以绘制到面积图中。面积图如图3-1-5所示。

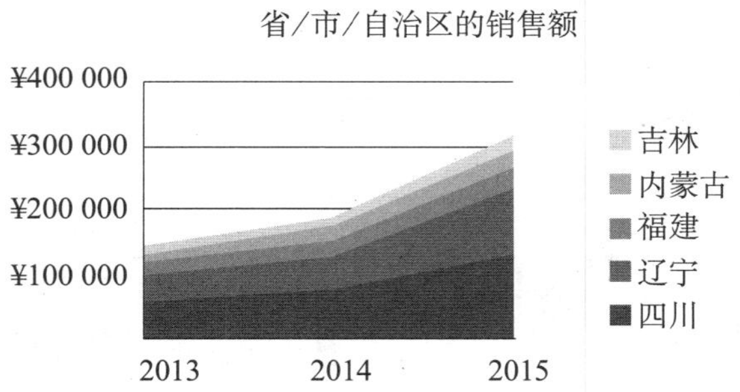

图 3－1－5

（六）散点图

散点图显示若干数据系列中各数值之间的关系，或者将两组数字绘制为 X、Y 坐标的一个系列。散点图有两个数值轴，沿横坐标轴（X 轴）方向显示一组数值数据，沿纵坐标轴（Y 轴）方向显示另一组数值数据。散点图将这些数值合并到单一数据点并按不均匀的间隔或簇来显示。散点图通常用于显示和比较数值，例如科学数据、统计数据和工程数据。排列在工作表的列和行中的数据可以绘制到散点图中。散点图如图 3－1－6 所示。

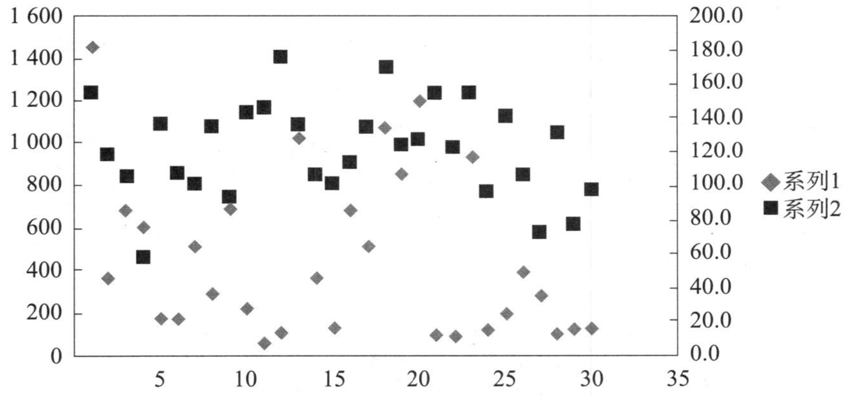

图 3－1－6

可以使用散点图的情况有：要更改水平轴的刻度；要将轴的刻度转换为对数刻度；水平轴的数值不是均匀分布的；水平轴上有许多数据点；要有效地显示包含成对或成组数值集的工作表数据，并调整散点图的独立刻度以显示关于成组数值的详细信息；要显示大型数据集之间的相似性而非数据点之间的区别；在不考虑时间的情况下比较大量数据点——在散点图中包含的数据越多，所进行的比较的效果就越好。

若要在工作表上排列使用散点图的数据，应将 X 值放在一行或一列，然后在相邻的行或列中输入对应的 Y 值。

（七）股价图

顾名思义，股价图通常用来显示股价的波动。不过，这种图表也可用于说明科学数据的波动。例如，可以使用股价图来说明每天或每年温度的波动。以特定顺序排列在工作表的列或行中的数据可以绘制到股价图中。股价图如图 3－1－7 所示。

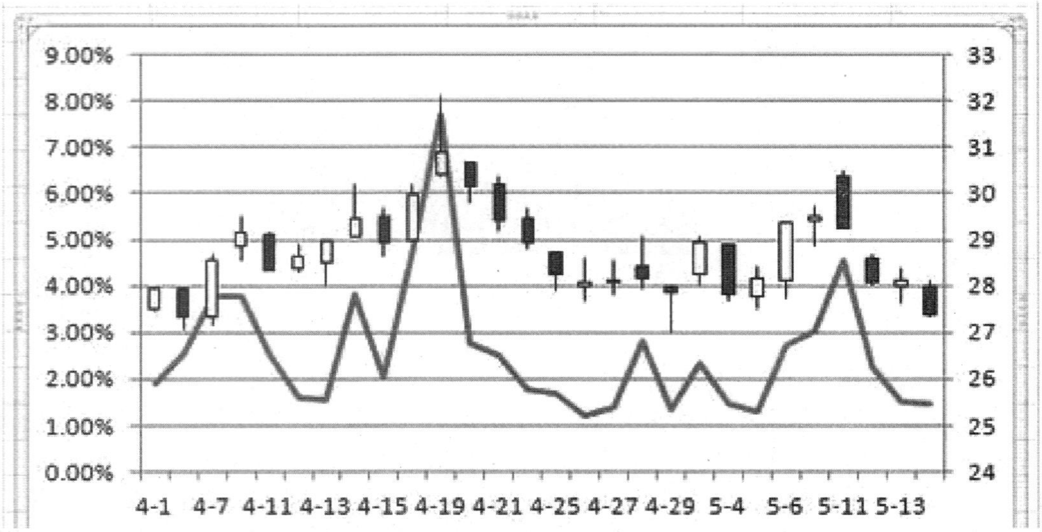

图 3-1-7

在使用过程中，必须按正确的顺序来组织数据才能创建股价图。股价图数据在工作表中的组织方式非常重要。例如，若要创建一个简单的盘高-盘低-收盘股价图，应根据按盘高、盘低和收盘次序输入的列标题来排列数据。

（八）曲面图

如果要找到两组数据之间的最佳组合，可以使用曲面图。就像在地形图中一样，颜色和图案表示处于相同数值范围内的区域。排列在工作表的列或行中的数据可以绘制到曲面图中。当类别和数据系列都是数值时，可以使用曲面图。曲面图如图 3－1－8 所示。

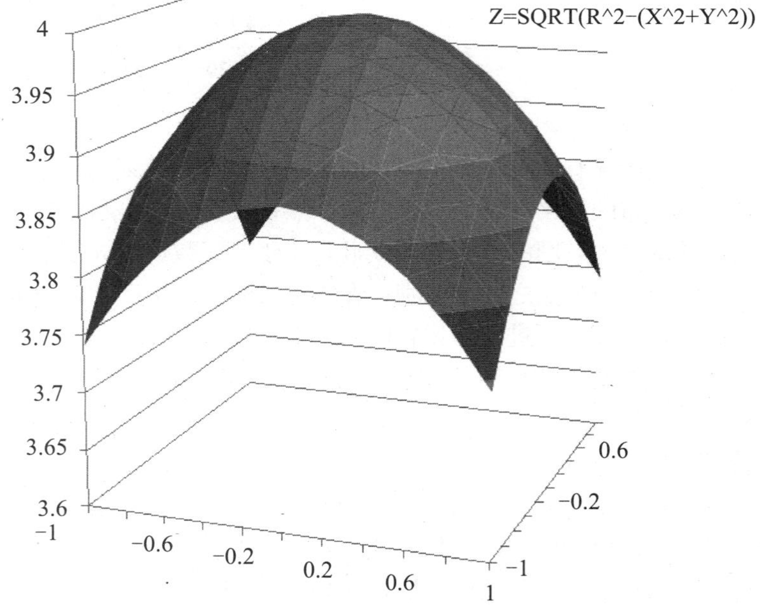

图 3-1-8

（九）圆环图

像饼图一样，圆环图显示各个部分与整体之间的关系，不是的是它可以包含多个数据系列。仅排列在工作表的列或行中的数据可以绘制到圆环图中。圆环图如图 3－1－9 所示。

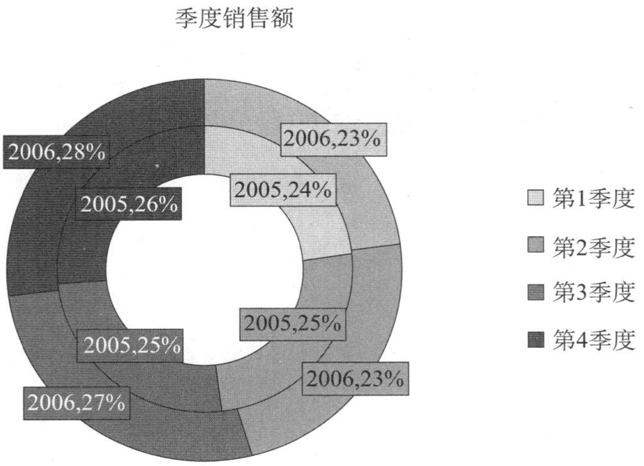

图 3－1－9

需要注意的是：圆环图不易被理解，用户可能需要改用堆积柱形图或者堆积条形图。

（十）气泡图

排列在工作表的列中的数据（第一列中列出 X 值，在相邻列中列出相应的 Y 值和气泡大小的值）可以绘制到气泡图中。气泡图如图 3－1－10 所示。

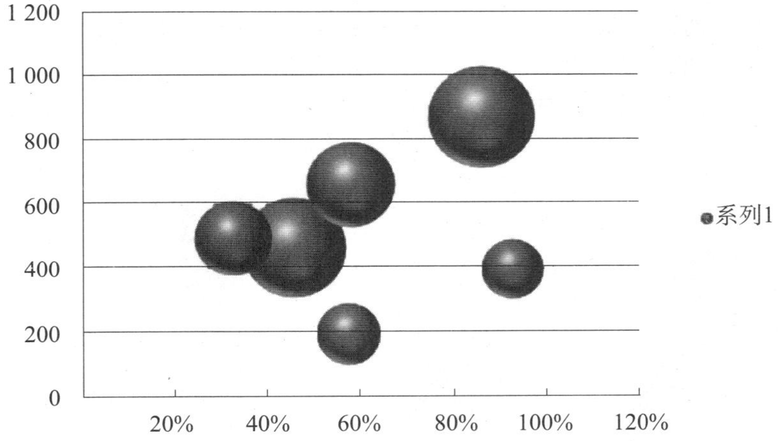

图 3－1－10

（十一）雷达图

可以用雷达图比较几个数据系列的聚合值。排列在工作表的列或行中的数据可以绘制到雷达图中。雷达图如图 3－1－11 所示。

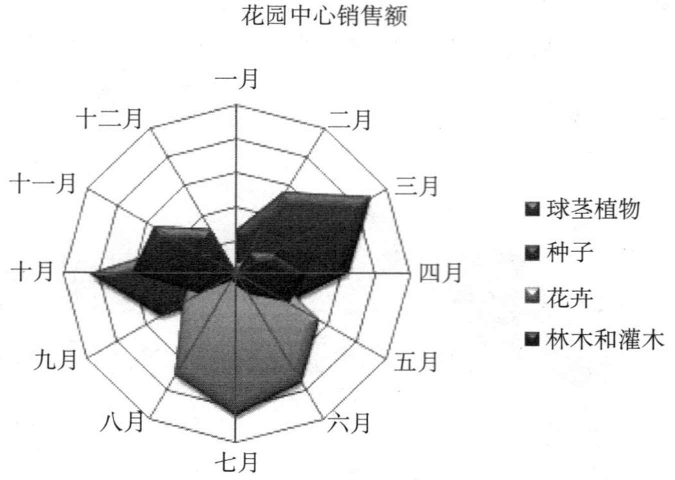

图 3-1-11

二、认知常见的图表类型

（一）簇状柱形图

利用簇状柱形图可比较多个类别的值，它使用二维垂直矩形显示值。当需要表示下列内容的类别时，可以使用簇状柱形图：

（1）数值范围（如项目计数）。

（2）特定范围安排（例如，包含“完全同意”“同意”“中立”“不同意”“完全不同意”等条目范围）。

（3）不采用任何特定顺序的名称（如项目名称、地理名称或人名）。

簇状柱形图如图 3－1－12 所示。

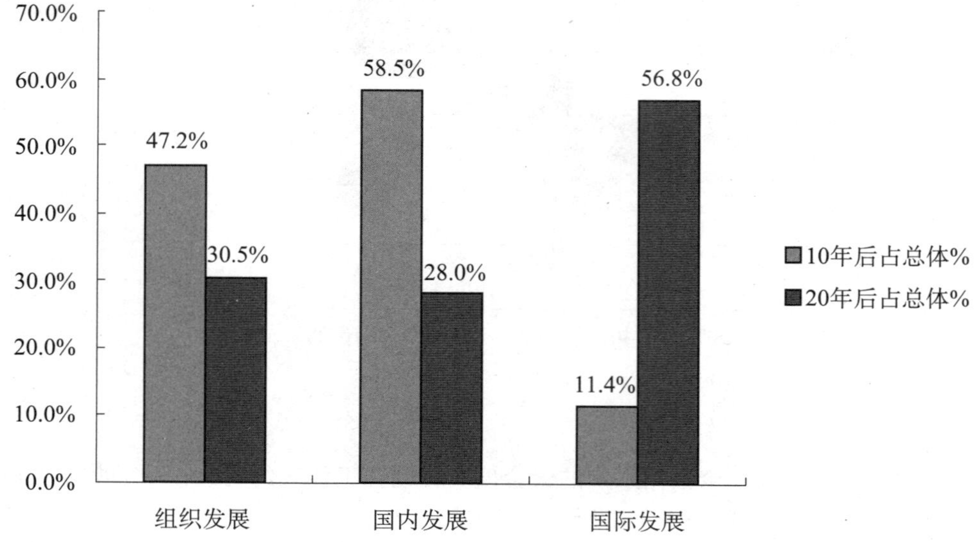

图 3-1-12

需要注意的是：若要使用三维格式显示数据，并且希望能够修改三个坐标轴（横坐标轴、纵坐标轴和竖坐标轴），就要改用三维柱形图子类型。

（二）堆积柱形图

堆积柱形图显示单个项目与总体的关系，并跨类别比较每个值占总体的百分比。堆积柱形图使用二维垂直堆积矩形显示值。如果有多个数据系列，并且希望强调总值，则可以使用堆积柱形图。堆积柱形图如图 3－1－13 所示。

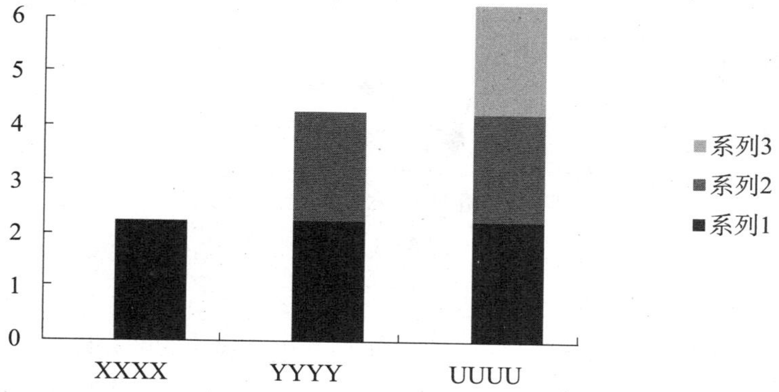

图 3－1－13

（三）百分比堆积柱形图

利用百分比堆积柱形图和三维百分比堆积柱形图可以跨类别比较每个值占总体的百分比。

如果有两个或更多个数据系列，并且要强调每个值占整体的百分比，尤其是当各类别的总数相同时，可使用百分比堆积柱形图。百分比堆积柱形图如图 3－1－14 所示。

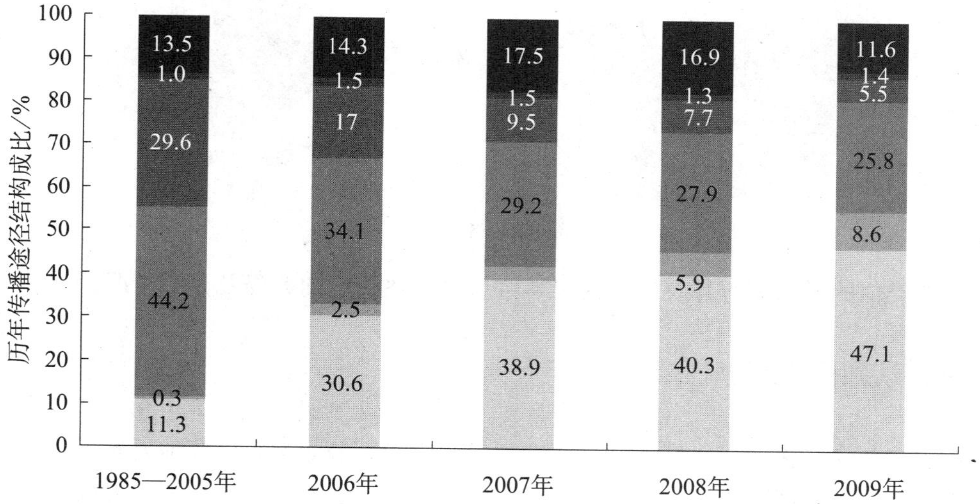

图 3－1－14

（四）带数据标记的折线图

利用折线图显示数据时可带有标记以指示单个数据值，也可以不带数据标记。折线图对于显示随时间或排序的类别变化的趋势很有用，尤其是当有多个数据点并且它们的显示顺序很重要的时候。如果有多个类别或者值是近似的，则使用不带数据标记的折线图。带数据标记的折线图如图3－1－15所示。

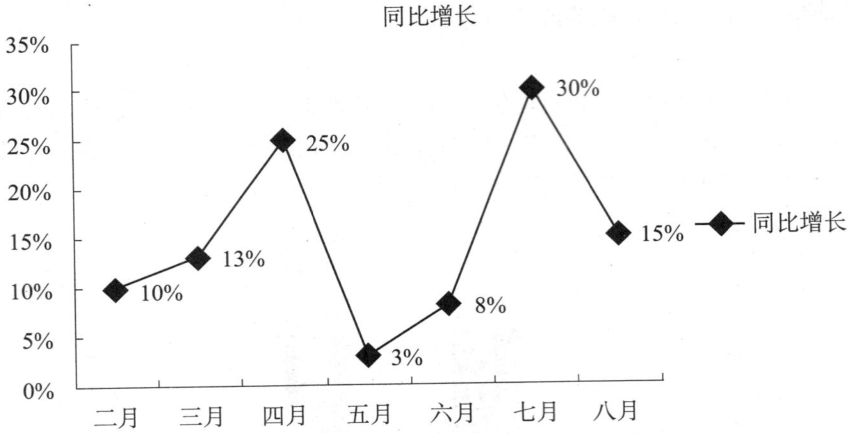

图 3－1－15

（五）复合饼图

复合饼图显示了从主饼图提取用户定义的数值并组合成次饼图或堆积条形图的饼图。如果需要使主饼图中的小扇区更易于辨别，就使用此类图表。复合饼图如图 3－1－16 所示。

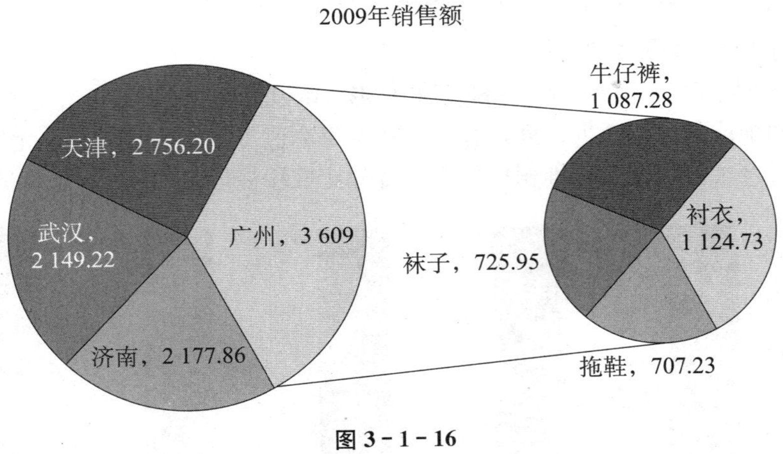

图 3－1－16

其他类似的子类型解释及应用情况，可参照上述图表的解释及说明情况。

三、认知图表元素

图表中包含许多元素。默认情况下会显示其中一部分元素，而其他元素可以根据需要添加。通过将图表元素移到图表中的其他位置、调整图表元素的大小或者更改格式，可以更改图表元素的显示，还可以删除不希望显示的图表元素。图表元素如表 3－1－17 中所标注。以下逐项进行说明：

（1）图表区：整个图表及其全部元素。

（2）绘图区：在二维图表中，绘图区是指通过轴来界定的区域，包括所有数据系列；在三维图表中，绘图区同样是通过轴来界定的区域，包括所有数据系列、分类名、刻度线

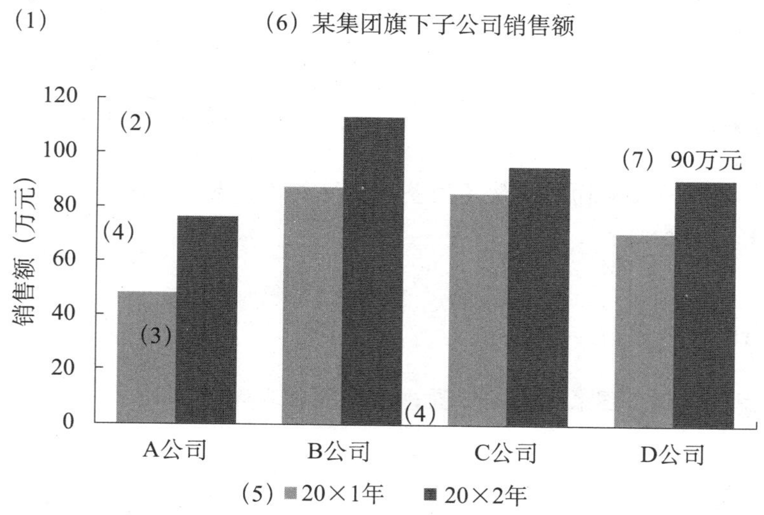

图 3-1-17

标志和坐标轴标题。

(3) 在图表中绘制的数据系列的数据点。

(4) 坐标轴：界定图表绘图区的线条，用作度量的参照框架。Y 轴通常为垂直坐标轴并包含数据，X 轴通常为水平轴并包含分类。数据沿着横坐标轴和纵坐标轴被绘制在图表中。

(5) 图例：用于标识图表中的数据系列或分类指定的图案或颜色。

(6) 图表标题：图表标题是说明性的文本，可以自动与坐标轴对齐或在图表顶部居中。

(7) 数据标签：为数据标记提供附加信息的标签，数据标签代表源于数据表单元格的单个数据点或值，可以用来标识数据系列中数据点的详细信息。

任务总结

(1) 11 种系统预定的标准图表类型有：柱形图、折线图、饼图、条形图、面积图、散点图、股价图、曲面图、圆环图、气泡图和雷达图。

(2) 5 种常见的子图表类型有：簇状柱形图、堆积柱形图、百分比堆积柱形图、带数据标记的折线图和复合饼图。

(3) 图表的 7 个关键构成要素有：图表区、绘图区、数据点、坐标轴、图例、图表标题和数据标签。

任务二　创建图表

任务介绍

学习了图表的基础知识之后，王雪就可以尝试创建简单图表，并指定它的大小和存放位置，在工作中更好地应用图表。

任务分析

Excel 2010 在创建图表向导时做了调整，使得创建图表更加简单、快捷。王雪只需学习掌握创建原始图表即可。

相关知识

创建原始图表；调整图表大小和位置；增加图表名称。

任务实施

一、创建基本图表

对于大多数图表（如柱形图和条形图），可以将工作表的行或列中排列的数据绘制到图表中。在 Excel 中，用于存储和处理数据的主要文档也称为电子表格。工作表由排列成行或列的单元格组成，总是存储在工作簿中。不过，某些图表类型（如饼图和气泡图）则需要特定的数据排列方式。接下来，以柱形图为例，演示创建基本图表的步骤。

例 3-2-1：期末考试成绩已出，某班级做各科成绩的统计分析，具体数据如表 3-2-1 所示。

表 3-2-1　　某班期末考试成绩汇总　　单位：人

科目	分数段				
	0～60	60～70	70～80	80～90	90～100
英语	1	24	11	6	6
语文	0	7	17	23	1
数学	1	4	24	19	0
合计	2	35	52	48	7

柱形图的制作过程如下：

(1) 在工作表中，排列要绘制在图表中的数据。即将表 3-2-1 中的数据排列在工作表中，需要用户确定将数据绘制在图表中的最佳方式。应注意的是：饼图和气泡图等特殊图表类型，需要特定的数据排列方式。

(2) 选择包含要用于图表数据的单元格。按照分析要求，只选择各科成绩列表，不含“合计”行。

在选择的过程中需要注意：如果只选择一个单元格，则 Excel 自动将紧邻该单元格且包含数据的所有单元格绘制到图表中。如果要绘制到图表中的单元格不在连续的区域中，只要选择的区域为矩形，便可以选择不相邻的单元格或区域，还可以隐藏不想绘制到图表中的行或列。

(3) 生成图表。在“插入”选项卡上的“图表”组中，选择“柱形图”下拉菜单，选择“二维柱形图”中的“簇状柱形图”(如图 3-2-1 所示)。如果需要了解每个图形的名称，可将鼠标指针停留在任何图表类型或图表子类型上，屏幕提示将显示相应图表类型的名称。双击“簇状柱形图”之后，柱形图生成(如图 3-2-2 所示)，作为嵌入图形放在当前工作表上。

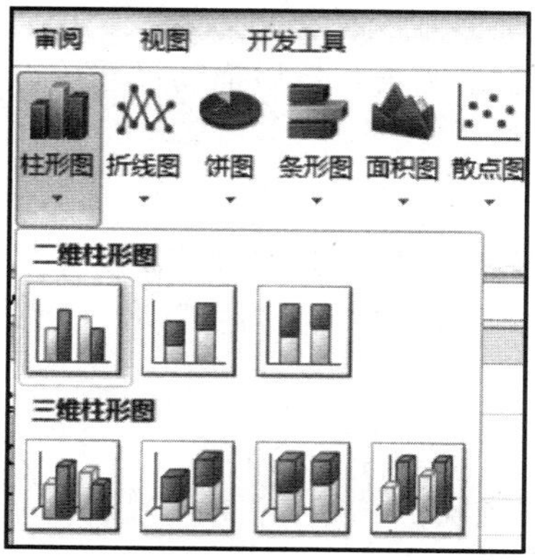

图 3-2-1

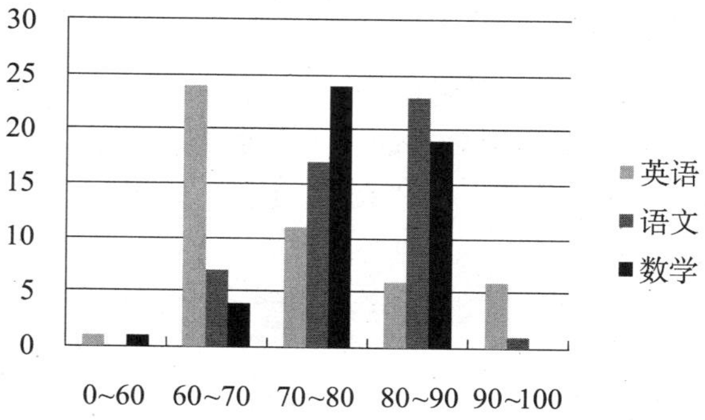

图 3-2-2

二、调整图表位置

调整图表位置的方式有两种：工作表内移动，新建工作表存放。

在工作表内移动位置比较简单，具体操作为：用鼠标左键双击图表边框，使边框变为双线边框之后，用左键按住边框，待鼠标变化之后，拖拽图形至合适的位置，松开鼠标。

如果要将图表放在单独的工作表中，则可以通过执行下列操作来更改其位置：

(1) 单击嵌入图表中的任意位置以将其激活。此时，在菜单栏中会显示“图表工具”，一并增加了“设计”“布局”和“格式”选项卡。

(2) 在“设计”选项卡上的“位置”组中，单击“移动图表”(如图 3-2-3 所示)。

图 3-2-3

(3) 单击之后，就会出现“移动图表”对话框(如图 3-2-4 所示)，选择“新工作表”，编辑框中可以编写存放图表工作表的名称，此处不做修改，采用默认工作表名“Chart1”。编辑完成之后，单击“确定”。

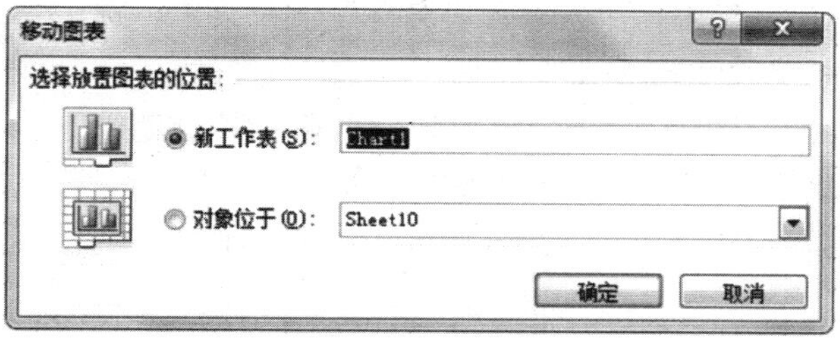

图 3-2-4

三、调整图表大小

如果直接生成的图表大小不符合使用要求，用户可以调整其大小。调整方法有模糊调整与精确调整两种。

（一）模糊调整

如果不需要非常精确地调整大小，那么用户可以单击图表，然后拖动尺寸控点，将其调整为所需大小。

（二）精确调整

有时候，对图表的大小有非常精确的要求，此时，就需要在菜单栏“图表工具”下的“格式”选项卡上的“大小”组中（如图 3－2－5 所示），在“形状高度”和“形状宽度”框中输入尺寸。

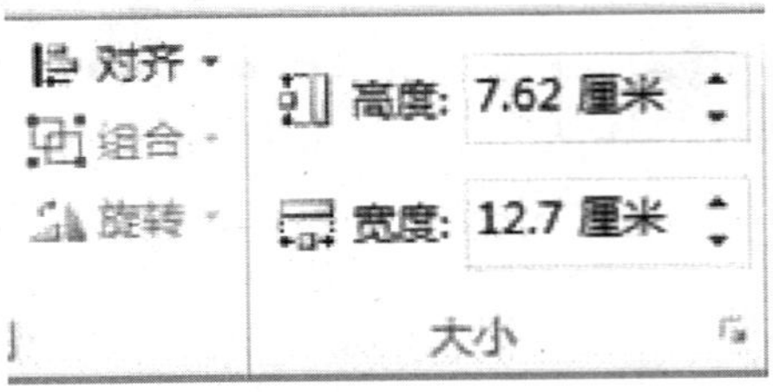

图 3－2－5

此外，若要获得更多调整大小的选项，可在“格式”选项卡上的“大小”组中，单击  以启动“设置图表区格式”对话框。在“大小”选项卡上，可以选择相应选项来调整图表大小、旋转图表或缩放图表。在“属性”选项卡上，可以指定图表与工作表上的单元格一同移动或调整大小的方式。

四、增加图表名称

例 3－2－2：承例 3－2－1，为图表增加名称“某班期末各科成绩汇总”。

具体操作过程如下：

（1）选中需要增加名称的图表。在“图表工具”中的“布局”选项卡上的“标签”组中，单击“图表名称”下拉菜单，选择“图表上方”，如图 3－2－6 所示。

（2）选中图表中的“图表名称”，键入新的名称“某班期末各科成绩汇总”，调整字体、字号、字体颜色等内容。

（3）单击回车键，设置完成，效果如图 3－2－7 所示。

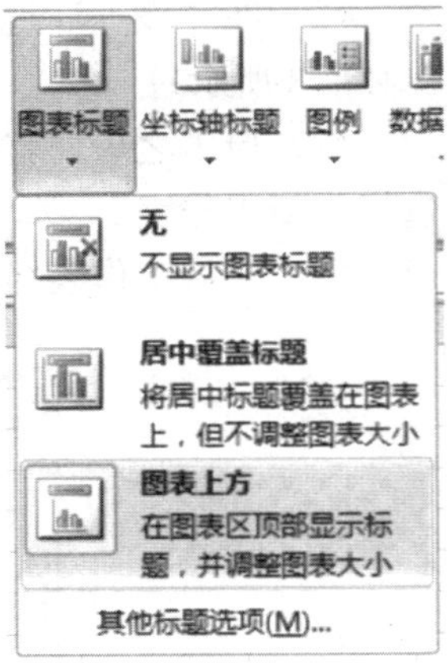

图 3－2－6

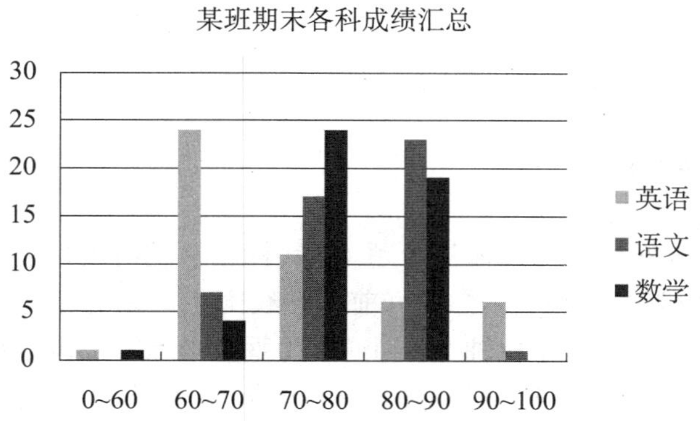

图 3-2-7

任务总结

(1) 单击“插入”页签的“图表”组中相关图表类型，创建图表。
(2) 调整图表位置的方法：拖动移动法，通过系统预设按钮调整位置。
(3) 精确调整图表大小和模糊调整图表大小的方法。
(4) 通过工具栏增加图表名称，并进行合理设置。

任务三 图表的编辑与修改

任务介绍

图表生成之后，王雪为了让图表更加简单明了，不断深入学习图表的编辑与修改技巧，让图表更加实用。

任务分析

想让图表更加美观实用，就要对它的坐标轴、数据标签、图例及布局样式进行设置，这些细节调整都会让图表更具有美观性和实用性。

相关知识

设置与隐藏坐标轴的方法；设置数据标签及图例的方法；调整图表布局及样式的具体方法。

任务实施

一、设置坐标轴标题

为了使图表更易于理解，可以添加标题（图表标题是说明性的文本，可以自动与坐标轴对齐或在图表顶部居中），如图表标题（前面已经阐述）和坐标轴标题。坐标轴标题通常可用于在图表中显示的所有坐标轴（Y轴通常为垂直坐标轴并包含数据，X轴通常为水平坐标轴并包含分类），包括三维图表中的竖坐标轴。有些图表类型（如雷达图）有坐标轴，但不能显示坐标轴标题，没有坐标轴的图表类型（如饼图和圆环图）也不能显示坐标轴标题。

（一）添加坐标轴标题

例3-3-1：承例3-2-1，为图表增加横纵坐标轴标题。

具体操作步骤如下：

(1) 单击要添加坐标轴标题的图表中的任意位置。此时菜单栏中将显示“图表工具”，并增加了“设计”“布局”和“格式”选项卡。

(2) 在“布局”选项卡上的“标签”组中，单击“坐标轴标题”（如图3-3-1所示）。

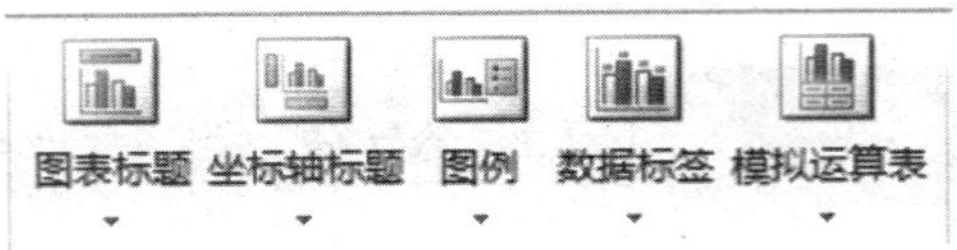

图3-3-1

(3) 向主要横（分类）坐标轴添加标题，请单击“主要横坐标轴标题”，然后单击“坐标轴下方标题”（如图3-3-2所示）。

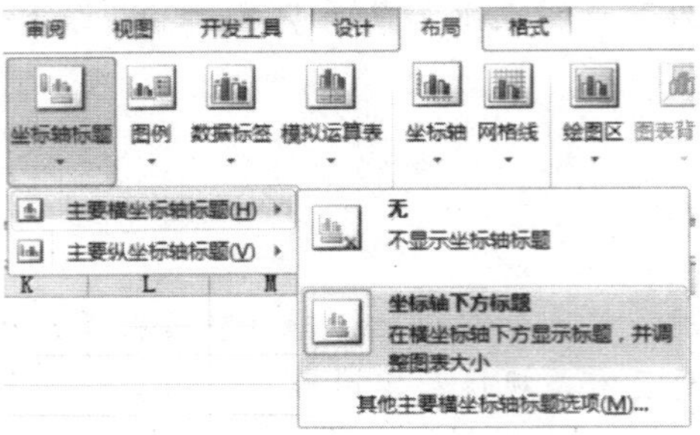

图3-3-2

(4) 向主要纵（数据）坐标轴添加标题，请单击“主要纵坐标轴标题”，然后单击“竖排标题”（如图3-3-3所示）。

(5) 图表中会显示“坐标轴标题”文本框，双击文本框，键入所需的文本。如需设置文本格式，可在“开始”选项卡上的“字体”组上使用格式设置按钮。效果如图3-3-4所示。

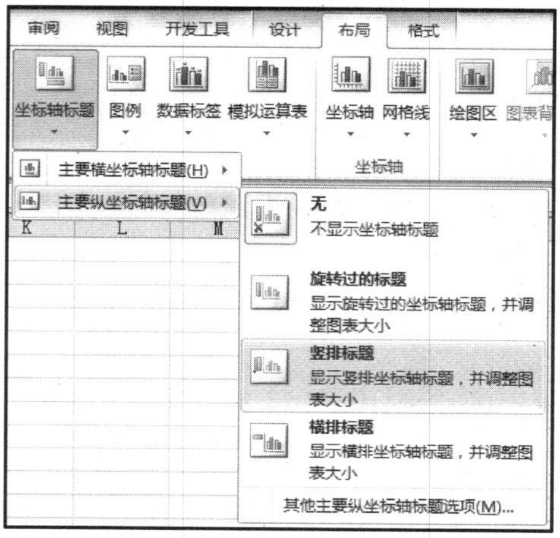

图 3－3－3

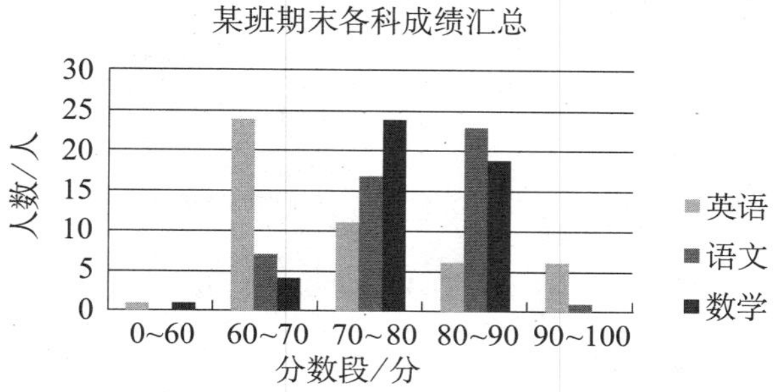

图 3－3－4

如需对坐标轴标题进行其他设置，可以通过“其他主要横（纵）坐标轴标题选项”进行设置，如图 3－3－5 所示。

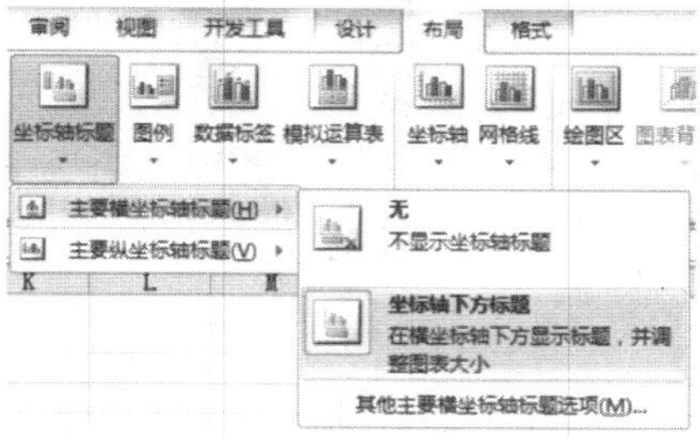

图 3－3－5

（二）设置图表主坐标轴

在创建图表时，会为大多数图表类型显示主要坐标轴。我们可以根据需要启用或禁用主要坐标轴。添加坐标轴时，可以指定坐标轴显示信息的详细程度。创建三维图表时会显示竖坐标轴。

当图表中的值对于不同的数据系列变化很大，或使用混合类型的数据（如价格和成交量）时，可以在次要纵（数值）坐标轴上绘制一个或多个数据系列。次要纵坐标轴的刻度反映相关联数据系列的值。将次要纵坐标轴添加到图表中后，还可以添加次要横（分类）

坐标轴，该坐标轴在 X、Y（散点）图或气泡图中很有用。

为了使图表更易于理解，可以在图表的绘图区显示或隐藏从任何横坐标轴和纵坐标轴延伸出的水平和垂直图表网格线。

（三）隐藏主要坐标轴

例 3-3-2：承例 3-3-1，用户想查看无纵坐标轴的图形，尝试隐藏主要纵坐标轴。

具体操作步骤如下：

（1）单击要隐藏坐标轴的图表。此时菜单栏中将显示“图表工具”，并增加了“设计”“布局”和“格式”选项卡。

（2）在“布局”选项卡上的“坐标轴”组中，单击“坐标轴”下的“主要纵坐标轴”，然后单击“无”。如图 3-3-6 所示。

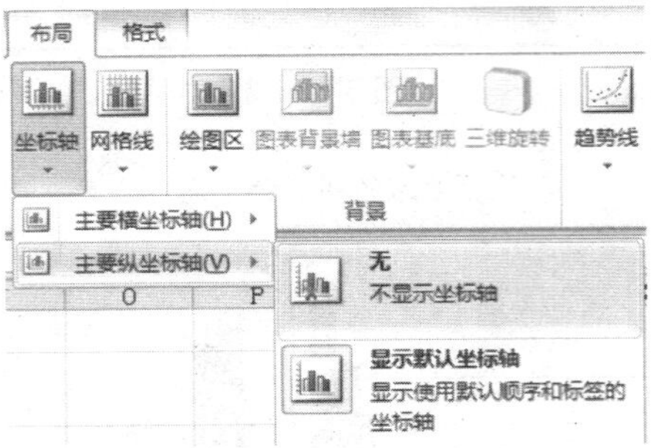

图 3-3-6

（3）设置完成，具体效果如图 3-3-7 所示。

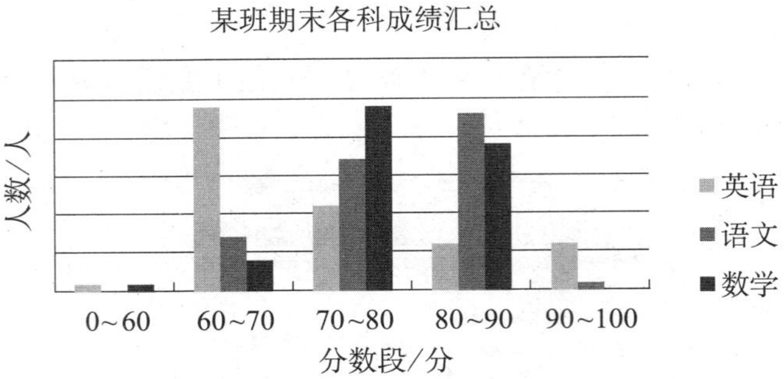

图 3-3-7

设置完成之后，我们发现此类图形的纵坐标信息非常重要，不能缺少。此时可以通过使用显示坐标轴功能显示纵坐标轴信息。

例 3-3-3：承例 3-3-2，用户需要显示纵坐标轴相关信息。

具体操作步骤如下：

（1）单击要显示或隐藏坐标轴的图表。

（2）在“布局”选项卡上的“坐标轴”组中，单击“坐标轴”下的“主要纵坐标轴”，然后双击“显示默认坐标轴”，如图 3-3-8 所示。

（3）设置完成，此时图表中再次出现纵坐标轴相关信息。

图 3-3-8

二、设置数据标签及图例信息

若要快速标识图表中的数据，可以向图表中添加数据标签。默认情况下，数据标签链接到工作表中的值，在对这些值进行更改时，它们会自动更新。

(一) 添加数据标签

为了更加准确地读取图表中的数据信息，数据标签是必不可少的一项内容。可以向所有数据系列的所有数据点添加数据标签，也可以向一个数据系列的所有数据点或一个数据系列中的单个数据点添加数据标签。

例 3-3-4： 承例 3-3-3，向图形中各系列的各数据点增加数据标签。

具体操作步骤如下：

(1) 单击图形中的图表区。

(2) 在“布局”选项卡上的“标签”组中，单击“数据标签”，然后单击“数据标签外”，如图 3-3-9 所示。

(3) 设置完成之后，效果如图 3-3-10 所示。

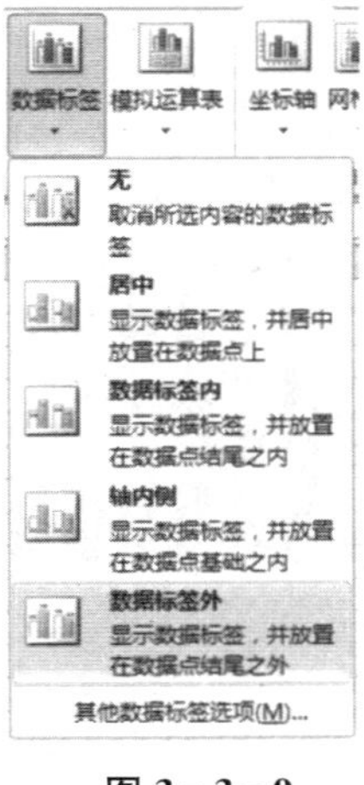

图 3-3-9

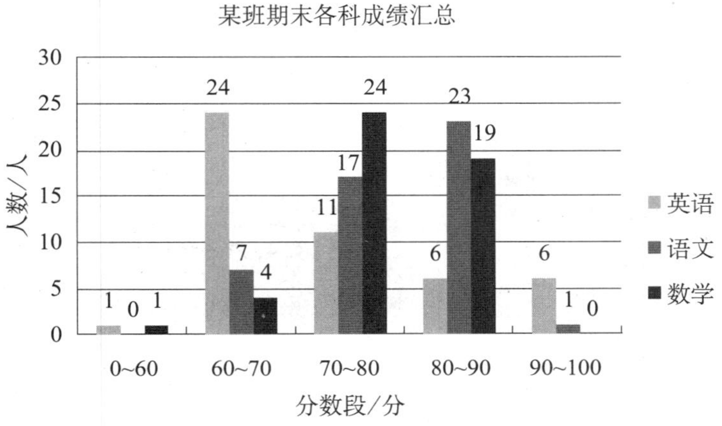

图 3-3-10

在这里，需要补充说明的是：若要向一个数据系列的所有数据点添加数据标签，请单击该数据系列中需要添加标签的任意位置；若要向一个数据系列中的单个数据点添加数据标签，请单击包含要标记的数据点的数据系列，然后单击要标记的数据点。此外应注意，可用的数据标签选项因使用的图表类型而异。

如果需要删除数据标签，可按照上述原则选择相应序列，然后在“数据标签”下单击“无”即可。

（二）添加图例信息

显示与隐藏图例的基本方法如前所述，大家可以尝试设置。

三、更改图表的布局或样式

创建图表后，用户可以立即更改它的外观。用户可以手动更改各个图表元素的布局和格式，根据需要自定义布局或样式，也可以快速向图表应用预定义布局和样式，而无须手动添加或更改图表元素或设置图表格式。

（一）手动更改图表

1. 更改图表元素格式

可以结合实际应用要求将图表更改得更加美观、实用。

例 3－3－5：承例 3－3－3，为了让图表更加美观，将“语文”数据系列颜色设置为“紫色，强调文字颜色 4，深色 25％”。

具体操作步骤如下：

（1）单击“语文”序列中的一个柱形，或从“图表工具”页签中选择当前所选内容中的“系列‘语文’”，如图 3－3－11 所示。

（2）在图表区域中，确定“语文”序列已被选中。

（3）在“格式”页签中，选择“形状样式”的“形状填充”，并双击选择颜色“紫色，强调文字颜色 4，深色 25％”，如图 3－3－12 所示。

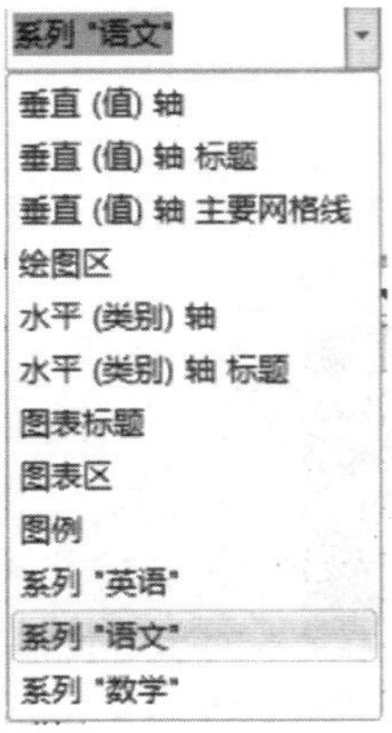

图 3－3－11

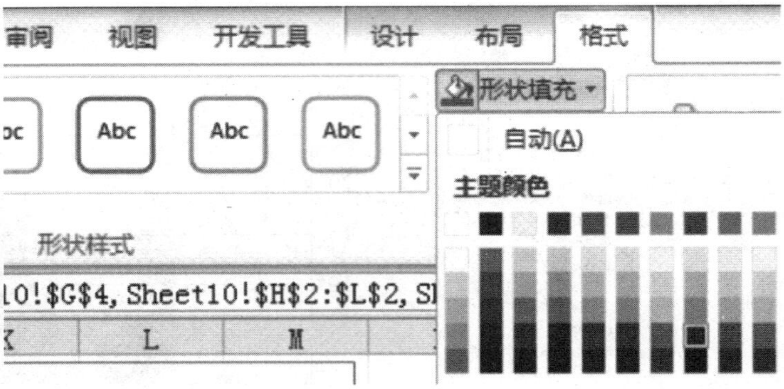

图 3－3－12

（4）设置完成，具体效果如图 3－3－13 所示。

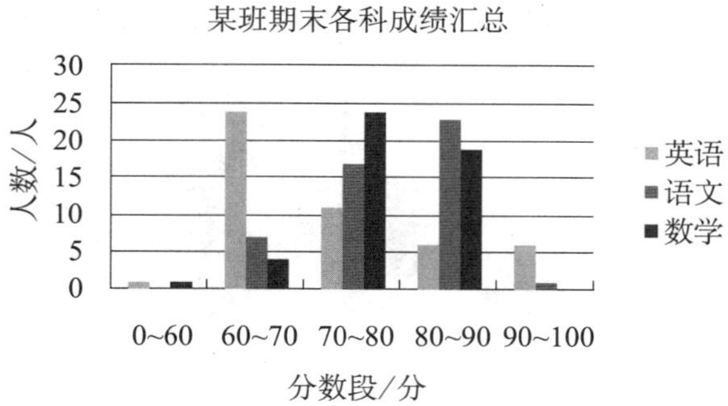

图 3-3-13

2. 更改图表元素布局

如果需要手工修改图表元素的布局，则可以按照如下顺序进行操作：

(1) 单击要更改布局的图表元素，或者从图表元素列表中选择。

(2) 单击图表内的任意位置以显示“图表工具”。

(3) 在“格式”选项卡上的“当前选择”组中，单击“图表元素”框中的箭头，然后单击所需的图表元素。

(4) 在“布局”选项卡上的“标签”“坐标轴”或“背景”组中，单击与所选图表元素相对应的图表元素按钮，然后单击所需的布局选项。

(二) 系统预定义更改

1. 系统预定义修改图表样式

在 Excel 2010 中，除了可以手动修改图表相关内容之外，还可以通过系统预定义功能对图表进行调整。调整的内容包括图表样式及图表布局。

例 3-3-6： 承例 3-3-3，参照系统预定义图表样式，将图表修改为“样式 26”。

具体操作步骤如下：

(1) 单击选中需要调整图表的任意位置，此时将显示“图表工具”，其上增加了“设计”“布局”和“格式”选项卡。

(2) 在“设计”选项卡上的“图表样式”组中，通过下拉菜单选中“样式 26”，如图 3-3-14 所示。

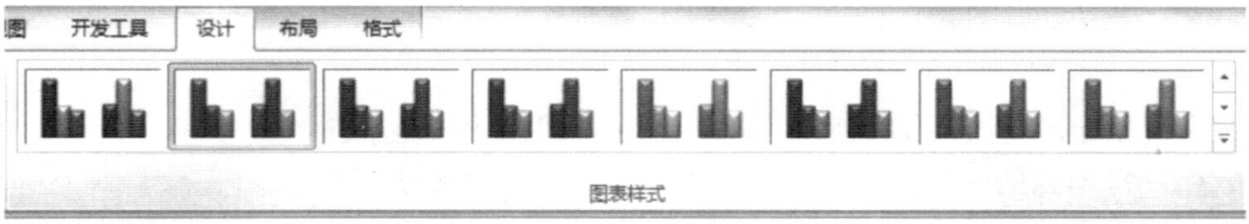

图 3-3-14

(3) 修改效果如图 3-3-15 所示。

需要注意的是，当 Excel 窗口的大小缩小时，“图表样式”组中的“图表快速样式”库中将调整图表样式的顺序与显示方式。

2. 系统预定义修改图表布局

具体操作步骤如下：

(1) 单击目标图表中的任意位置。

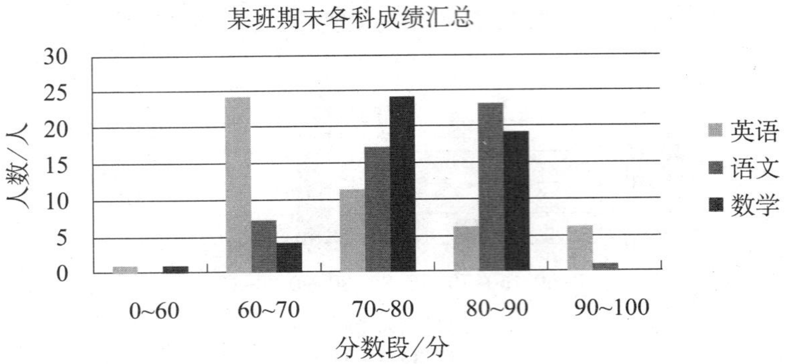

图 3-3-15

（2）在“设计”选项卡上的“图表布局”组中，单击要使用的图表布局（如图 3-3-16 所示）。

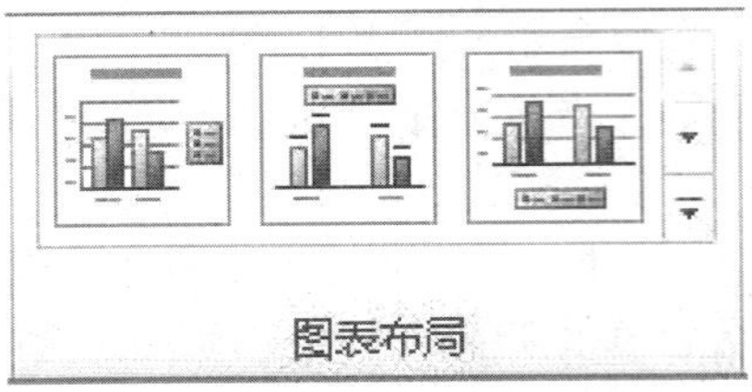

图 3-3-16

（3）根据实际需求进行修改。

任务总结

1. 可以通过工具栏进行主要坐标轴、次要坐标轴的增加、设置及隐藏操作；同样，可以通过工具栏进行数据标签及图例的增加、位置调整、字体设置等操作。

2. 可以通过手工调整、系统预定义两种方法调整图表的布局或样式。

练习及实训

一、问答题

1. 系统给定的标准图表类型有哪些？分别适用于什么情况？
2. 用户常用到的子图表类型有哪些？你以前用到了哪几个？
3. 创建图表的步骤有哪些？

二、实训题

要求：继续完善本班的综合测评排名表，以柱形图方式分析某位同学的成绩情况。

1. 以簇状柱形图的方式分析第一位同学的德育科目 1 和科目 2 成绩。
2. 图表以新工作表的方式插入。
3. 将柱形图调整为“样式 35”。
4. 删除该图表图例。
5. 在柱形图外部增加数据标签，并将字体加粗。

项目四 公式及函数基础应用

情景介绍

学习掌握了 Excel 制作图表的方法之后，王雪很有成就感，领导、同事都对这个刚毕业的大学生刮目相看，给予她非常大的肯定。

王雪逐步开始更深入地学习，希望通过运用 Excel 为大家减轻工作强度，减少工作量。而想要达到这个目的，公式和函数是必不可少的内容，它们不仅可以实现数据自动化处理，而且可以通过单元格之间的数据引用、工作表甚至是工作簿之间数据引用，极大地保证多方数据的一致性。

任务一 认知公式及函数

任务介绍

如果想提高数据处理的准确性，运用公式是必不可少的技巧。王雪在学习完图表应用之后，继续钻研公式与函数的应用方法，力争实现数据处理高效化。

任务分析

王雪要了解公式的定义是什么，如何能够录入、修改、删除 Excel 中的公式，并且要了解输入错误时的报错类型及解决方法，这样才能保证数据录入及计算的顺利、高效进行。

相关知识

公式与函数的定义；录入、修改、删除公式的方法；常见的错误提示类型及表示方法。

任务实施

一、公式的定义

Excel 公式是工作表中进行数值计算的等式。公式输入是以“＝”开始的；否则，Excel 仅把相关内容默认为字符串处理，不能进行自动化计算。

简单的公式有常量以及加、减、乘、除等运算符参与计算，例如，对于公式“＝5＋6×4”，可以先将后两个数相乘，然后与第一个数相加。复杂一些的公式可能包含常量、运算符、单元格引用、函数，图 4－1－1 中的公式就完全包括了这几方面内容：

（4）

=MAX() C2-8

（1） （2） （3）

图 4－1－1

其中，（1）函数，是一些预定义的公式，按特定的顺序或结构进行计算，它可以简化和缩短工作表中的公式，尤其在用公式执行很长或复杂的计算时；（2）单元格引用，可以在公式中引用其他单元格中的数据（同一张工作表、同一个工作簿或者不同工作簿）进行计算；（3）常量，是指不进行计算的常数值，它们通常不会发生变化；（4）运算符，是指一个标记或符号，指定表达式内执行的计算的类型。

二、公式的基本操作

（一）输入公式

输入公式的方法有两种：手工录入与鼠标辅助录入。

1. 手工录入

应该特别注意的是：手工录入公式的时候，必须以“＝”开始，Excel 会将输入的内容作为等式对待。输入完毕后单击回车键，录入完成。

例 4－1－1：在单元格 A1 中录入计算式“20×8＋468”。

具体操作步骤如下：

双击选中单元格 A1，录入公式“＝20×8＋468”后，单击回车键，就会看到在单元格 A1 中显示出计算结果，如图 4－1－2 所示。

	A	B
1	=20×8+468	
2		

	A	B
1	628	
2		

图 4－1－2

2. 鼠标辅助录入

如果公式中包含单元格或单元格引用，则应通过鼠标辅助来完成公式录入。

例 4－1－2： 学生的综合测评成绩计算公式为：综合成绩＝德育×30％＋智育×50％＋体育×20％，计算每位同学的综合成绩。

具体操作步骤如下：

（1）双击要输入公式的单元格，在编辑栏输入等号“＝”。

（2）单击 C2 单元格，此时 C2 单元格被选中，等号后面自动增加“C2”，在编辑栏的“C2”后面手工录入“×30％＋”；单击 D2 单元格，此时 D2 单元格被选中，加号后面自动增加“D2”，在编辑栏的“D2”后面手工录入“×50％＋”；单击 E2 单元格，此时 E2 单元格被选中，加号后面自动增加“E2”，在编辑栏的“E2”后面手工录入“×20％”（如图 4－1－3 所示）。

IF　=C2*30%+D2*50%+E2*20%

	A	B	C	D	E	F
1	学号	姓名	德育	智育	体育	综合成绩
2	050200321	张雪	93.68	85.49	81.40	=C2*30%+D2*50%+E2*20%
3	050200322	刘婷	95.56	89.26	82.40	
4	050200323	王飞	95.20	88.34	86.40	
5	050200324	田强	95.32	87.94	84.80	

图 4－1－3

（3）单击编辑栏左侧的“输入”按钮 ✔ 或者单击回车键，便可在公式的单元格中显示计算的结果（如图 4－1－4 所示）。

F3

	A	B	C	D	E	F
1	学号	姓名	德育	智育	体育	综合成绩
2	050200321	张雪	93.68	85.49	81.40	87.13
3	050200322	刘婷	95.56	89.26	82.40	
4	050200323	王飞	95.20	88.34	86.40	
5	050200324	田强	95.32	87.94	84.80	

图 4－1－4

（二）修改公式

公式输入完成后，可以根据需要对公式进行修改。修改公式比较简单，具体方法是：选中公式所在单元格，然后将光标定位到编辑栏中，在编辑栏中修改公式，修改完成后单击“输入”按钮或单击回车键即可。

（三）删除公式

删除公式时，该公式的结果值也会被删除。但是，可以修改为仅删除公式，但保留单元格中所显示的公式结果值。

如果要将公式与结果值一并删除，选择包含公式的单元格或单元格区域，单击 Delete 键即可。

如果要删除公式，但保留结果值，则可按照以下步骤操作：

（1）选择包含公式的单元格或单元格区域。

（2）在“开始”选项卡上的“剪贴板”组中，单击“复制”按钮。

（3）单击“粘贴”下的箭头，然后选择“粘贴值”。

三、公式的错误与更正

（一）常见错误类型

在利用 Excel 完成任务的过程中，公式被使用得非常多，因其能够解决各种各样的问题。但是，如果用户运用函数和公式的时候稍微不仔细，公式就可能返回一些奇怪的错误代码。任何错误的发生均有其内在的原因，下面就介绍如何根据公式返回错误值的代码来识别错误的类型和原因，以及相应的处理方法，以达到轻松应对各种常见错误的目的。

1. ＃＃＃＃＃错误

可能的错误原因：当列不够宽，或者使用负的日期或时间时，会出现此错误。

可能的解决方法：增加列宽；缩小内容以适应列宽；应用另一种数字格式。

2. ＃VALUE！错误

可能的错误原因：当公式或函数的参数类型不正确时；当需要使用单个值时却使用了区域；输入或编辑数组公式后未按“Ctrl＋Shift＋Enter”组合键确认公式的输入。

可能的解决方法：确保公式或函数使用的参数类型正确无误；检查公式中的引用范围是否正确；确保在输入数组公式时按下“Ctrl＋Shift＋Enter”组合键。

3. ＃DIV/0！错误

可能的错误原因：公式的除数中包含数字 0；公式中的除数包含值为 0 的单元格或空白单元格。

可能的解决方法：检查输入的公式中是否包含除数为 0 的情况；如果除数为一个空白单元格，则 Excel 会将其当作 0 来处理，用户可通过修改该单元格的数据或单元格的引用来解决问题。

4. ＃NUM！错误

可能的错误原因：当公式或函数需要数字参数时，传递给公式或函数的却是非数字参数；公式或函数使用了一个无效参数；一个使用迭代算法的函数并且该函数无法得到计算结果；公式的返回值太大或太小，超出了 Excel 限制的范围，Excel 对值的限制范围是 $-1E^{-307}$ 至 $1E^{+307}$。

可能的解决方法：确保函数的参数类型正确；确保输入的参数为有效参数；检查公式的返回值是否超出 Excel 限制的范围。

5. ＃REF！错误

可能的错误原因：删除了已经被公式引用的单元格；复制公式到其他位置时，其中的单元格引用变为无效；剪切一个单元格，然后将其粘贴到公式使用的单元格中。

可能的解决方法：撤销已删除的被公式引用的单元格；确保引用的单元格未出现在工作表范围之外。

6. ＃NULL！错误

可能的错误原因：使用空格运算符连接两个不相交的单元格区域。

可能的解决方法：确保两个区域有重叠部分，或者改用其他引用运算符连接不同的区域。

7. ＃NAME？错误

可能的错误原因：公式中使用了未定义的名称；函数名称或已定义的名称拼写不正

确；公式中的文本未使用双引号括起来、区域引用中未输入冒号分隔、引用其他工作表时未使用单引号括起来；公式使用了未安装的加载项中的函数。

可能的解决方法：检查是否使用了工作表或工作簿中不存在的名称，如果是，则重新定义该名称；检查公式中是否存在未加双引号的文本，如果有，则使用双引号将文本括起来；区域引用中未使用冒号“:”分隔，在区域引用中添加冒号。

8. ♯N/A 错误

可能的错误原因：手工标记单元格为暂时缺少的数据；省略了函数中必不可少的参数；使用 LOOKUP、VLOOKUP 等函数查找值时，当要查找的值小于查找区域中的第一个值时，将返回 ♯N/A 错误值；参加运算的数组为同一个方向且尺寸不同，也会出现 ♯N/A 错误。

可能的解决方法：删除手工标记的错误值 ♯N/A；将函数的必选参数输入完整；修改 LOOKUP 或 VLOOKUP 等函数的参数，保证可以得到正确的查找结果。

（二）标记并更正错误

在工作表中标记常见公式错误及对其进行更正的步骤如下：

（1）单击“Office”按钮，选择“Excel 选项”，然后选择“公式”类别。

（2）在“错误检查”部分中，勾选“允许后台错误检查”复选框。

（3）更改三角（用于标记出现错误的位置）的颜色，在“使用此颜色表示错误”框中选择一种新颜色。

（4）选择工作表中标记错误的单元格。

（5）在单元格旁边，单击显示的“错误检查”按钮，然后单击所需的选项。每类错误的命令不同，第一条目会对错误进行说明。

（6）如果单击“忽略错误”，将标记此错误，后面的没错，检查会忽略它。

任务总结

（1）Excel 公式是工作表中进行数值计算的等式。

（2）无论是手工输入还是鼠标辅助输入，录入公式的时候都必须以“=”开始，以提示系统后面录入的是公式。

（3）在编辑栏中可以对已录入公式进行修改。

（4）删除公式的时候，可以全部删除，也可以删除公式而保留数值。

任务二　运算符基本知识

任务介绍

完成任务一后，王雪开始细致地学习公式的各组成要素，首先学习的是较为熟悉的运算符。这些符号经常出现在生活中，但在 Excel 表格中含义会略有不同。

任务分析

对于运算符，需要了解运算符的类型及运算优先次序；还要了解参与运算非常重要的辅助工具——通配符。

相关知识

运算符的类型，运算符的优先次序；通配符基础知识。

任务实施

一、运算符的类型及用途

运算符是构成公式的基本元素之一，每个运算符代表一种运算。运算符分为四种不同类型：算术运算符、比较运算符、文本运算符和引用运算符。其中，引用运算符为 Excel 特有的运算符，主要用于在工作表中产生的单元格引用。运算符详细介绍见表 4-2-1。

表 4-2-1 公式中的运算符

	符号	说明	实例
算术运算符	—	负号	=8×−5=−40
	%	百分号	=60×50%=30
	ˆ	乘幂	=3ˆ2=9 =16ˆ (1/2) =4
	* 和/	乘和除	=3*2/4
	+和−	加和减	=3+2−5
比较运算符	=和<>	等于和不等于	= (A1=A2)：判断 A1 是否等于 A2 = (A1<>A2)：判断 A1 是否不等于 A2
	<和>	小于和大于	= (A2>5)：判断 A2 是否大于 5 = (A2<5)：判断 A2 是否小于 5
	>=和<=	大于等于和小于等于	= (A2>=5)：判断 A2 是否大于等于 5 = (A2<=5)：判断 A2 是否小于等于 5
文本运算符	&	连接文本	="职业" &"院校"，返回职业院校
引用运算符	：(冒号)	区域运算符	=SUM (A1：B10)： 引用冒号的单元格为左上角和右下角之间的所有单元格
	_ (单空格)	交叉运算符	=SUM (A1：B5 A4：B10)： 引用 A1：B5 与 A4：B10 的交叉区域，公式相当于 SUM (A4：B5)
	，(逗号)	联合运算符	=SUM (A1：B4，A5：B10)： 相当于引用 A1：B10 连续单元格区域

二、运算符的优先顺序

与基本四则运算相似，所有的运算符都有运算的优先级，当公式中同时用到多个运算符时，运算顺序见表 4-2-2。

表 4-2-2　　运算符优先顺序表

优先顺序	符号	说明	所属运算符
1	： _ ，	冒号，单元格，逗号	引用运算符
2	—	负号	算术运算符
3	%	百分号	算术运算符
4	^	乘幂	算术运算符
5	* 和/	乘和除	算术运算符
6	＋和－	加和减	算术运算符
7	&	连接文本	文本运算符
8	=，＜＞、＜，＞，＞=和＜=	等于，不等于，小于，大于，大于等于和小于等于	比较运算符

数学计算式中使用小括号（）、中括号［］和大括号｛｝可以改变运算的优先级别，在 Excel 中都使用小括号代替，而且括号的优先级高于表 4-2-2 中的所有运算符。

如果在公式中使用多组括号进行嵌套，其计算顺序是由最内层的括号逐级向外进行计算。

三、通配符简介

Excel 中的半角星号“*”、问号“?”和波形符“～”可作为通配符用于查找、统计等运算，其中，“*”表示任何字符，“?”表示任何单个字符，“～”用于解除字符的通配性。当要查找或统计的是“*”“?”和“～”本身，需要在其前面加上波形符“～”，用以通知 Excel 所跟的第一个星号、问号和波形符不作为通配符处理。

例 4-2-1： 模糊查找 A 列中，第一个以“内蒙古”开头的记录对应的 B 列值。

=VLOOKUP（“内蒙古*”，a：b，2，0）

例 4-2-2： 模糊查找 A 列中，第一个以“内蒙古”开头的，并且一共是六个字的记录对应的 B 列值。

=VLOOKUP（“内蒙古???”，a：b，2，0）

在 Excel 的常用函数中，支持通配符的主要有 VLOOKUP 函数、HLOOKUP 函数、MATCH 函数、SUMIF 函数和 COUNTIF 函数等。当通配符直接用于比较运算时，则不具有通配性。

任务总结

（1）运算符包括引用运算符、算术运算符、文本运算符与比较运算符，它们的优先顺序逐渐降低。

（2）通配符有三种：半角星号“*”、问号“?”和波形符“～”；“*”表示任何字符，“?”表示任何单个字符，“～”用于解除字符的通配性。

任务三 单元格引用值及其应用

任务介绍

完成任务二后，王雪开始学习公式的第二个非常重要的组成要素——单元格引用值。单元格引用值的学习难度较大，但是对以后 Excel 的学习有着非常重要的作用。王雪边查阅相关书籍边请教身边的同事，终于自学成功。

任务分析

首先要掌握不同的引用样式，较常用的为 A1 样式；然后，熟练掌握相对引用、绝对引用和混合引用的联系与区别，并能够熟练应用。

相关知识

不同的引用样式；三种引用类型的引用结果。

任务实施

引用的作用在于标识工作表上的单元格或单元格区域，并告知 Excel 在何处查找在公式中使用的值或数据。用户可以在一个公式中或工作表中不同部分所包含的数据中进行引用，或者在多个公式中使用同一个单元格的值，还可以引用同一个工作簿中其他工作表上的单元格或其他工作簿中的数据。引用其他工作簿中的单元格被称为链接或外部引用（外部引用：对其他 Excel 工作簿中的工作表单元格或区域的引用，或对其他工作簿中的定义名称的引用）。

一、引用样式

（一）默认引用样式

默认情况下，Excel 使用 A1 引用样式，此样式引用字母标识列（从 A 到 XFD，共 16 384 列）以及数字标识行（从 1 到 1 048 576），A1 样式说明见表 4－3－1。这些字母和数字被称为行号和列标。若要引用某个单元格，要输入后跟行号的列标。例如，C5 引用列 C 和行 5 交叉处的单元格。

表 4-3-1　　默认引用 A1 样式说明表

引用内容	引用样式
列 A 和行 10 交叉处的单元格	A10
在列 A 和行 10 到行 20 之间的单元格区域	A10：A20
在行 15 和列 B 到列 E 之间的单元格区域	B15：E15
行 5 中的全部单元格	5：05
行 5 到行 10 之间的全部单元格	5：10
列 H 中的全部单元格	H：H
列 H 到列 J 之间的全部单元格	H：J
列 A 到列 E 和行 10 到行 20 之间的单元格区域	A10：E20

（二）其他引用样式

其他引用包括同一工作簿不同工作表之间的数据引用，也包括引用其他工作簿中的单元格，即平时所说的外部引用，下面介绍这两种形式的引用样式。

对同一个工作簿中其他工作表上单元格区域进行引用时，引用样式为“＝工作表名称！单元格或单元格区域”。例如，Sheet1 的 A1 单元格要引用 Sheet2 的 B3 单元格的值，则在 Sheet1 中的 A1 单元格中录入“＝（Sheet2！B3)”。

引用其他工作簿中的单元格时，引用样式为“＝［工作簿名称］工作表名称！单元格或单元格区域”。例如，工作簿 1 中的 Sheet1 的 A1：A10 单元格区域要引用工作簿 2 中的 Sheet3 的 C11：C20 单元格区域的值，则要在工作簿 1 中的 Sheet1 的 A1：A10 单元格区域中录入“＝［工作簿 2］Sheet2！C11：C20”。

二、引用类型

为了满足不同用途的需要，Excel 提供了三种不同的引用类型：相对引用、绝对引用和混合引用。在引用的过程中，可以使用 F4 键进行切换，每按一次 F4 键，将切换一次。

（一）相对引用

公式中的相对单元格引用（如 A1）是基于包含公式和单元格引用的单元格的相对位置。如果公式所在单元格的位置改变，引用也随之改变。如果多行或多列地复制或填充公式，引用会自动调整。默认情况下，新公式使用相对引用。

例 4-3-1： 在工作簿 1 中的 Sheet1 上有两个表格，如果在 G1 单元格中录入“＝A1”，把鼠标放到其右下角的填充柄上，当光标变为“十”字形状时，按住鼠标左键向右向下拖动鼠标，其他单元格中复制了 G1 的公式，引用公式内容及引用结果如图 4-3-1 所示。

（二）绝对引用

公式中的绝对单元格引用（如 ＄A＄1）总是在特定位置引用单元格。如果公式所在单元格的位置改变，绝对引用将保持不变。如果多行或多列地复制或填充公式，绝对引用将不作调整。默认情况下，新公式使用相对引用，可以根据需要将它们转换为绝对引用。

例 4-3-2： 在工作簿 1 中的 Sheet1 上有两个表格，如果在 G1 单元格中录入

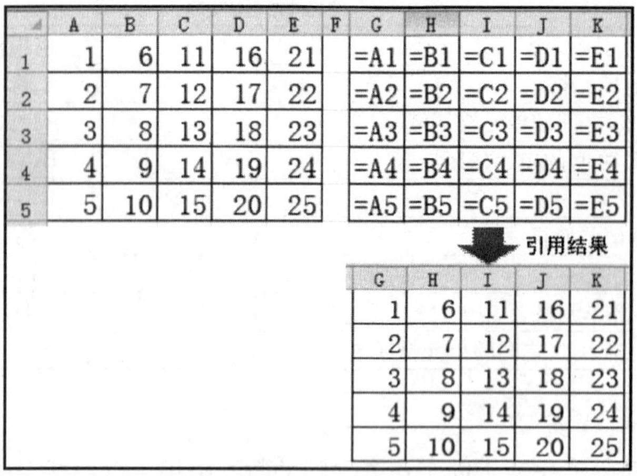

	A	B	C	D	E	F	G	H	I	J	K
1	1	6	11	16	21		=A1	=B1	=C1	=D1	=E1
2	2	7	12	17	22		=A2	=B2	=C2	=D2	=E2
3	3	8	13	18	23		=A3	=B3	=C3	=D3	=E3
4	4	9	14	19	24		=A4	=B4	=C4	=D4	=E4
5	5	10	15	20	25		=A5	=B5	=C5	=D5	=E5

G	H	I	J	K
1	6	11	16	21
2	7	12	17	22
3	8	13	18	23
4	9	14	19	24
5	10	15	20	25

图 4-3-1

"=＄A＄1"，把鼠标放到其右下角的填充柄上，当光标变为"十"字形状时，按住鼠标左键向右向下拖动鼠标，其他单元格中复制了 G1 的公式，引用公式内容及引用结果如图 4-3-2 所示。

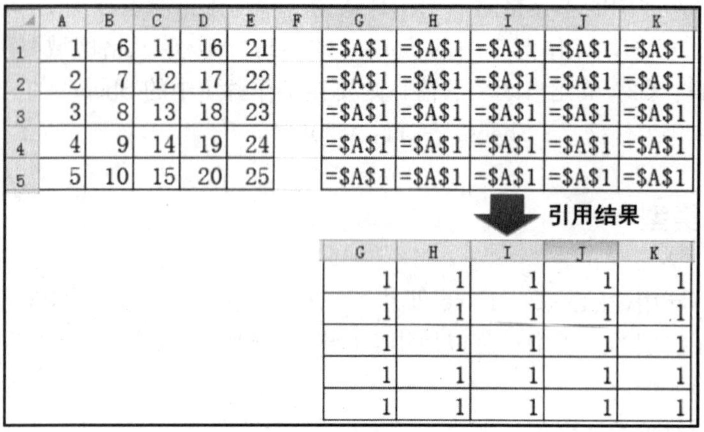

	A	B	C	D	E	F	G	H	I	J	K
1	1	6	11	16	21		=$A$1	=$A$1	=$A$1	=$A$1	=$A$1
2	2	7	12	17	22		=$A$1	=$A$1	=$A$1	=$A$1	=$A$1
3	3	8	13	18	23		=$A$1	=$A$1	=$A$1	=$A$1	=$A$1
4	4	9	14	19	24		=$A$1	=$A$1	=$A$1	=$A$1	=$A$1
5	5	10	15	20	25		=$A$1	=$A$1	=$A$1	=$A$1	=$A$1

G	H	I	J	K
1	1	1	1	1
1	1	1	1	1
1	1	1	1	1
1	1	1	1	1
1	1	1	1	1

图 4-3-2

（三）混合引用

混合引用分为绝对列和相对行或绝对行和相对列不同形式。绝对引用列采用＄A1、＄B1 等形式，绝对引用行采用 A＄1、B＄1 等形式。如果公式所在单元格的位置改变，则相对引用改变，而绝对引用不变。如果多行或多列地复制或填充公式，相对引用将自动调整，而绝对引用不作调整。据此，可以把混合引用分为两种：行不变、列变，行变、列不变。

例 4-3-3：在工作簿 1 中的 Sheet1 上有两个表格，如果在 G1 单元格中录入"=＄A1"（即行不变、列变），把鼠标放到其右下角的填充柄上，当光标变为"十"字形状时，按住鼠标左键向右向下拖动鼠标，其他单元格中复制了 G1 的公式，引用公式内容及引用结果如图 4-3-3 所示。

例 4-3-4：在工作簿 1 中的 Sheet1 上有两个表格，如果在 G1 单元格中录入

	A	B	C	D	E	F	G	H	I	J	K
1	1	6	11	16	21		=$A1	=$A1	=$A1	=$A1	=$A1
2	2	7	12	17	22		=$A2	=$A2	=$A2	=$A2	=$A2
3	3	8	13	18	23		=$A3	=$A3	=$A3	=$A3	=$A3
4	4	9	14	19	24		=$A4	=$A4	=$A4	=$A4	=$A4
5	5	10	15	20	25		=$A5	=$A5	=$A5	=$A5	=$A5

行不变、列变引用结果

	A	B	C	D	E	F	G	H	I	J	K
1	1	6	11	16	21		1	1	1	1	1
2	2	7	12	17	22		2	2	2	2	2
3	3	8	13	18	23		3	3	3	3	3
4	4	9	14	19	24		4	4	4	4	4
5	5	10	15	20	25		5	5	5	5	5

图 4-3-3

“＝A＄1”（即行变、列不变），把鼠标放到其右下角的填充柄上，当光标变为“十”字形状时，按住鼠标左键向右向下拖动鼠标，其他单元格中复制了 G1 的公式，引用公式内容及引用结果如图 4-3-4 所示。

	A	B	C	D	E	F	G	H	I	J	K
1	1	6	11	16	21		=A$1	=B$1	=C$1	=D$1	=E$1
2	2	7	12	17	22		=A$1	=B$1	=C$1	=D$1	=E$1
3	3	8	13	18	23		=A$1	=B$1	=C$1	=D$1	=E$1
4	4	9	14	19	24		=A$1	=B$1	=C$1	=D$1	=E$1
5	5	10	15	20	25		=A$1	=B$1	=C$1	=D$1	=E$1

行变、列不变引用结果

	A	B	C	D	E	F	G	H	I	J	K
1	1	6	11	16	21		1	6	11	16	21
2	2	7	12	17	22		1	6	11	16	21
3	3	8	13	18	23		1	6	11	16	21
4	4	9	14	19	24		1	6	11	16	21
5	5	10	15	20	25		1	6	11	16	21

图 4-3-4

任务总结

（1）单元格引用值通常使用的是 A1 样式。

（2）在引用的过程中，采用相对引用，行列同时因结果单元格的变动而变动；采用绝对引用，行列都不随结果单元格变动而变动；采用混合引用，行与列只有一个随结果单元格变动而变动，另一个不变动。

知识拓展

默认引用样式之 R1C1 样式

默认引用除了 A1 样式之外，还有 R1C1 样式。R1C1 样式是可以同时统计工作表上行和列的引用样式，它对于计算位于宏内的行和列的位置很有用。在 R1C1 样式中，

Excel指出了行号在 R 后而列号在 C 后的单元格的位置，引用说明如表 4－3－2 所示。

表 4－3－2 默认引用 R1C1 样式说明表

引用	含义
R [－2] C	对同一列中上面两行的单元格的相对引用（相对单元格引用：在公式中，基于包含公式的单元格与被引用的单元格之间的相对位置的单元格地址，如果复制公式，相对引用将自动调整，相对引用采用 A1 样式）
R [2] C [2]	对在下面两行、右面两列的单元格的相对引用
R2C2	对在工作表的第二行、第二列的单元格的绝对引用（绝对单元格引用：公式中单元格的精确地址，与包含公式的单元格的位置无关，绝对引用采用的形式为 $A$1）
R [－1]	对活动单元格整个上面一行单元格区域的相对引用
R	对当前行的绝对引用

当用户录制宏时，Excel 将使用 R1C1 样式录制一些命令。可以通过设置或清除“R1C1 引用样式”复选框来打开或关闭 R1C1 样式，该复选框位于“Excel 选项”对话框的“公式”分类中的“使用公式”部分下。

任务四 函数的定义及常用函数

任务介绍

攻克了单元格引用值难关之后，王雪进入了函数的学习过程中。函数种类较多，有的与生活联系紧密，较易理解，使用较方便；有的专业性强，不易理解，但非常实用。

任务分析

掌握公式与函数的联系与区别；明确函数的录入方式；区分与使用自有函数和嵌套函数；了解常用函数的主要功能、使用格式及参数说明。

相关知识

函数的定义；能正确录入各类函数；了解常用函数。

任务实施

一、函数简介

（一）函数的定义及功能

使用函数，可通过使用一些称为参数的特定数值、按特定的顺序或结构执行计算。函数可用于执行简单或复杂的计算。

使用函数和公式是为了有目的地计算结果，只能在单元格或内存中返回值，通过计算结果的变化来改变单元格条件格式、数据有效性，而不能对单元格执行删除或对其他单元格进行赋值等操作。

（二）函数语法

下面以 ROUND 函数为示例说明函数的语法。如图 4-4-1 所示，该公式是将单元格 A10 中的数字四舍五入为有两位小数的数值。

图 4-4-1

（1）函数的结构。函数的结构以等号（=）开始，后面紧跟函数名称和左括号，然后以逗号分隔输入该函数的参数，最后是右括号。

（2）函数名称。如果要查看可用函数的列表，可单击一个单元格并按“Shift+F3”组合键。

（3）参数。参数可以是数字、文本、TRUE 或 FALSE 等逻辑值、数组、#N/A 等错误值或单元格引用。指定的参数必须为有效参数值。参数也可以是常量、公式或其他函数。

（4）参数工具提示。在键入函数时，会出现一个带有语法和参数的工具提示。例如，键入“=ROUND”时，会出现工具提示。特别需要注意的是，仅在使用内置函数时才出现工具提示。

（三）输入自有函数

如果创建带函数的公式，用户可以使用“公式”页签下的“插入函数”选项；如果用户非常明确自己所用函数所在的分类，也可以在函数库的具体分类中选择对应类别，插入相应函数（如图 4-4-2 所示）。

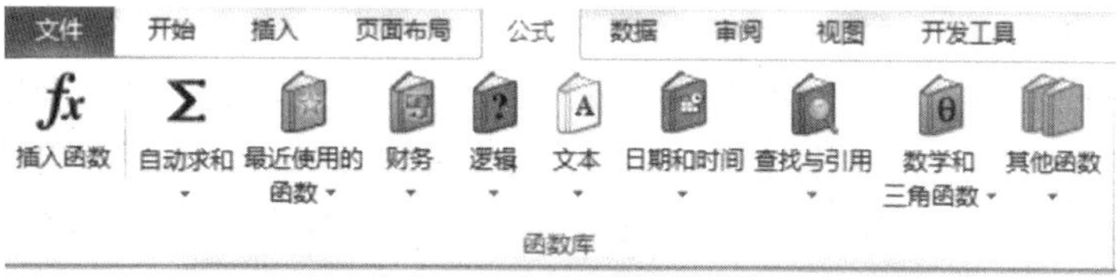

图 4-4-2

单击“插入函数”选项后，就会弹出“函数参数”对话框（如图 4-4-3 所示），该对话框将有助于用户输入工作表函数。它将显示函数的名称、各个参数、函数及各个参数的说明、函数的当前结果以及整个公式的当前结果。

若要更轻松地创建和编辑公式并将键入错误和语法错误减到最少，可使用公式记忆式键入。当用户键入“=”（等号）和开头的几个字母或显示触发字符之后，Excel 会在单元格的下方显示一个动态下拉列表，该列表中包含与这几个字母或该触发字符相匹配的有效函数、参数和名称，然后可以将该下拉列表中的一项插入到公式中。

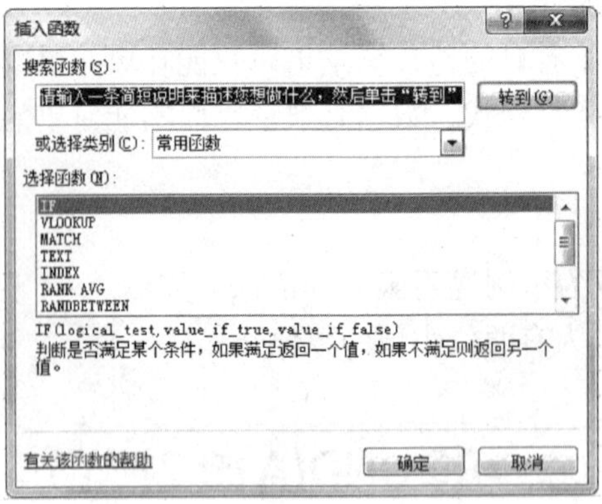

图 4-4-3

例 4-4-1：现在 I2 单元格中使用 IF 函数判断单元格 G5 内数值是正数还是负数。请用两种方法录入该公式。

具体操作方法如下：

方法一，选中 I2 单元格；用鼠标左键单击“插入公式”按钮；在“插入公式”对话框中找到 IF 函数，用鼠标左键双击；在弹出的“函数参数”对话框中录入如图 4-4-4 所示内容后，单击“确定”，I2 单元格中就会显示结果。

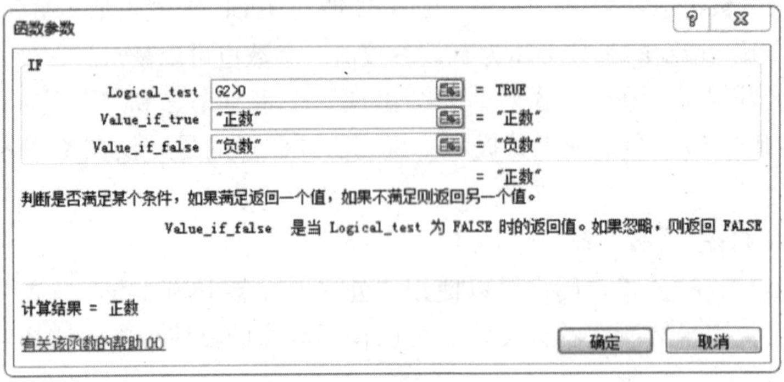

图 4-4-4

方法二，选中 I2 单元格；在编辑框中录入“=I”，在编辑框下方将会出现动态下拉菜单（如图 4-4-5 所示）；根据需要选择 IF 函数；在编辑框的下方就会出现参数工具提示（如图 4-4-6 所示），按照提示录入完整公式，单击回车键，I2 单元格中将会显示函数结果。

图 4-4-5

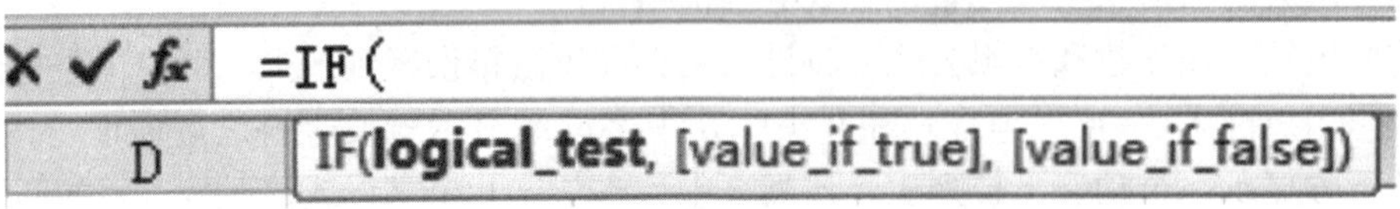

图 4-4-6

（四）嵌套函数

在某些情况下，用户可能需要将相应函数作为另一函数的参数使用。一个公式可以包含多达七级的嵌套函数。如果将一个函数（称此函数为 B）用作另一个函数（称此函数为 A）的参数，则函数 B 相当于第二级函数。

例 4-4-2：请分析公式“=IF（AVERAGE（F2：F5）>0，SUM（G2：G5），0）”的嵌套关系及各函数的所属级别。

在这个公式中，AVERAGE 函数和 SUM 函数嵌套在 IF 函数中，作为 IF 函数的一个参数。所以，IF 函数为第一级函数，AVERAGE 函数和 SUM 函数均为第二级函数；如果还有函数嵌套在 AVERAGE 函数或 SUM 函数中，嵌套的函数则为第三级函数，依此类推。

需要注意的是，当将嵌套函数作为参数使用时，该嵌套函数返回的值的类型必须与参数使用的值的类型相同。例如，如果参数返回一个 TRUE 或 FALSE 值，那么嵌套函数也必须返回一个 TRUE 或 FALSE 值；否则，Excel 会显示错误值“#VALUE!”。

二、常用函数

在 Excel 中，为了方便用户使用，提供了非常多的函数。Excel 2010 对函数功能进行完善之后，不仅提高了函数的准确性，使函数的功能与预期保持一致，还让函数名称更准确地描述其功能。除此之外，它更是通过增加了向后兼容性，使得用户可与其他未安装 Excel 2010 的用户共享工作表，促进协同性。

接下来，就介绍几类不同功能函数中的常用函数，大部分函数都将在后边的应用篇中得到充分应用。

（一）统计函数

1. AVERAGE 函数

【主要功能】求出所有参数的算术平均值。

【使用格式】AVERAGE（number1，number2…）。

【参数说明】number1，number2…代表需要求平均值的数值或引用单元格（区域），参数不能超过 30 个。

【特别提醒】如果引用区域中包含“0”值单元格，则计算在内；如果引用区域中包含空白或字符单元格，则不计算在内。

例 4-4-3：在 B2 单元格中输入公式“=AVERAGE（A1：D1，F1：H1，7，8）”，确认后，即可求出 A1 至 D1 区域、F1 至 H1 区域中的数值和 7、8 的平均值。

2. COUNT 函数

【主要功能】返回包含数字以及包含参数列表中数字的单元格的个数。

【使用格式】COUNT（value1，value2…）。

【参数说明】value1，value2…为包含或引用各种类型数据的参数（1 到 30 个），但只有数值型的数据才能被计算。

【特别提醒】函数 COUNT 在计数时，将把数字、日期或以文本代表的数字计算在内，但是错误值或其他无法转换成数字的文字将被忽略。

例 4-4-4：在区域 A1：A10 中，只有单元格 A3、A5、A8 和 A10 中有数据，如果

在 A11 单元格中计算区域 A1：A10 中有数字的单元格个数，就应在 A11 中录入公式“=COUNT（A1：A10)”，单击“确定”，返回结果为 4。

3. COUNTIF 函数

【主要功能】统计某个单元格区域中符合指定条件的单元格数目。

【使用格式】COUNTIF（range，criteria）。

【参数说明】range 代表要统计的单元格区域；criteria 表示指定的条件表达式。

【特别提醒】允许引用的单元格区域中有空白单元格出现。

例 4-4-5：在 C14 单元格中输入公式“=COUNTIF（B1：B13，" >=80")”，确认后，即可统计出 B1 至 B13 单元格区域中数值大于等于 80 的单元格数目。

4. MAX 函数

【主要功能】求出一组数中的最大值。

【使用格式】MAX（number1，number2…）。

【参数说明】number1，number2…代表需要求最大值的数值或引用单元格（区域），参数不超过 30 个。

【特别提醒】如果参数中有文本或逻辑值，则忽略。

例 4-4-6：在 A1：D1 中录入数值，在 B2 中输入公式“=MAX（A1：D1，7，8，9，10)”，确认后即可显示出 A1 至 D1 单元格区域中，数值 7，8，9，10 中的最大值。

5. MIN 函数

【主要功能】求出一组数中的最小值。

【使用格式】MIN（number1，number2…）。

【参数说明】number1，number2…代表需要求最小值的数值或引用单元格（区域），参数不能超过 30 个。

【特别提醒】如果参数中有文本或逻辑值，则忽略。

例 4-4-7：在 A1：D1 中录入数值，在 B2 中输入公式“=MIN（A1：D1，7，8，9，10)”，确认后即可显示出 A1 至 D1 单元和区域中，数值 7，8，9，10 中的最小值。

（二）数学函数

1. SUM 函数

【主要功能】计算所有参数数值的和。

【使用格式】SUM（number1，number2…）。

【参数说明】number1、number2…代表需要计算的值，可以是具体的数值、引用的单元格（区域）、逻辑值等。

【特别提醒】如果参数为数组或单元格引用，只有其中的数字才能被计算，数组或引用中的空白单元格、逻辑值、文本或错误值将被忽略。

例 4-4-8：在 A1：A10 区域中录入自然数 1～10，A11 单元格中要对前面所有数据求和，则在单元格中输入公式“=SUM（A1：A10)”，单击“确定”，即可得到结果 55。

2. SUMIF 函数

【主要功能】计算符合指定条件的单元格区域内的数值和。

【使用格式】SUMIF（range，criteria，sum_range）。

【参数说明】range 代表条件判断的单元格区域；criteria 为指定条件表达式；

sum _ range 代表需要计算的数值所在的单元格区域。

【特别提醒】如果条件表达式是文本型，则只有放在英文状态下的双引号中，才能进行运算。

例 4－4－9： 如图 4－4－7 所示，如果要计算男生的英语成绩合计，则应在 C13 单元格中输入公式“＝SUMIF（B2：B11,"男"，C2：C63)”，单击回车键，即可求出男生英语成绩合计为 330。

	A	B	C	D	E
1	姓名	性别	英语	语文	数学
2	张雪	女	96	74	84
3	刘婷	女	90	82	90
4	王飞	男	65	81	90
5	田强	男	88	81	87
6	李娜	女	88	81	88
7	张刚明	男	96	77	92
8	王玉松	男	81	82	84
9	吴雪倩	女	65	73	93
10	王羽	女	62	69	91
11	孙甜	女	94	79	88
13	男生成绩合计				
14	女生成绩合计				

图 4－4－7

思考：如何通过单元格引用值来自动变化单元格填列？

3. ROUND

【主要功能】将给定参数按给定位数四舍五入。

【使用格式】ROUND（number，num _ digits）。

【参数说明】number 代表需要四舍五入的值。num _ digits 按此位数对 number 参数进行四舍五入。

【特别提醒】number 可以是数值型数据，也可以是单元格引用，还可以是结果为数值的公式，其他除文本型数据（非数值型文本）外都可以进行计算，逻辑型 TRUE 视为 1，FALSE 视为 0，若为日期型或者时间型数值，则系统会按照日期或时间的序列数进行运算，如果是不能转换为数值的文本，则报错“＃NAME?”。

当 num _ digits 是正数时，则指定 number 舍入的小数位；当 num _ digits 是 0 时，表示将 number 舍入为整数；当 num _ digits 是负数时，表示将 number 在小数点左侧进行舍入的位数。

例 4－4－10： ROUND（895.4824，－2）＝900，ROUND（895.4824，2）＝895.48，ROUND（895.4824，0）＝895。

4. ABS 函数

【主要功能】求出相应数字的绝对值。

【使用格式】ABS（number）。

【参数说明】number 代表需要求绝对值的数值或引用的单元格。

【特别提醒】如果 number 参数不是数值，而是一些字符（如 A 等），则返回错误值

"#VALUE!"。

例4-4-11：如果在B2单元格中输入公式"=ABS（A2）"，则在A2单元格中无论输入正数（如100）还是负数（如-100），B2单元格中均显示正数（如100）。

5. INT函数

【主要功能】将数值向下取整为最接近的整数。

【使用格式】INT（number）。

【参数说明】number表示需要取整的数值或包含数值的引用单元格。

【特别提醒】在取整时，不进行四舍五入；如果输入的公式为"=INT（-18.89）"，则返回结果为"-19"。

例4-4-12：输入公式"=INT（18.89）"，确认后显示结果为"18"。

6. MOD函数

【主要功能】求出两数相除的余数。

【使用格式】MOD（number，divisor）。

【参数说明】number代表被除数；divisor代表除数。

【特别提醒】如果divisor参数为零，则显示错误值#DIV/0!。MOD函数可以借用函数INT来表示。

例4-4-13：输入公式"=MOD（13，4）"，确认后显示出结果"1"。该公式也可用函数INT来表示，即"=13-4*INT（13/4）"。

（三）文本函数

1. LEN函数

【主要功能】统计文本字符串中字符的数目。

【使用格式】LEN（text）。

【参数说明】text表示要统计的文本字符串。

【特别提醒】应用LEN函数进行统计时，无论是全角字符还是半角字符，每个字符均计为"1"；与LEN函数相对应的一个函数——LENB，在统计时半角字符计为"1"，全角字符计为"2"。

例4-4-14：假定A1单元格中保存了"我今年28岁"的字符串，我们在A2单元格中输入公式"=LEN（A40）"，确认后即显示出统计结果"6"。

2. RIGHT函数

【主要功能】从一个文本字符串的最后一个字符开始，截取指定数目的字符。

【使用格式】RIGHT（text，num_chars）。

【参数说明】text代表要截取字符的字符串；num_chars代表给定的截取数目。

【特别提醒】num_chars参数必须大于或等于0，如果忽略，则默认其为1；如果num_chars参数大于文本长度，则函数返回整个文本。

例4-4-15：假定B1单元格中保存了"我喜欢互联网"的字符串，我们在B2单元格中输入公式"=RIGHT（B1，3）"，确认后即显示出"互联网"的字符。

3. MID函数

【主要功能】从一个文本字符串的指定位置开始，截取指定数目的字符。

【使用格式】MID（text，start_num，num_chars）。

【参数说明】text代表一个文本字符串；start_num表示指定的起始位置；num_

chars 表示要截取的数目。

【特别提醒】公式中各参数间要用英文状态下的逗号隔开。

例 4-4-16：沿用例 4-4-15，在 B3 单元格中输入公式“=MID（B1，4，3)”，确认后即显示出“互联网”的字符。

4. LIGHT 函数

【主要功能】从一个文本字符串的第一个字符开始，截取指定数目的字符。

【使用格式】LEFT（text，num _ chars)。

【参数说明】text 代表要截取字符的字符串；num _ chars 代表给定的截取数目。

【特别提醒】此函数名的英文意思为“左”，即从左边截取。Excel 中的很多函数都取其英文的意思。

例 4-4-17：沿用例 4-4-15，在 B4 单元格中输入公式“=LEFT（B1，3)”，确认后即显示出“我喜欢”的字符。

（四）逻辑函数

1. IF 函数

【主要功能】根据对指定条件的逻辑判断的真假结果，返回相对应的内容。

【使用格式】IF（logical，value _ if _ true，value _ if _ false)。

【参数说明】logical 代表逻辑判断表达式；value _ if _ true 表示当判断条件为逻辑“真（TRUE)”时的显示内容，如果忽略返回“TRUE”；value _ if _ false 表示当判断条件为逻辑“假（FALSE)”时的显示内容，如果忽略返回“FALSE”。

【特别提醒】如果忽略后两个条件内容，则会出现“TRUE”或“FALSE”。

例 4-4-18：在 C1 单元格中输入公式“=IF（C2>=18," 符合要求"," 不符合要求")”，确认以后，如果 C2 单元格中的数值大于或等于 18，则 C1 单元格显示“符合要求”字样；反之，则显示“不符合要求”字样。

2. AND 函数

【主要功能】返回逻辑值：如果所有参数值均为逻辑“真（TRUE)”，则返回逻辑“真（TRUE)”；反之，则返回逻辑“假（FALSE)”。

【使用格式】AND（logical1，logical2…）。

【参数说明】logical1，logical2，logical3…表示待测试的条件值或表达式，最多 30 个。

【特别提醒】如果指定的逻辑条件参数中包含非逻辑值时，则函数返回错误值“#VALUE!”或“#NAME”。

例 4-4-19：在 C5 单元格输入公式“=AND（A5>=60，B5>=60)”，进行确认。如果 C5 中返回“TRUE”，则说明 A5 和 B5 中的数值均大于等于 60；如果返回“FALSE”，则说明 A5 和 B5 中的数值至少有一个小于 60。

3. OR 函数

【主要功能】返回逻辑值，仅当所有参数值均为逻辑“假（FALSE)”时返回函数结果逻辑“假（FALSE)”；否则，返回逻辑“真（TRUE)”。

【使用格式】OR（logical1，logical2…)。

【参数说明】logical1，logical2，logical3…表示待测试的条件值或表达式，最多 30 个。

【特别提醒】如果指定的逻辑条件参数中包含非逻辑值，则函数返回错误值“#

VALUE!”或“#NAME”。

例 4-4-20：在 C6 单元格输入公式“=OR（A6>=60，B6>=60）”，进行确认。如果 C6 中返回“TRUE”，则说明 A6 和 B6 中的数值至少有一个大于或等于 60；如果返回“FALSE”，则说明 A6 和 B6 中的数值都小于 60。

（五）查找与引用函数

1. VLOOKUP 函数

【主要功能】在数据表的首列查找指定的数值，并由此返回数据表当前行中指定列处的数值。

【使用格式】VLOOKUP（lookup_value，table_array，col_index_num，range_lookup）。

【参数说明】lookup_value 代表需要查找的数值；table_array 代表需要在其中查找数据的单元格区域；col_index_num 为在 table_array 区域中待返回的匹配值的列序号；range_lookup 为逻辑值，如果为 TRUE 或省略，则返回近似匹配值，也就是说，如果找不到精确匹配值，则返回小于 lookup_value 的最大数值，如果为 FALSE，则返回精确匹配值，如果找不到，则返回错误值“#N/A”。

【特别提醒】lookup_value 参数必须在 table_array 区域的首列中；如果忽略range_lookup 参数，则 table_array 的首列必须进行排序；在此函数的向导中，有关 range_lookup 参数的用法是错误的。

例 4-4-21：如图 4-4-8 所示，如需要查找某位学生的英语成绩，在 H3 单元格中输入某学生姓名，在 H4 单元格中录入公式“=VLOOKUP（H3，A1：E11，3，FALSE）”，单击回车键后，H4 单元格中就会出现相应的英语成绩“88”。

	A	B	C	D	E	F	G	H
1	姓名	性别	英语	语文	数学			
2	张雪	女	96	74	84			
3	刘婷	女	90	82	90		需要查找的学生姓名	李娜
4	王飞	男	65	81	90		英语成绩	
5	田强	男	88	81	87			
6	李娜	女	88	81	88			
7	张刚明	男	96	77	92			
8	王玉松	男	81	82	84			
9	吴雪倩	女	65	73	93			
10	王羽	女	62	69	91			
11	孙甜	女	94	79	88			

图 4-4-8

2. MATCH 函数

【主要功能】返回在指定方式下与指定数值匹配的数组中元素的相应位置。

【使用格式】MATCH（lookup_value，lookup_array，match_type）。

【参数说明】lookup_value 代表需要在数据表中查找的数值；lookup_array 表示可能包含所要查找的数值的连续单元格区域；match_type 表示查找方式的值（−1、0 或 1）。

【特别提醒】lookup_array 只能为一列或一行。

如果 match_type 为−1，查找大于或等于 lookup_value 的最小数值，lookup_array 必须按降序排列；如果 match_type 为 1，查找小于或等于 lookup_value 的最大数值，lookup_array 必须按升序排列；如果 match_type 为 0，查找等于 lookup_value 的第一个数值，lookup_array 可以按任何顺序排列；如果省略 match_type，则默认为 1。

例 4－4－22：如图 4－4－9 所示，如需要查找某位学生所在行的位置，在 H3 单元格中输入某学生姓名，在 H4 单元格中录入公式“＝MATCH（H3，A1：A11，0）”，单击回车键后，H4 单元格中就会出现相应行所在的位置“6”。

	A	B	C	D	E	F	G	H
1	姓名	性别	英语	语文	数学			
2	张雪	女	96	74	84			
3	刘婷	女	90	82	90		需要查找的学生姓名	李娜
4	王飞	男	65	81	90		所在行数	6
5	田强	男	88	81	87			
6	李娜	女	88	81	88			
7	张刚明	男	96	77	92			
8	王玉松	男	81	82	84			
9	吴雪倩	女	65	73	93			
10	王羽	女	62	69	91			
11	孙甜	女	94	79	88			

图 4－4－9

3. INDEX 函数

【主要功能】返回列表或数组中的元素值，此元素根据行序号和列序号的索引值确定。

【使用格式】INDEX（array，row _ num，column _ num）。

【参数说明】array 代表单元格区域或数组常量；row _ num 表示指定的行序号；column _ num 表示指定的列序号。

【特别提醒】此处的行序号参数（row _ num）和列序号参数（column _ num）是相对于所引用的单元格区域而言的，不是 Excel 工作表中的行或列序号，而且必须保证两者中至少录入一个。

例 4－4－23：如图 4－4－10 所示，如需要查找整张表的某个位置的数据，单元格位置通过 H3、H4 单元格数据指定，在 H6 单元格中录入公式“＝INDEX（A1：E11，H3，H4）”，单击回车键后，H6 单元格中就会出现整张表的第 3 行第 5 列的数据“90”。

	A	B	C	D	E	F	G	H
1	姓名	性别	英语	语文	数学			
2	张雪	女	96	74	84			
3	刘婷	女	90	82	90		所在行数	3
4	王飞	男	65	81	90		所在列数	5
5	田强	男	88	81	87			
6	李娜	女	88	81	88		返回值	90
7	张刚明	男	96	77	92			
8	王玉松	男	81	82	84			
9	吴雪倩	女	65	73	93			
10	王羽	女	62	69	91			
11	孙甜	女	94	79	88			

图 4－4－10

（六）日期与时间函数

1. DATE 函数

【主要功能】给出指定数值的日期。

【使用格式】DATE（year，month，day）。

【参数说明】year 为指定的年份数值（小于 9999）；month 为指定的月份数值（可以大于 12）；day 为指定的天数。

【特别提醒】在上述公式中，如果月份为 13，则多了一个月，顺延至下一年 1 月；如果天数为 35，则顺延至下一月的相应日期。

例 4-4-24： 在 A10 单元格中输入公式“=DATE（2003，13，35)”，确认后，显示结果“2004-2-4”。

2. DAY 函数

【主要功能】求出指定日期或引用单元格中的日期的天数。

【使用格式】DAY（serial _ number)。

【参数说明】serial _ number 代表指定的日期或引用的单元格。

【特别提醒】如果是给定的日期，则包含在英文双引号中。

例 4-4-25： 输入公式“=DAY（"2003-12-18")”，确认后，显示结果“18”。

3. MONTH 函数

【主要功能】求出指定日期或引用单元格中的日期的月份。

【使用格式】MONTH（serial _ number)。

【参数说明】serial _ number 代表指定的日期或引用的单元格。

例 4-4-26： 输入公式“=MONTH（"2003-12-18")”，确认后，显示结果“12”。

4. NOW 函数

【主要功能】给出当前系统日期和时间。

【使用格式】NOW ()。

【参数说明】该函数不需要参数。

【特别提醒】显示出来的日期和时间格式，可以通过单元格格式进行重新设置。

例 4-4-27： 输入公式“=NOW（)”，确认后即刻显示出当前系统的日期和时间。如果系统的日期和时间发生了改变，只要按一下 F9 功能键，即可让其随之改变。

5. TIME

【主要功能】返回给定时点的具体时间。

【使用格式】TIME（hour，minute，second)。

【参数说明】hour 代表小时的整数，取值范围为 0～23，可以是数值、单元格引用或者公式。minute 代表分钟的整数，取值范围为 0～59，可以是数值、单元格引用或者公式。second 代表秒数的整数，取值范围为 0～59，可以是数值、单元格引用或者公式。

【特别说明】当代表小时的整数大于 23 时，应将其除以 24，将余数视为小时；当代表分钟、秒数的数值大于 59 时，则将其除以 60，余数视为分钟和秒数。若以上三个参数小于零，则会返回错误“#NUM!”。

例 4-4-28： TIME（27，0，0）=TIME（3，0，0）=.125 或 3：00AM。TIME（0，750，0）=TIME（12，30，0）=.520833 或 12：30PM。TIME（0，0，2000）=TIME（0，33，22）=.023148 或 12：33：20 AM。

6. TODAY

【主要功能】给出系统日期。

【使用格式】TODAY ()。

【参数说明】该函数不需要参数。

【特别提醒】显示出来的日期格式可以通过单元格格式进行重新设置。

例 4-4-29： 输入公式“=TODAY（)”，确认后即刻显示出系统的日期。如果系统的日期发生了改变，只要按一下 F9 功能键，即可让其随之改变。

7. YEAR

【主要功能】返回给定日期对应的年份数值。

【使用格式】YEAR（serial _ number）。

【参数说明】serial _ number 代表指定的日期或引用的单元格。

【特别说明】YEAR 代表年份的四位数字，取值范围 1 900～69 999。可以是数值、单元格引用或者公式。如果 YEAR 介于 0 到 1 899 之间（包含这两个值），系统会将该值与 1 900 相加来计算年份。如果 YEAR 小于 0 或大于等于 10 000，系统将返回错误值“#NUM!”。

例 4－4－30：输入公式“＝YEAR（"2003－12－18"）”，确认后，显示结果为 2003；输入公式“＝DATE（111，5，2）”，确认后，将返回“2011 年 5 月 2 日”（1 900＋111）。

（七）财务函数

1. SLN

【主要功能】返回某项资产在一个期间中的线性折旧值。

【使用格式】SLN（cost，salvage，life）。

【参数说明】cost 为资产原值；salvage 为固定资产残值；life 为折旧期限，有时也称作资产的使用寿命。

【特别说明】折旧期限必须用与 life 参数相同的单位表示，所有参数必须是正数。

2. SYD

【主要功能】返回某项资产在指定期间用年数总计法计算的折旧。

【使用格式】SYD（cost，salvage，life，period）。

【参数说明】cost 为固定资产的初始成本；salvage 为固定资产残值；life 为固定资产的可使用年限；period 为计算资产折旧所用的那一期间。

【特别说明】必须用相同的单位表示 life 和 period 参数。例如，如 life 用月份表示，则 period 也必须用月份表示。

3. DDB

【主要功能】使用双倍余额递减法或其他指定方法，计算一笔资产在给定期间内的折旧值。

【使用格式】DDB（cost，salvage，life，period，factor）。

【参数说明】cost 为资产原值；salvage 为固定资产残值；life 为固定资产的可用年限；period 为需要计算折旧值的期间；factor 为余额递减速率，若 factor 省略，则假设为 2（双倍余额递减法）。

【特别说明】必须用相同的单位表示 life 和 period 参数。所有参数必须为正数。

例 4－4－31：20×5 年 10 月，某公司对一项在用固定资产正常计提折旧，如表 4－4－1 所示。请计算本月按照不同折旧法计提的折旧额。

表 4－4－1　　固定资产折旧计算表

固定资产名称	轿车	使用部门	办公室
原值	236 000	使用期限（月）	120
残值	7 080	开始使用时间	20×5 年 4 月
折旧方法	计算公式		本月折旧额
直线法	＝SLN（B3，B4，D3）		¥1 907.67
年数总和法	＝SYD（B3，B4，D3，6）		¥3 626.14
双倍余额递减法	＝DDB（B3，B4，D3，6，2）		¥3 616.30

任务总结

(1) 函数是预定义的公式。

(2) 函数的语法是由函数结构、函数名、参数及参数工具提示构成。

(3) 可以通过手工录入的方式录入各项函数。

(4) 函数嵌套最多七级。

(5) 常用函数如表 4-4-2 所示。

表 4-4-2 常用函数列表

统计函数	数学函数	文本函数	逻辑函数	查找与引用函数	日期与时间函数	财务函数
AVERAGE COUNT COUNTIF MAX MIN	SUM SUMIF ROUND ABS	LEN RIGHT MID LIGHT	IF AND OR	VLOOKUP MATCH INDEX	DATE DAY MONTH NOW TIME TODAY YEAR	SLN SYD DDB

练习及实训

一、问答题

1. 公式与函数的联系与区别是什么?
2. 如何输入、修改、删除公式?
3. 常见的错误类型有哪些? 如何修改?
4. 常见的运算符有哪些? 其优先顺序是什么?
5. 什么是通配符? 它们都代表什么含义?
6. 如何区别相对引用、绝对引用和混合引用?

二、实训题

要求:继续完善本班的综合测评排名表,录入公式计算相关结果。

1. 录入 F3、I3、J3 的计算公式。

2. 通过跨工作表引用,将“加减分明细”工作表中的合计数引入相应单元格中。

3. 计算方式为:德育小计为两科的平均分,实际得分为小计加减分之和乘以 80%;综合素质实际得分为得分乘以 20%;总分为德育成绩实际得分与综合素质实际得分之和。

项目五
数据处理基础应用

情景介绍

自从学完公式与函数之后，王雪逐渐发现 Excel 功能的强大。为了让报表更加清晰明了，提供更加全面的企业经营管理信息，王雪准备进一步学习数据处理的简单方法。为此，她还专门找到了妹妹所在年级本学期的期末考试成绩单作为练习资料，开始学习简单的数据处理。

练习资料具体内容如表 5-0-1 所示。

表 5-0-1　　×年级期末考试成绩单

	班级	姓名	性别	英语	语文	数学
1	15 会计 1 班	张雪	女	96	74	84
2	15 会计 1 班	刘婷	女	90	82	90
3	15 会计 1 班	王飞	男	65	81	90
4	15 会计 1 班	田强	男	88	81	87
5	15 会计 1 班	李娜	女	88	81	88
6	15 会计 1 班	张刚明	男	96	77	92
7	15 会计 1 班	王玉松	男	81	82	84
8	15 会计 2 班	吴雪倩	女	65	73	93
9	15 会计 2 班	王羽	女	62	69	91
10	15 会计 2 班	孙甜	女	94	79	88
11	15 会计 2 班	赵宇	男	71	88	89
12	15 会计 2 班	王兴宏	女	93	86	85
13	15 会计 2 班	李志	男	97	87	90
14	15 会计 3 班	薛彪	男	76	80	87
15	15 会计 3 班	田甜	女	68	78	88
16	15 会计 3 班	刘志远	男	75	83	89
17	15 会计 3 班	孟静茹	女	63	76	85
18	15 会计 3 班	郭静恬	女	76	81	88
19	15 会计 3 班	刘科宙	男	60	81	87
20	15 会计 3 班	陈璐	女	73	77	91

任务一 排序与筛选

任务介绍

王雪利用练习资料不断学习数据的排序与筛选，以此打开数据分析之门，她希望通过自己不断的努力能够在Excel正式投入使用之前，全面掌握基本技巧，为公司数据统计与分析工作做出一点小贡献。

任务分析

排序与筛选是数据处理中较为简单的手段，按照数值排序及条件筛选是日常工作中常用的技巧。

相关知识

数值、文字、格式的排序方法；数值、文字、格式的筛选方法。

任务实施

一、排序

对数据进行排序是数据分析不可缺少的组成部分。用户可以对一列或多列中的数据按文本（升序或降序）、数字（升序或降序）以及日期和时间（升序或降序）进行排序，还可以按格式（包括单元格颜色、字体颜色或图标集）或自定义序列（如大、中和小）进行排序。大多数排序操作都是列排序，也可以按行进行排序。

本书结合例题主要讲解对数字列进行排序的方法，其他排序方法仅做了解。

例5-1-1：根据情景介绍中的资料对本学期的期末成绩按照总成绩进行排名，为避免出现总分相同无法排名的情况，以数学成绩为第二次判断标准进行排序。

进行排名就要使用到数据的排序功能，排序的基本操作步骤如下：

（1）增加“总分”列。在原有表格的右侧增加一列，标题为“总分”，并在H2单元格填写张雪同学的总分计算公式“=SUM（E2：G2）”，单击回车键，并快速填充其他单元格，增加“总分”列完毕。

（2）打开“排序”对话框。选中全表，在“数据”菜单下，选择“排序与筛选”中的“排序”按钮（如图5-1-1所示）。

（3）增加排序主要关键字。在弹出的对话框中选择“数据包含标题”，在“主要关键字”后选择此次排名的依据“总分”，排序依据为“数值”，次序为“降序”（如图5-1-2所示）。

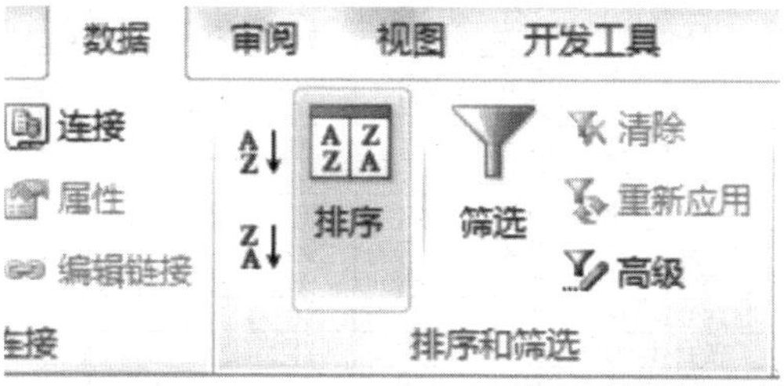

图 5-1-1

图 5-1-2

（4）增加排序次要关键字。单击“主要关键字”上方的“增加条件”按钮，就会出现“次要关键字”行，选择“数学”作为次要关键字，排序依据为“数值”，次序为“降序”（如图 5-1-3 所示）。

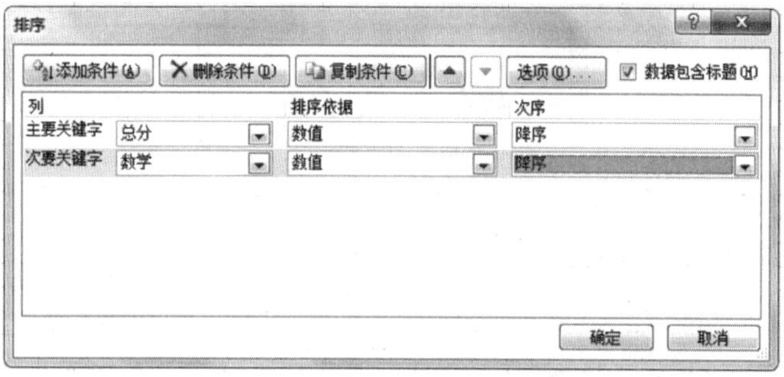

图 5-1-3

（5）查看排序结果。设置完毕之后，单击“确定”按钮，查看最终排序结果（如图 5-1-4 所示）。

如果需要对文本进行排序，应首先通过“排序”对话框的“选项”按钮确定是否区分大小写，并且确定排序标准是按笔画排序还是按字母排序（如图 5-1-5 所示）。然后按照上述方法确定关键字、次序，即可进行排序。

如果需要对日期进行排序，可以通过快捷按钮  和  设置。其中： 表示从早到晚的顺序对日期或时间排序， 表示从晚到早的顺序对日期或时间排序。

如果需要按照自定义格式（包括单元格颜色、字体颜色或图标集）进行排序，可以通

	A	B	C	D	E	F	G	H
1	序号	班级	姓名	性别	英语	语文	数学	总分
2	13	15会计2班	李志	男	97	87	90	274
3	6	15会计1班	张刚明	男	96	77	92	265
4	12	15会计2班	王兴宏	女	93	86	85	264
5	2	15会计1班	刘婷	女	90	82	90	262
6	10	15会计2班	孙甜	女	94	79	88	261
7	5	15会计1班	李娜	女	88	81	88	257
8	4	15会计1班	田强	男	88	81	87	256
9	1	15会计1班	张雪	女	96	74	84	254
10	11	15会计2班	赵宇	男	71	88	89	248
11	16	15会计3班	刘志远	男	75	83	89	247
12	7	15会计1班	王玉松	男	81	82	84	247
13	18	15会计3班	郭静恬	女	76	81	88	245
14	14	15会计3班	薛彪	男	76	80	87	243
15	20	15会计3班	陈璐	女	73	77	91	241
16	3	15会计1班	王飞	男	65	81	90	236
17	15	15会计3班	田甜	女	68	78	88	234
18	8	15会计2班	吴雪倩	女	65	73	93	231
19	19	15会计3班	刘科宙	男	60	81	87	228
20	17	15会计3班	孟静茹	女	63	76	85	224
21	9	15会计2班	王羽	女	62	69	91	222

图 5-1-4

图 5-1-5

过重新设定排序依据与次序进行（如图 5-1-6 所示）。

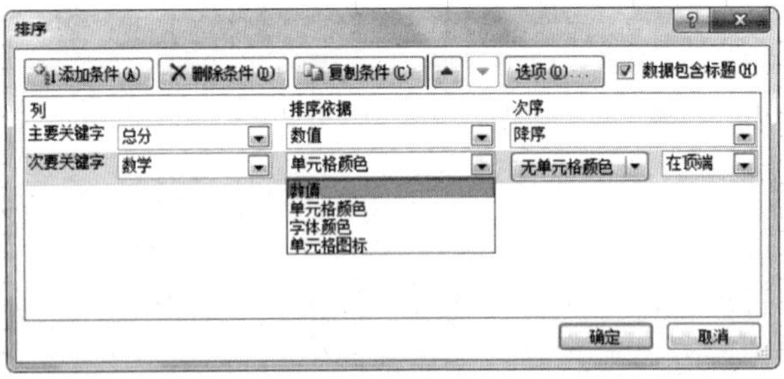

图 5-1-6

二、筛选

筛选过的数据仅显示那些满足指定条件的行，并隐藏那些不希望显示的行。筛选数据之后，对于筛选过的数据的子集，不需要重新排列或移动就可以复制、查找、编辑、设置格式、制作图表和打印。

可以创建三种筛选类型：按值列表、按条件筛选和按格式筛选。对于每个单元格区域或列表来说，这三种筛选类型是互斥的。例如，不能既按单元格颜色又按数字列表进行筛选，只能在两者中任选其一；不能既按图标又按自定义进行筛选，只能在两者中任选其一。在具体操作过程中需要注意。

本书结合例题主要讲解按值列表、按条件筛选，其他筛选方法仅限了解。

例 5-1-2： 承例 5-1-1，在排名结果表上筛选出男生的成绩单，然后进一步筛选出总分高于 260 分的男生名单。

具体操作步骤如下：

（1）启用筛选。选择需要筛选的数据区域，在“数据”菜单下，单击“排序与筛选”中的“筛选”按钮，如果数据标题行出现，说明筛选功能已经启用，如图 5-1-7 所示。

	A	B	C	D	E	F	G	H
1	序	班级	姓名	性别	英语	语文	数学	总分
2	13	15会计2班	李志	男	97	87	90	274
3	6	15会计1班	张刚明	男	96	77	92	265
4	12	15会计2班	王兴宏	女	93	86	85	264
5	2	15会计1班	刘婷	女	90	82	90	262
6	10	15会计2班	孙甜	女	94	79	88	261

图 5-1-7

（2）筛选男生的成绩单。方法一，在标题行中点击“性别”右侧的，取消“全选”，单独选择“男”，如图 5-1-8 所示。

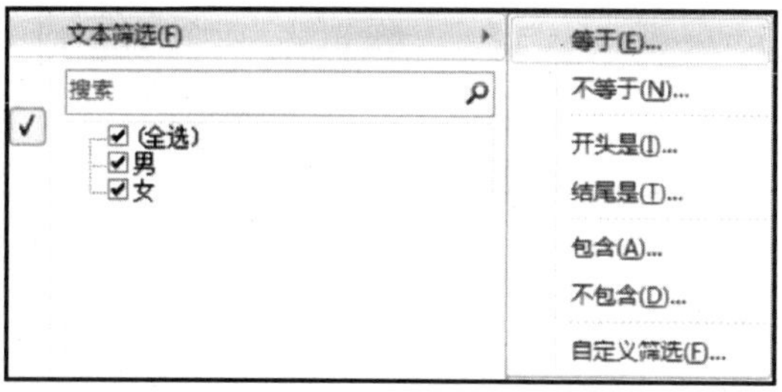

图 5-1-8

方法二，在标题行中点击“性别”右侧的，在“文本”中选择“等于”，在弹出的“自定义自动筛选方式”对话框“等于”后边选择“男”，如图 5-1-9 所示。

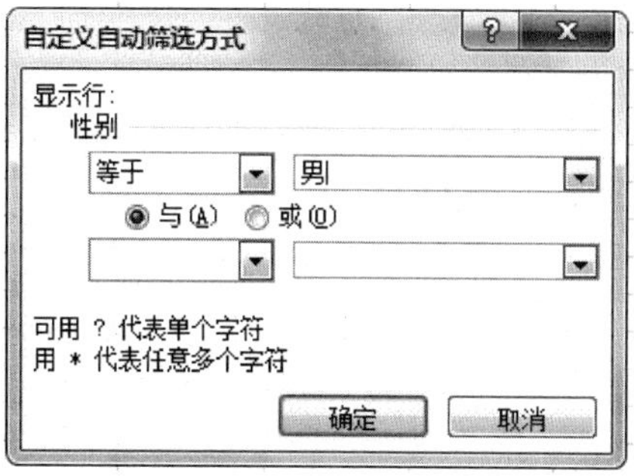

图 5-1-9

(3) 确认男生成绩单。上述设置完成之后，结果如图 5－1－10 所示。

	A	B	C	D	E	F	G	H
1	序号	班级	姓名	性别	英语	语文	数学	总分
2	13	15会计2班	李志	男	97	87	90	274
3	6	15会计1班	张刚明	男	96	77	92	265
8	4	15会计1班	田强	男	88	81	87	256
10	11	15会计2班	赵宇	男	71	88	89	248
11	16	15会计3班	刘志远	男	75	83	89	247
12	7	15会计1班	王玉松	男	81	82	84	247
14	14	15会计3班	薛彪	男	76	80	87	243
16	3	15会计1班	王飞	男	65	81	90	236
19	19	15会计3班	刘科宙	男	60	81	87	228

图 5－1－10

(4) 筛选总成绩高于 260 分的男生。单击“总分”右侧的▼，在“数据筛选”中选择“大于”，在弹出的“自定义自动筛选方式”对话框“大于”后边填写“260”，如图 5－1－11所示。

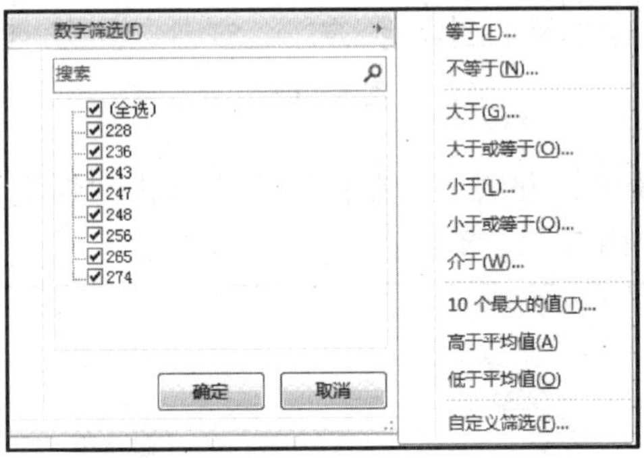

图 5－1－11

(5) 确认最终筛选结果。设置完成之后，单击“确定”，检查最终结果，如图 5－1－12 所示。

	A	B	C	D	E	F	G	H
1	序号	班级	姓名	性别	英语	语文	数学	总分
2	13	15会计2班	李志	男	97	87	90	274
3	6	15会计1班	张刚明	男	96	77	92	265

图 5－1－12

以上是对文本和数值进行重复筛选的方法，如果筛选条件变动，则根据实际条件选择筛选方式，并进一步结合实际情况填写“自定义自动筛选方式”即可。

如果全部筛选工作已经完成，并且不需要保留筛选结果，则点击“数据”菜单，单击“排序与筛选”中的“筛选”按钮旁边的 清除 ，可清除所有筛选条件，恢复到编辑之前的原始表格状态。

任务总结

对数值、文本、格式进行排序，可以通过对话框实现。对文本排序时，首先要确定排序标准——字母顺序或者笔画顺序；对文本、日期进行排序时，AZ↓和ZA↓分别代表顺序与倒序排序；可通过标题行的下拉菜单实现对数值、范围的筛选。

任务二　应用数据有效性

任务介绍

王雪发现在录入数据的时候，偶尔会因为疏忽导致数据错误，她通过数据有效性的相关设置大大降低了错误率，提高了录入效率。

任务分析

需要设置录入内容的具体范围，录入时的提示信息，以及报错时的相关内容。

相关知识

数据有效性的正确使用。

任务实施

数据有效性是对单元格或单元格区域输入的数据在内容和数量上的限制。对于符合条件的数据，允许输入；对于不符合条件的数据，禁止输入。这样就可以依靠系统检查数据的正确性及有效性，避免错误的数据录入。因此，设置数据有效性是用户提高工作效率的利器之一。

例 5-2-1：承例 5-1-1，学习部接到学院通知，要求在成绩单上新增“政治”成绩（百分制），并且只有本学期政治成绩高于 85 分的同学下学期才具备上党课的资格，资格情况要在成绩单中特别标注清楚。各位同学的政治成绩如表 5-2-1 所示。

表 5-2-1　　**政治成绩表**

序号	姓名	政治
1	张雪	84
2	刘婷	79
3	王飞	75
4	田强	87

续前表

序号	姓名	政治
5	李娜	78
6	张刚明	79
7	王玉松	84
8	吴雪倩	85
9	王羽	69
10	孙甜	95
11	赵宇	79
12	王兴宏	75
13	李志	85
14	薛彪	74
15	田甜	70
16	刘志远	91
17	孟静茹	84
18	郭静恬	84
19	刘科宙	70
20	陈璐	72

通过阅读例题，可以获得如下信息：(1) 具备上党课资格只有两种情况——是与否，并且使用重复率高；(2) 政治成绩是0～100分的整数，即用户对于是否具有资格可以通过设置下拉菜单进行选择填写，而政治成绩需确认填写的是0～100之间的整数。所以，对于这样的新增要求，用户可以通过设置数据有效性提高输入效率。具体步骤如下：

(1) 在表格中新增两列，并设置单元格格式。恢复到筛选前状态，在“英语”列前插入两列，第一列名称为“具备资格”，第二列名称为“政治”，设置两列的单元格格式。

(2) 设置下拉菜单：

1) 选中需要设置下拉菜单的单元格，在“数据”菜单下，单击“数据有效性”中的“数据有效性”按钮，在弹出的“数据有效性”对话框中进行设置，如图5-2-1所示。

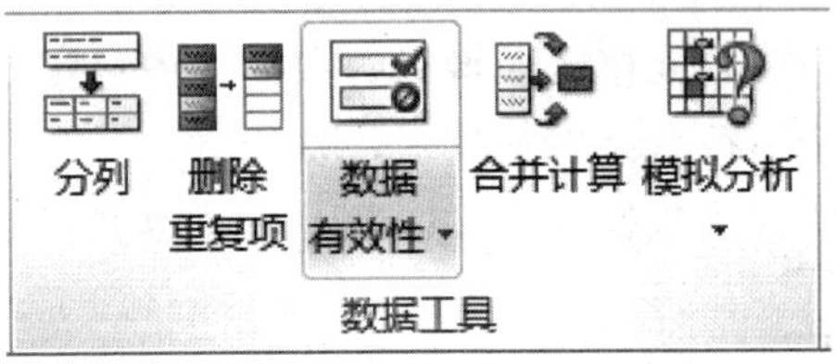

图5-2-1

2) 数据有效性设置为“序列”，来源处填写“是，否”，特别注意，两者中的逗号为英文半角状态下的逗号，而不是中文状态下的逗号，如图5-2-2所示。

3) 单击“确定”，设置完成。

4) 此时，选中单元格右侧就会出现下拉菜单，供用户选择填写内容，如图5-2-3所示。

5) 将该单元格的格式自动填充到其他单元格，整列就都可以通过下拉菜单进行选择填写。

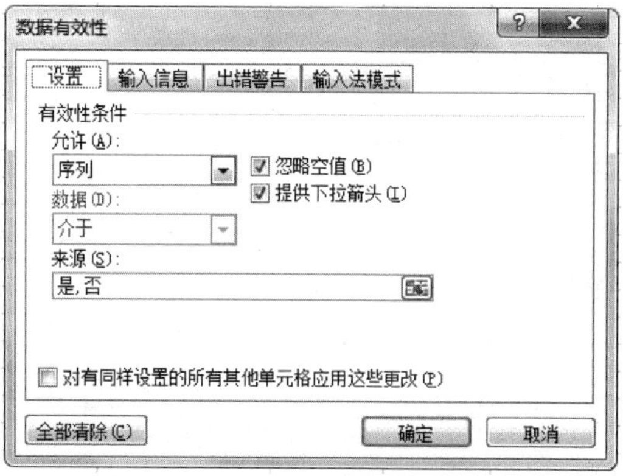

图 5-2-2

	A	B	C	D	E	F	G	H	I	J
1	序号	班级	姓名	性别	具备资格	政治	英语	语文	数学	总分
2	13	15会计2班	李志	男		85	97	87	90	359
3	6	15会计1班	张刚明	男	是	79	96	77	92	344
4	12	15会计2班	王兴宏	女	否	75	93	86	85	339

图 5-2-3

（3）设置成绩录入限制条件。具体方法同（2）中的第 2）步，按照实际情况填写“数据有效性”对话框即可（如图 5-2-4 所示）。

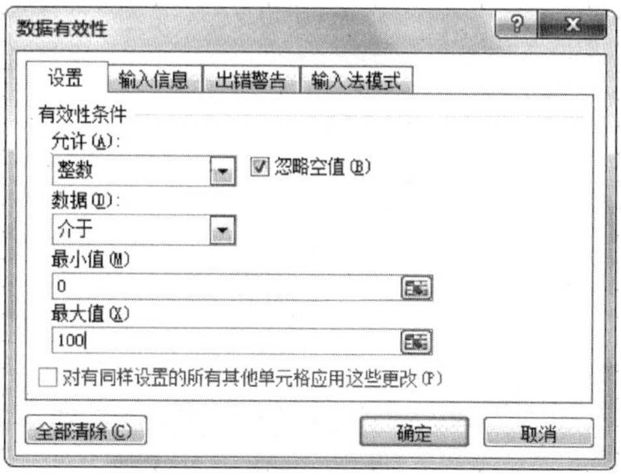

图 5-2-4

（4）设置提示信息。为了提示表格的其他使用者正确录入成绩，还可以进一步设置相应的提示信息。打开“数据有效性”对话框，进入“输入信息”页签，选中“选定单元格时显示信息”，然后录入“标题”及“输入信息”（如图 5-2-5 所示）。单击“确定”，设置完成，选中单元格效果如图 5-2-6 所示。

（5）设置有效性错误警报。当用户尝试在工作表单元格中输入或更改数据时，会看到数据有效性错误警告。此警告表示工作簿的所有者对该单元格应用了数据有效性以防止用户输入无效数据，并且已实施错误警告以通知使用者所输入的数据无效。通知方式有三种：停止、警告和信息。设置时，在“出错警告”页签选择“输入无效信息时显示出错警告”，确定一种通知方式后，输入相关警告信息，如图 5-2-7 所示。

不同的报错样式，在录入有误成绩之后，会弹出不同的对话框。

“停止”样式：对话框如图 5-2-8 所示。如果点击“重试”，单元格值为黑色背景，

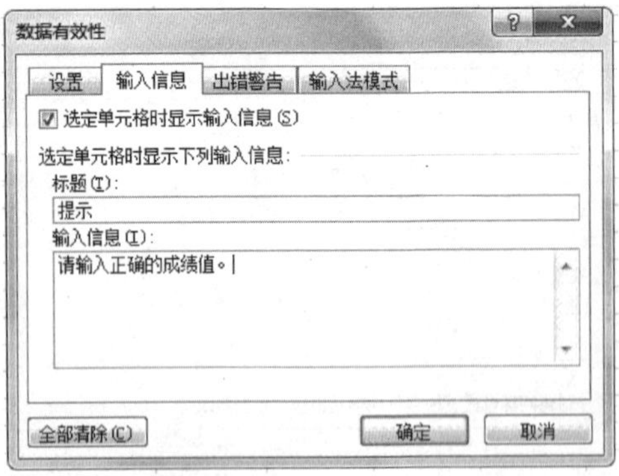

图 5－2－5

序号	班级	姓名	性别	具备资格	政治	英语	语文	数学	总分
13	15会计2班	李志	男		85	97	87	90	359
6	15会计1班	张刚明	男		79	96	77	92	344
12	15会计2班	王兴宏	女		75	93	86	85	339
2	15会计1班	刘婷	女		79	90	82	90	341
10	15会计2班	孙甜	女		95	94	79	88	356

图 5－2－6

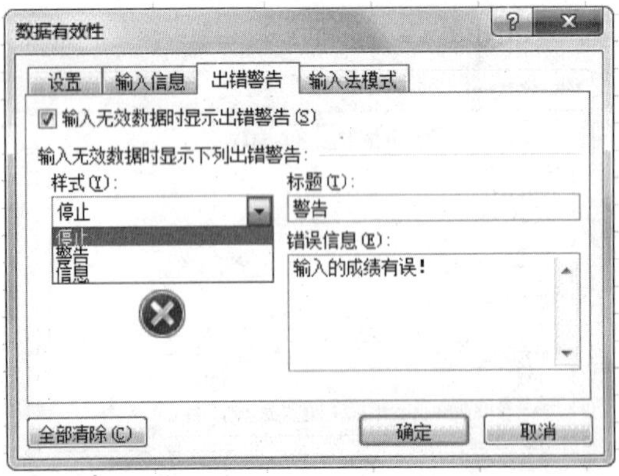

图 5－2－7

需要重新录入正确内容；如果点击“取消”，则单元格清空，需要重新选中单元格，重新输入正确内容。

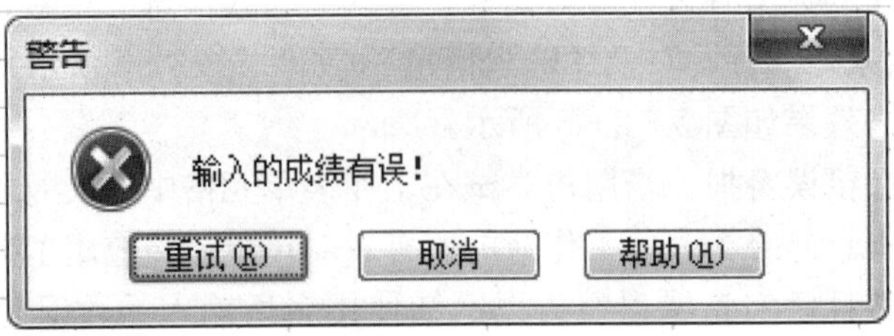

图 5－2－8

“警告”样式：对话框如图 5－2－9 所示。如果点击“是”，则填写内容保留，用户可继续填写下一单元格；如果点击“否”，单元格值为黑色背景，需要重新录入正确内容。

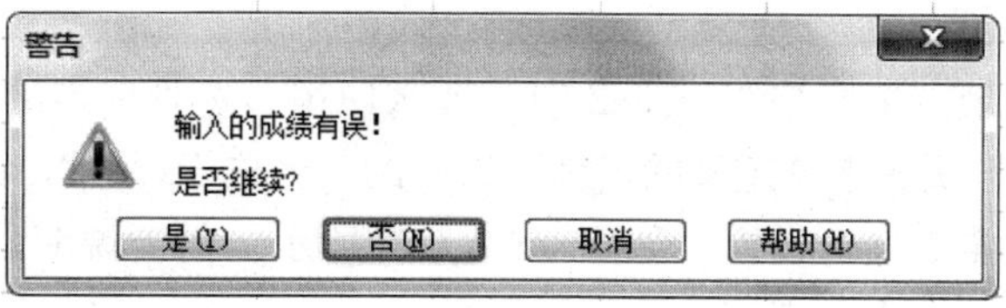

图 5-2-9

“信息”样式：对话框如图 5-2-10 所示。如果点击“确定”，填写内容保留，用户可继续填写下一单元格；如果点击“取消”，则为选中本单元格状态。

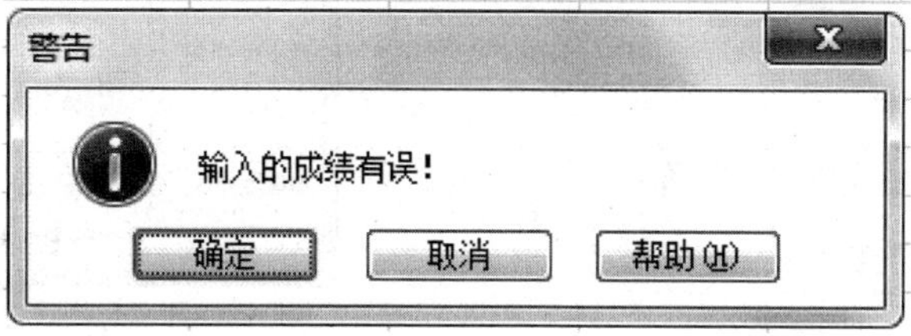

图 5-2-10

（6）设置完成，可以录入补充数据。

任务总结

（1）通过数据有效性设置下拉菜单填写表格内容。

（2）通过数据有效性设置录入内容的基本范围，并设置提示信息告知工作表使用者。

（3）录入内容有错误时，数据有效性的报错方式有三种：禁止、警告和消息。

知识拓展

数据有效性设置的其他方法

在例 5-2-1 中，需要通过设置下拉菜单选择填写表格内容，在步骤（2）的 2）中，使用的是直接录入备选项的方法，下面介绍其他两种方法：（1）选择区域；（2）应用名称管理器。

1. 选择区域

此方法的具体操作步骤如下：

（1）在单元格 N1、N2 中录入备选项“男，女”。

（2）在图 5-2-2 中的“来源”处，点击，用鼠标选择区域“N1：N2”，在对话框中就会出现如图 5-2-11 所示情况。

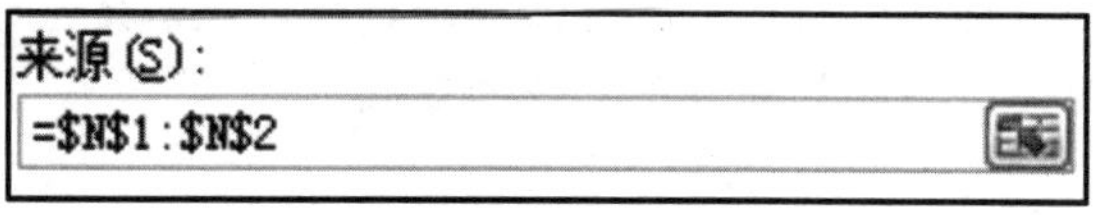

图 5-2-11

（3）其他步骤如前所述，本设置可以实现设置下拉菜单。

2. 应用名称管理器

假设备选项已经录入单元格 N1：N2 中，那么使用名称管理器的步骤如下：

（1）单击“公式”页签下“定义的名称”组中的“名称管理器”，如图 5-2-12 所示。

（2）在名称管理器中进行设置，如图 5-2-13 所示。需要说明的是，“名称”是日后在工作簿中引用的名字，应具有识别性与区别性。

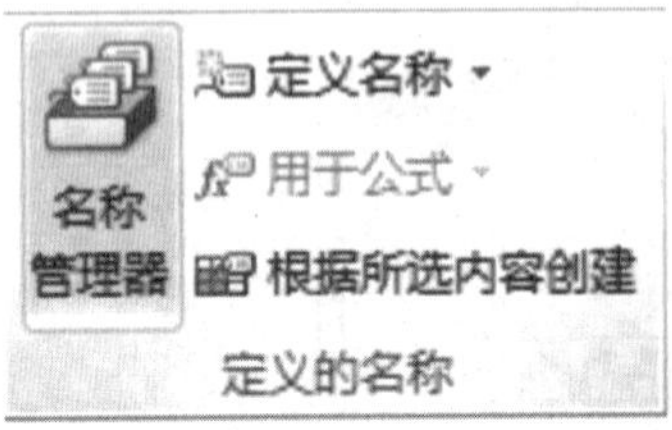

图 5-2-12

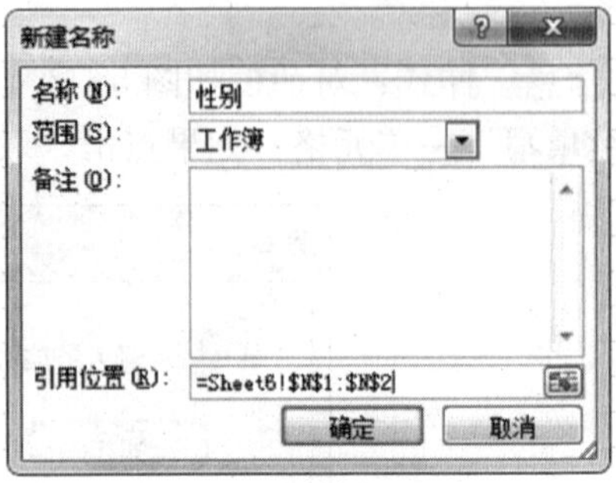

图 5-2-13

（3）单击“确定”后，设置结果如图 5-2-14 所示。

图 5-2-14

（4）设置完成之后，设置数据有效性时可以直接使用名称“性别”，设置方法如图 5-2-15 所示。

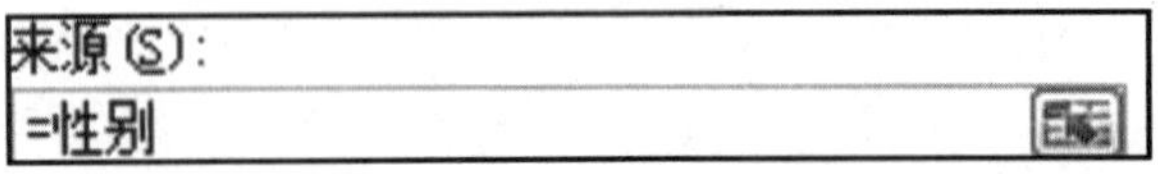

图 5-2-15

（5）其他步骤如前所述，本设置可以实现设置下拉菜单。

任务三 分类汇总与数据透视表

任务介绍

王雪意识到，仅使用排序和筛选无法全面分析数据，故决定继续学习分类汇总及数据透视表的方法，为全面分析公司数据打下良好的基础。

任务分析

结合例题明确分类汇总的方法及步骤，明确数据透视表的用途及步骤。只有掌握了分析步骤，才能在以后的分析中尝试使用。

相关知识

分类汇总的方法及步骤；数据透视表及数据透视图的联系及区别；数据透视表的建立步骤。

任务实施

一、分类汇总

分类汇总可以自动计算列表中的分类汇总和总计。它还可以分级显示列表（分级显示：对工作表中的明细数据行或列进行分组，以便能够创建汇总报表。分级显示可汇总整个工作表或其中的一部分数据），以方便用户显示和隐藏每个分类汇总的明细行。

分类汇总前，需要检查两项准备工作：（1）工作区域中的每列第一行都具有一个标签，每列都包含类似数据，且该区域不包含任何空白行或空白列；（2）对分类标准进行排序。

例 5－3－1：运用分类汇总对每个班级的单科及总分求平均值，并只查看结果。

具体操作步骤如下：

（1）调出设置对话框。选中需要汇总的表格，在“数据”菜单下单击“分级显示”中的“分类汇总”按钮，在弹出的“分类汇总”对话框中进行设置（如图 5－3－1 所示）。

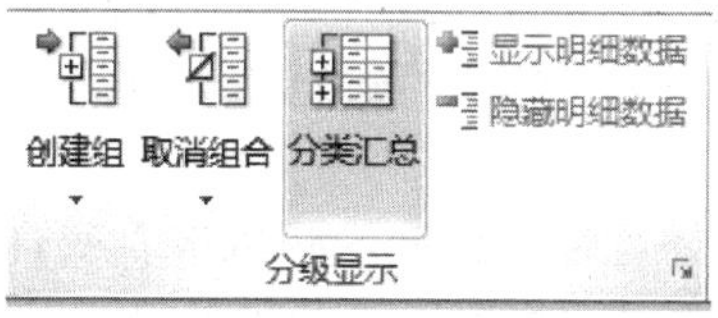

图 5－3－1

（2）设置分类汇总标准。根据实际要求选择分类标准为“班级”，汇总方式为“平均值”，选定汇总项为“政治”“英语”“语文”“数学”和“总分”，选择“汇总结果显示在数据下方”，如图 5－3－2 所示。

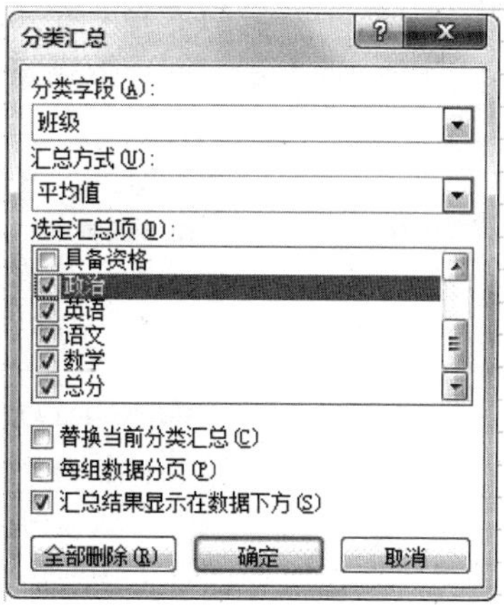

图 5－3－2

(3) 查看分类汇总结果。单击“确定”后，得出分类汇总结果，然后点击工具栏“分类汇总”按钮右边的 隐藏明细数据 ，最终汇总结果如图 5-3-3 所示。

	A	B	C	D	E	F	G	H	I	J
1	序号	班级	姓名	性别	具备资格	政治	英语	语文	数学	总分
9	15会计1班 平均值					80.86	86.29	79.71	87.86	253.86
16	15会计2班 平均值					81.33	80.33	80.33	89.33	250.00
24	15会计3班 平均值					77.86	70.14	79.43	87.86	237.43
25	总计平均值					79.95	78.85	79.80	88.30	246.95

图 5-3-3

当然，使用分类汇总也可以实现多重标准汇总，但是较为复杂，这里不做介绍。

二、数据透视表

数据透视表是一种可以快速汇总大量数据的交互式方法。使用数据透视表可以深入分析数值型数据，并且可以回答一些预料不到的数据问题。如果要分析相关的汇总值，尤其是在合计较大的数字列表并对每个数字进行多种比较时，通常使用数据透视表。

在具体工作中，数据透视表的用途有：

(1) 以多种用户友好方式查询大量数据。

(2) 对数值型数据进行分类汇总和聚合，按分类和子分类对数据进行汇总，创建自定义计算公式。

(3) 展开或折叠要关注结果的数据级别，查看感兴趣区域汇总数据的明细情况。

(4) 将行移动到列或将列移动到行（或“透视”），以查看源数据的不同汇总。

(5) 对最有用和最关注的数据子集进行筛选、排序、分组和有条件地设置格式，让使用者能够关注所需的信息。

(6) 提供简明、有吸引力并且带有批注的联机报表或打印报表。

例 5-3-2： 运用数据透视表对每个班级的单科及总分求平均值，而且分别查看男生和女生的分析结果。

本题与例 5-3-1 的要求基本一致，只是增加了一个分析条件——按性别再次分析，虽然分类汇总也可实现此目的，但是数据透视表更加方便快捷。

具体操作步骤如下：

(1) 进入数据透视表编辑状态。选中待分析表格，单击“插入”页签下的“表格”组中的“数据透视表”（如图 5-3-4 所示），在“创建数据透视表”对话框中选择放置数据透视表的位置为“新工作表”（如图 5-3-5 所示）。

图 5-3-4

图 5-3-5

（2）进行分析设置。选中数据透视表区域，在右侧的“数据透视表字段列表”中进行分析字段的设置，根据要求，具体设置如图5-3-6所示。

（3）调整设置。在数值区域中，更改统计方式，单击右侧的倒三角，在快捷菜单中选择“值字段设置”（如图5-3-7所示），然后在字段汇总方式的计算类型中选择“平均值”，单击“确定”，设置完成。按此方法修改其他选项的计算类型为“平均值”（如图5-3-8所示）。

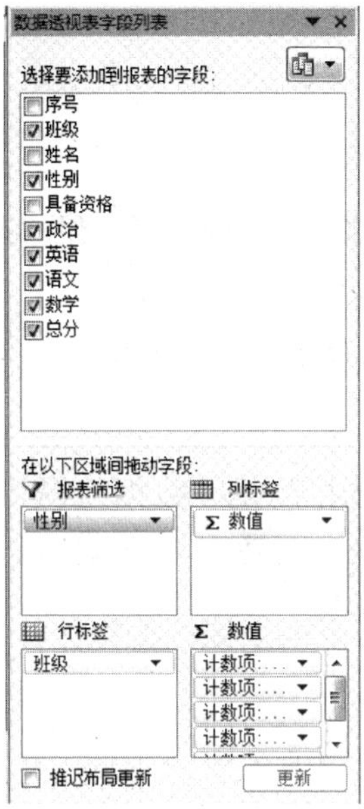

图5-3-6

图5-3-7

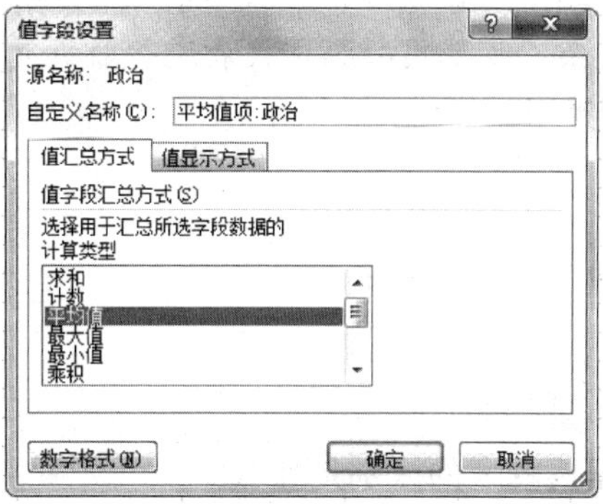

图5-3-8

（4）查看结果。设置完成后，数据透视表分析结果如图5-3-9所示，而且通过选择“表标签”中的内容，还可以看到男生各项平均成绩（如图5-3-10所示）和女生各项平均成绩（如图5-3-11所示）。

	A	B	C	D	E	F
1	性别	(全部)				
2						
3	**行标签**	**平均值项:政治**	**平均值项:英语**	**平均值项:语文**	**平均值项:数学**	**平均值项:总分**
4	15会计1班	80.86	86.29	79.71	87.86	253.86
5	15会计2班	81.33	80.33	80.33	89.33	250.00
6	15会计3班	77.86	70.14	79.43	87.86	237.43
7	**总计**	**79.95**	**78.85**	**79.80**	**88.30**	**246.95**

图5-3-9

	A	B	C	D	E	F
1	性别	男				
2						
3	行标签	平均值项:政治	平均值项:英语	平均值项:语文	平均值项:数学	平均值项:总分
4	15会计1班	81.25	82.50	80.25	88.25	251.00
5	15会计2班	82.00	84.00	87.50	89.50	261.00
6	15会计3班	78.33	70.33	81.33	87.67	239.33
7	**总计**	**80.44**	**78.78**	**82.22**	**88.33**	**249.33**

图 5-3-10

	A	B	C	D	E	F
1	性别	女				
2						
3	行标签	平均值项:政治	平均值项:英语	平均值项:语文	平均值项:数学	平均值项:总分
4	15会计1班	80.33	91.33	79.00	87.33	257.67
5	15会计2班	81.00	78.50	76.75	89.25	244.50
6	15会计3班	77.50	70.00	78.00	88.00	236.00
7	**总计**	**79.55**	**78.91**	**77.82**	**88.27**	**245.00**

图 5-3-11

需要说明的是，如果在创建数据透视表的时候，选择的是“数据透视图”，则生成的是一表一图，数据透视图是根据数据透视表产生的图表，两者有紧密的关联性，数据透视图更加直观地显示分析结果。

任务总结

（1）分类汇总要保证工作表中的数据都有标题行，且需对分类标准进行排序。

（2）通过工具栏可以对选中数据进行分类汇总，选中分类标准非常重要。

（3）嵌套分类汇总较复杂，故使用数据透视表进行数据复杂分析。

（4）数据透视表的使用步骤。

练习及实训

一、问答题

1. 分类汇总的使用前提是什么？

2. 使用分类汇总与数据透视表的区别是什么？

3. 数据透视表与数据透视图的联系与区别是什么？

二、实训题

要求：继续完善本班的综合测评排名表——分析本班综合测评成绩。

1. 对本班同学按照总分进行排序。

2. 筛选总成绩高于 85 分的同学。

3. 对成绩录入区域进行数据有效性设置，具体内容：允许录入 0～100 的整数作为成绩；提示信息为“提示 请录入正确的成绩!”；报错方式为“停止”，提示信息为“警告 您录入的成绩有误。”

4. 如果每十位同学为一组，请在学号前插入一列，用以写清组别，并使用分类汇总与数据有效性分析各组六同学两项实际得分与总分的平均分。

下篇

应用篇

项目六
Excel 在薪资管理中的应用

情景介绍

在掌握了 Excel 基本操作技能之后，王雪尝试将其应用到日常的薪资管理工作中。

宏宇公司设有两个中心，即管理中心和运营中心，两个中心又下设 6 个部门，分别是总经理办公室、人力行政部、财务部、采购部、生产部和销售部；员工人有 17 人，主要有 9 种工作岗位：总经理、助理、部门经理、人事专员、行政专员、会计、出纳、业务员、工人。每个员工的工资项目由基本工资、岗位工资、通信及交通补贴、缺勤扣款、社会保险、住房公积金和个人所得税 7 项构成。2013 年 1 月，宏宇公司部门设置和员工的基本工资信息如表 6－0－1、表 6－0－2 所示。

表 6－0－1　　宏宇公司部门设置

管理层级	部门名称
管理中心	总经理办公室
	人力行政部
	财务部
运营中心	采购部
	生产部
	销售部

表 6－0－2　　员工基本信息表

序号	姓名	性别	出生年月	部门	工作岗位	职工类别	基本工资/元
01	耿壮	男	1964 年 3 月	总经理办公室	总经理	高级管理人员	5 200
02	刘远东	女	1978 年 6 月	总经理办公室	助理	管理人员	2 700
03	曹臣	男	1980 年 2 月	人力行政部	部门经理	高级管理人员	3 200
04	王静	女	1990 年 10 月	人力行政部	人事专员	管理人员	2 200
05	袁小轩	女	1988 年 7 月	人力行政部	行政专员	管理人员	2 200
06	孙慧	女	1982 年 12 月	财务部	部门经理	高级管理人员	3 200
07	徐枫	男	1977 年 4 月	财务部	会计	管理人员	2 200
08	王雪	女	1991 年 11 月	财务部	出纳	管理人员	2 000
09	薛平	男	1976 年 6 月	采购部	部门经理	高级管理人员	3 200

续前表

序号	姓名	性别	出生年月	部门	工作岗位	职工类别	基本工资/元
10	刘艳霖	男	1985 年 6 月	采购部	业务员	业务人员	2 200
11	苏志刚	女	1986 年 10 月	采购部	业务员	业务人员	2 200
12	谭旭	女	1984 年 4 月	生产部	部门经理	高级管理人员	3 200
13	何瑞	男	1980 年 10 月	生产部	工人	生产人员	2 100
14	王永东	男	1978 年 12 月	生产部	工人	生产人员	2 100
15	林涛	女	1986 年 1 月	销售部	部门经理	高级管理人员	3 200
16	秦文	男	1988 年 12 月	销售部	业务员	业务人员	1 900
17	吴新	女	1979 年 11 月	销售部	业务员	业务人员	1 900

公司各项工资项目的发放情况及相关规定如下：

(1) 岗位工资的发放标准是根据职工类别的不同而设置的，具体规定见表 6-0-3。

表 6-0-3　岗位工资发放标准

职工类别	岗位工资/元
高级管理人员	2 000
管理人员	1 600
业务人员	1 300
生产人员	1 300

(2) 职工通信及交通补贴的发放标准是按照公司员工所在部门的不同而设置的，具体要求见表 6-0-4。

表 6-0-4　通信及交通补贴发放标准

部门	通信及交通补贴/元
总经理办公室	500
人力行政部	400
财务部	400
采购部	600
生产部	300
销售部	600

(3) 请事假按照每日的基本工资扣除。

(4) 请病假每日扣款 80 元，1 月请假情况如表 6-0-5 所示。

表 6-0-5　1 月请假人员名单

姓名	事假天数	病假天数
刘远东	2	
徐枫		3
薛平	1	
王永东		2
秦文	1	

(5) 社会保险金为应发工资的 7%。

(6) 住房公积金为应发工资的 6%。

(7) 按照 2018 年个人所得税改革后的政策，起征点为 5 000 元，应纳税所得额 (T)

按照（应发工资—代扣代缴合计—5 000）计算，具体规定如表 6-0-6 所示。

表 6-0-6　　　　个人所得税计算表

应发工资	个人所得税/元
（应发工资—5 000）≤0	0
0<（应发工资—5 000）≤3 000	（应发工资—5 000）×0.03
3 000<（应发工资—5 000）≤12 000	（应发工资—5 000）×0.1—210
12 000<（应发工资—5 000）≤25 000	（应发工资—5 000）×0.2—1 410
25 000<（应发工资—5 000）≤35 000	（应发工资—5 000）×0.25—2 660
35 000<（应发工资—5 000）≤55 000	（应发工资—5 000）×0.3—4 410
55 000<（应发工资—5 000）≤80 000	（应发工资—5 000）×0.35—7 160
>80 000	（应发工资—5 000）×0.45—15 160

任务一　工资结算单的格式编辑

任务介绍

工资结算单简称工资单，一般按照职工所在部门、车间等分别填制，每月一张，用于记录、核算职工当月应付工资、代发代扣等款项以及应发工资的金额。

在没有银行代发工资的年代，工资结算单按照职工的姓名裁成工资单，连同应发金额发放给职工。工资结算单的出具，不仅方便职工核对工资，而且可将工资结算单作为工资结算和支付的凭证，一方面，财务部可以据此进行工资汇总核算，另一方面，其成为劳资部门进行劳动工资统计的重要依据。

任务分析

工资结算单的制作分为格式编辑和数据输入两个部分，本任务主要阐释格式编辑部分，包括工作簿的建立、工资项目的增加、部分单元格格式设置、冻结工资项目行和 A 列、设置部分工资项目的数据有效性。

相关知识

新建工作簿、修改工作表名、设置单元格格式、冻结窗格及设置单元格数据有效性等操作。

任务实施

一、准备工作

（1）打开 Excel 2010。

（2）新建Excel工作簿，为其重新命名为“工资结算单”，并将工作表“Sheet1”重命名为“1月工资结算单”，如图6－1－1所示。

图6－1－1

二、工资结算单格式编辑

（1）选中A1单元格，输入表格标题“1月工资结算单”。

（2）在表格第2行分别建立如下工资项目：职工代码、姓名、性别、出生年月、部门、工作岗位、职工类别、基本工资、岗位工资、通信及交通补贴、应发合计、事假天数、病假天数、缺勤扣款、社会保险、住房公积金、代扣代缴合计、个人所得税和实发合计。如图6－1－2所示（由于篇幅所限，其他工资项目请自行录入完整）。

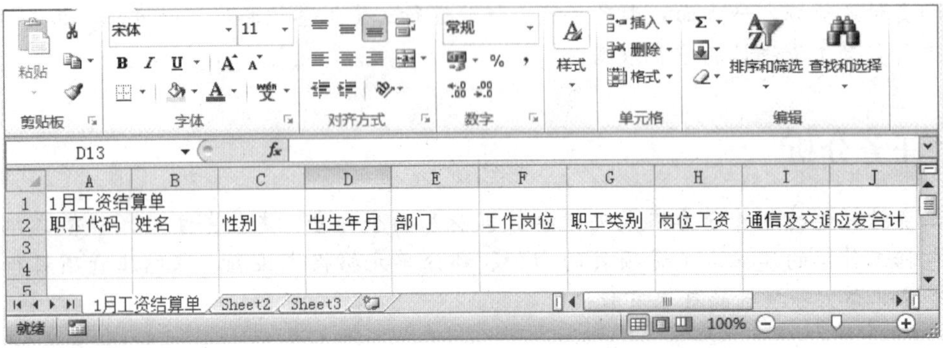

图6－1－2

（3）单元格格式设置。

1）选中A1：S1区域，对第一行进行多单元格合并，并设置单元格格式，使标题水平和垂直居中。

2）设置标题字体为黑体，20号，加粗，如图6－1－3所示。

3）设置工资项目行，字体为宋体（标题），12号，加粗；对齐方式为水平居中、垂直居中；设置单元格内外边框都有；单元格底色填充为白深色25%（色卡中第一列、第三行交叉部分），如图6－1－4所示。

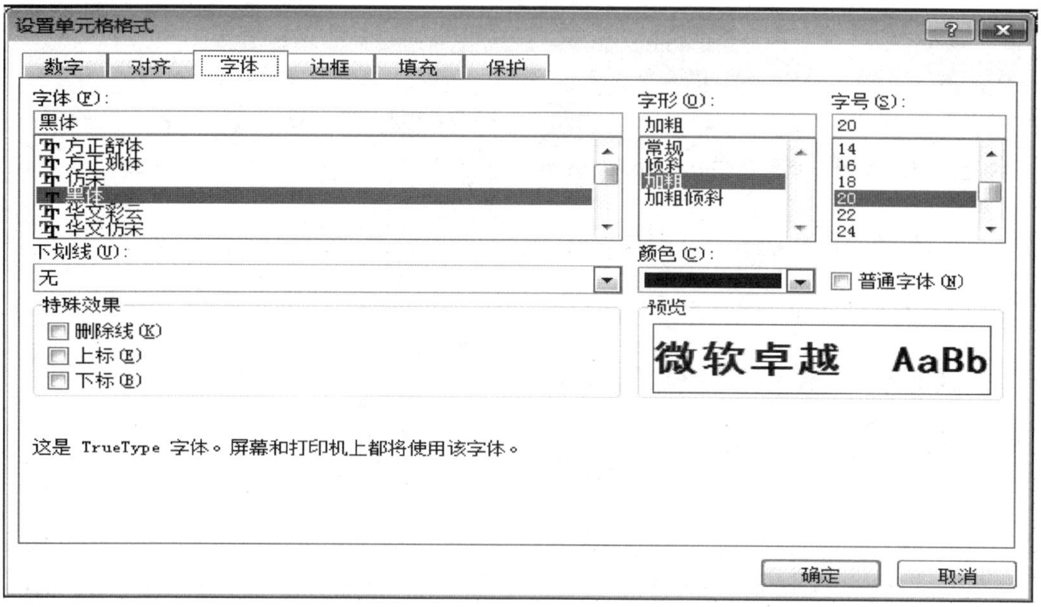

图 6-1-3

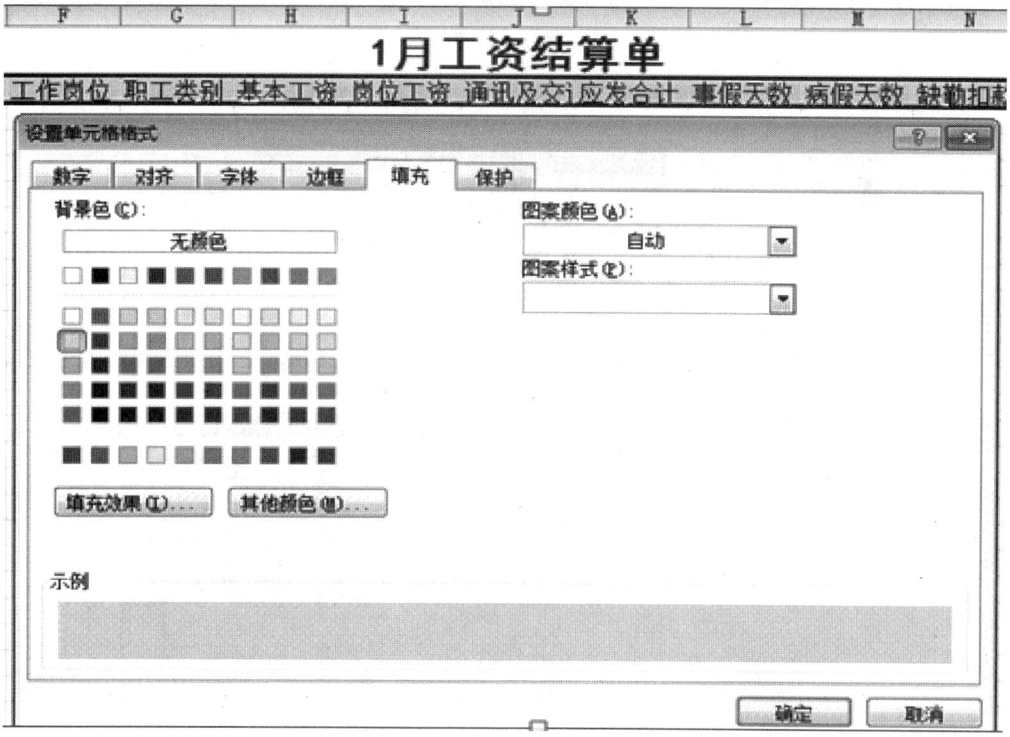

图 6-1-4

4）冻结第一、第二行，具体操作步骤：选中第二行下面的第一个单元格 A3，打开视图菜单栏下的“冻结窗格”，选择“冻结拆分窗格”命令，如图 6-1-5 所示。

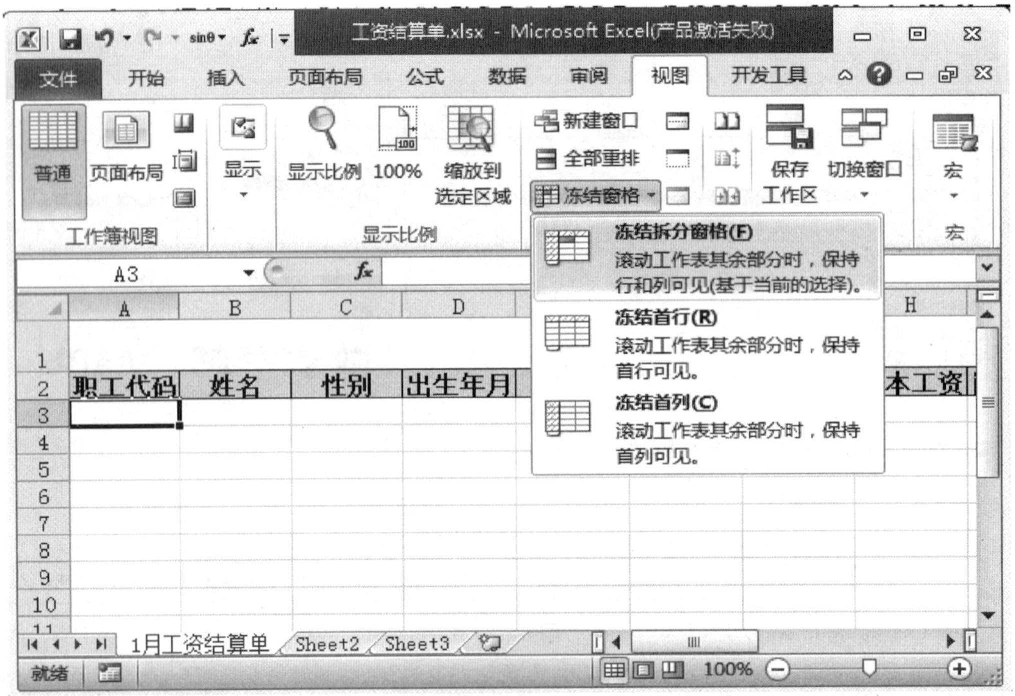

图 6－1－5

5）选择区域 A3：S19，加框线（内外框线），将其作为表体，如图 6－1－6 所示。

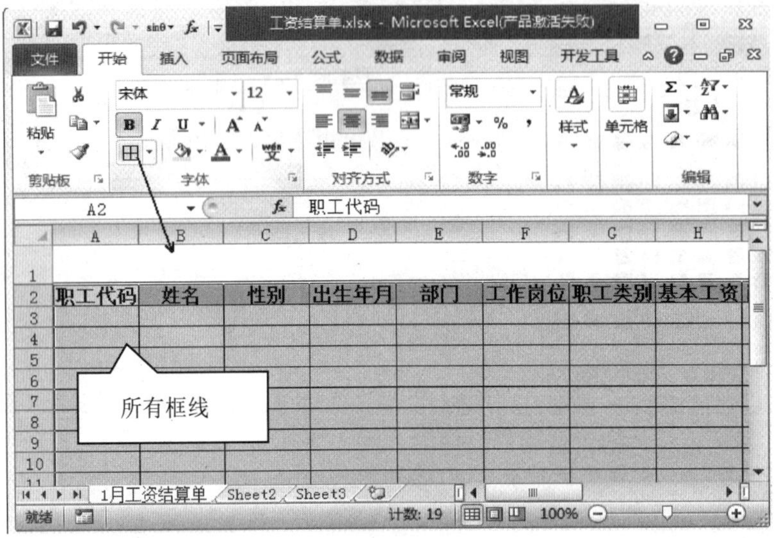

图 6－1－6

6）将“职工代码”列设置为文本格式，选中 A2：A19 区域，点击鼠标右键快捷菜单，选择“设置单元格格式”命令，打开“设置单元格格式”对话框，在“数字”的“分类”项下选择“文本”格式，以达到单元格显示的内容与输入的内容完全一致的目的，如图 6－1－7 所示。

7）将“出生年月”列设置为日期格式，类型为“2001 年 3 月”，操作方法同上。在“数字”的“分类”项下选择“日期”格式，选择日期类型为“2001 年 3 月”，如图 6－1－8 所示。

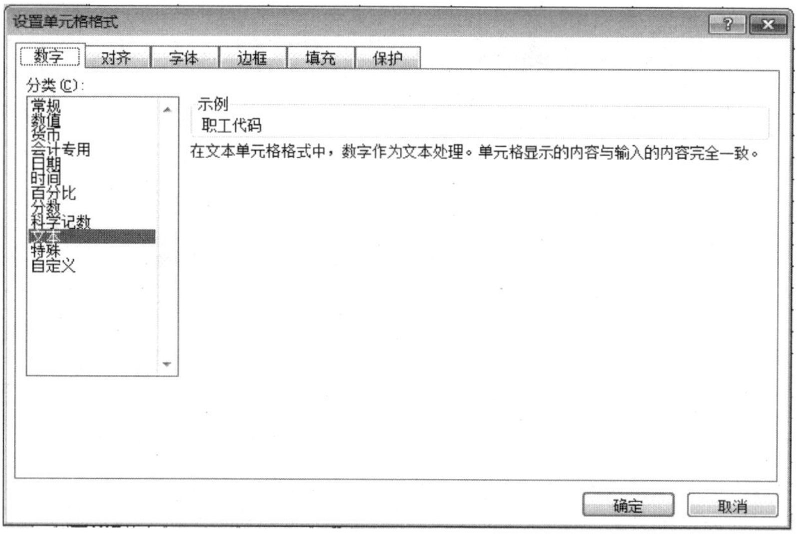

图 6-1-7

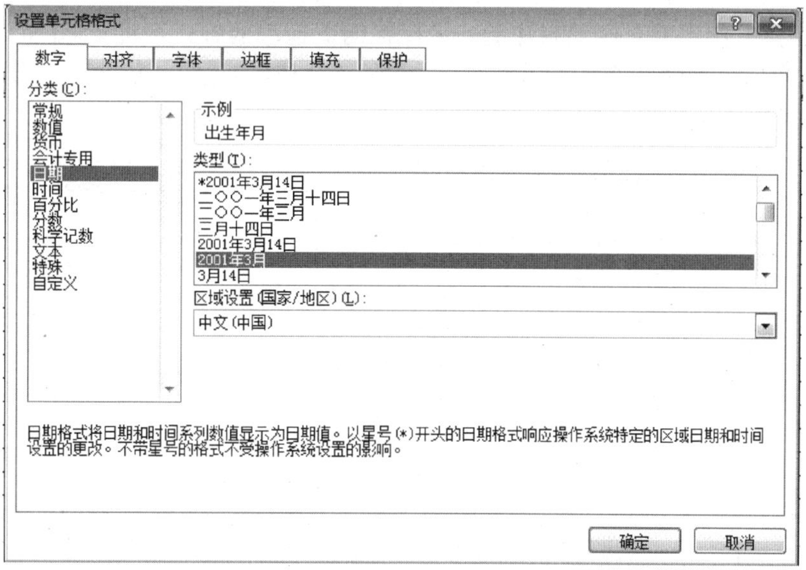

图 6-1-8

8）将工资项目中“基本工资”“岗位工资”“通信及交通补贴”“应发合计”“社会保险”“住房公积金”“缺勤扣款”“代扣代缴合计”“个人所得税”“实发合计”等列的单元格格式设置为数值格式“-1 234.10”（黑色字体），保留两位小数，如图 6-1-9 所示。

9）将“事假天数”“病假天数”列设置为数值格式“-1 234.1”（黑色字体），保留 1 位小数，方法同上。

10）设置部分工资项目列的数据有效性。为了输入方便和防止出错，分别设置“性别”“部门”“职工类别”和“工作岗位”列的数据有效性。以设置“性别”列的数据有效性为例，选中目标单元格 C3，选择“数据”菜单中的“数据有效性”命令，弹出数据有效性对话框，在“设置”选项中的“允许”下拉列表中选择“序列”选项，在“来源”框

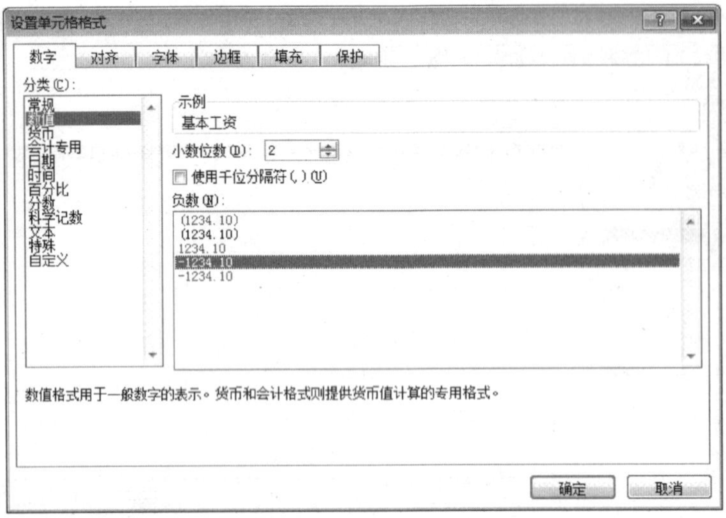

图 6-1-9

中输入汉字“男，女”，注意在设置数据有效性时，均为英文半角字符状态，如图 6-1-10所示。然后使用填充柄复制功能，用鼠标向下拖动的方式，将 C3 单元格的数据有效性控制复制到 C 列的其他单元格。采用同样的方法依次对“部门”“职工类别”和“工作岗位”列的有效性进行设置。

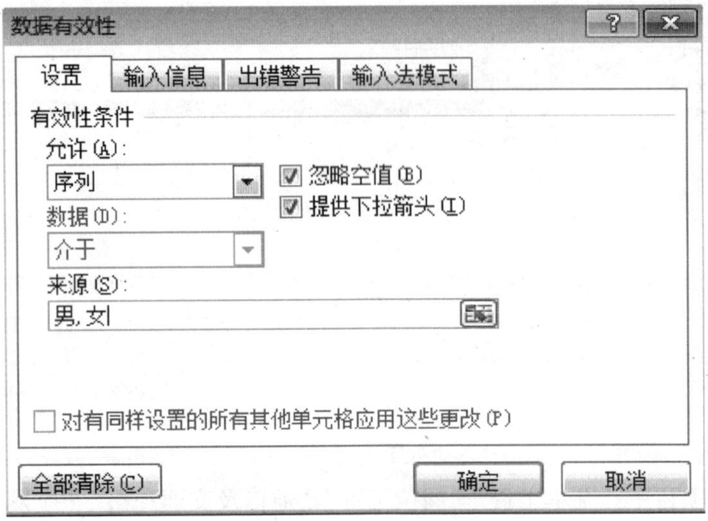

图 6-1-10

任务总结

工资结算单格式编辑的重点集中在相关单元格格式的设置，可以单击鼠标右键打开快捷菜单并选择“设置单元格格式”命令实现。

对单元格数据有效性控制进行设置，既能方便输入，也能有效地防止出错。注意对相同列的有效性设置应使用自动填充柄复制完成，不必逐个设置。

知识拓展

冻结窗格功能用于锁定表格的行和列。当我们在制作一个 Excel 表格时，如果列数、行数过多，一旦向下滚屏，则上面的标题也跟着滚动，在处理数据时往往难以分清各行、各列所对应的标题，利用冻结窗格功能可以很好地解决这一问题。

Excel 在“视图”菜单中，提供了三种冻结方式：“冻结首行”——滚动工作表其余部分时，保持首行可见；“冻结首列”——滚动工作表其余部分时，保持首列可见；“冻结拆分窗格”——滚动工作表其余部分时，保持基于当前选择的行和列可见。若想解除已经冻结的窗格，选择“视图”菜单下的“冻结窗格”右侧的下拉按钮，选择“取消冻结窗格”命令即可。

任务二 工资结算单数据录入

任务介绍

工资结算单的构成项目视各个单位自身状况而定，有的项目是必备的；有的项目是某些企业特有的；有的项目的数据长期不变，属于固定项目；有些项目可能每月都在变动，属于变动项目。通常，企业可按照自身状况设定如基本工资、病假扣款、实发工资等固定项目，然后按照自身需要增加或修改设定其他项目。由于工资项目不同，数据的录入方式也有所不同。

任务分析

有些基础性的工资项目可直接录入，例如“职工代码”“姓名”等；有些工资项目的数据涉及计算公式，就需要对其进行函数设定。

相关知识

本节任务中涉及的函数有 IF 函数、ROUND 函数、求和等函数以及记录单等。

任务实施

一、录入基础数据

录入数据有两种基本方法：一种是工作表输入法；另一种是记录单输入数据法。

（一）工作表输入数据法

（1）打开“工资计算单”工作簿，在“1月工资结算单”工作表的“职工代码”列中逐次录入代码“001”“002”…

（2）按照所给材料依次直接录入职工的“姓名”“性别”“出生年月”“部门”“工作岗位”“职工类别”“基本工资”和“事假天数”“病假天数”，如图6-2-1所示。

1月工资结算单

序号	姓名	性别	出生年月	部门	工作岗位	职工类别	基本工资	岗位工资	讯及交通补	应发合计	事假天数	病假天数	缺勤扣款
001	耿壮	男	1964年3月	经理办公	总经理	高级管理人员	5200.00						
002	刘远东	女	1978年6月	经理办公	助理	管理人员	2700.00				2.00		
003	曹臣	男	1980年2月	人力行政部	部门经理	高级管理人员	3200.00						
004	王静	女	1990年10月	人力行政部	人事专员	管理人员	2200.00						
005	袁小轩	女	1988年7月	人力行政部	行政专员	管理人员	2200.00						
006	孙慧	女	1982年12月	财务部	部门经理	高级管理人员	3200.00						
007	徐枫	男	1977年4月	财务部	会计	管理人员	2200.00					3.00	
008	吴波	女	1991年11月	财务部	出纳	管理人员	2000.00						
009	薛平	男	1976年6月	采购部	部门经理	高级管理人员	3200.00				1.00		
010	刘艳林	男	1985年6月	采购部	业务员	业务人员	2200.00						
011	苏志刚	女	1986年10月	采购部	业务员	业务人员	2200.00						
012	谭旭	女	1984年4月	生产部	部门经理	高级管理人员	3200.00						
013	何瑞	男	1980年10月	生产部	工人	生产人员	2100.00						
014	王永东	男	1978年12月	生产部	工人	生产人员	2100.00					2.00	
015	林涛	女	1986年1月	销售部	部门经理	高级管理人员	3200.00						
016	秦文	男	1988年12月	销售部	业务员	业务人员	1900.00				1.00		
017	吴新	女	1979年11月	销售部	业务员	业务人员	1900.00						

图6-2-1

（二）记录单输入数据法

（1）将鼠标指针选中准备输入新数据的单元格A19，选择“数据”菜单中的“记录单”命令，弹出“1月工资结算单”对话框，对话框的内容显示的是输入的最后一条记录，如图6-2-2所示。

（2）单击“新建”按钮，将职员“吴新”的信息依次录入（如图6-2-3所示），按Tab键可转至下一行，一条信息录入完成后，单击回车键，即可在Excel工作表中看到新添加的信息。单击“下一条”按钮，可查询下一条记录；单击“上一条”按钮，可查询上一条记录。

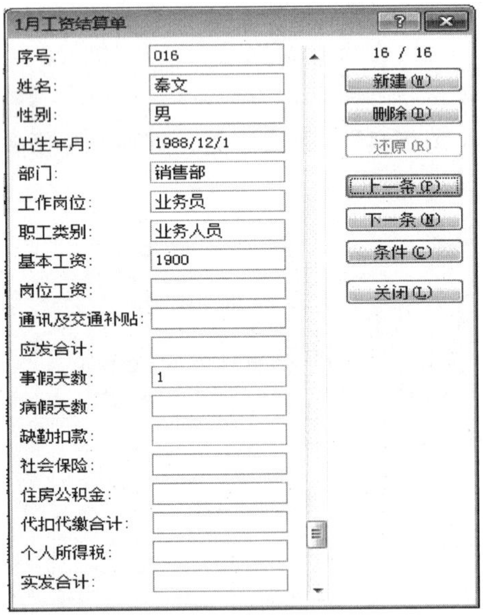

图6-2-2

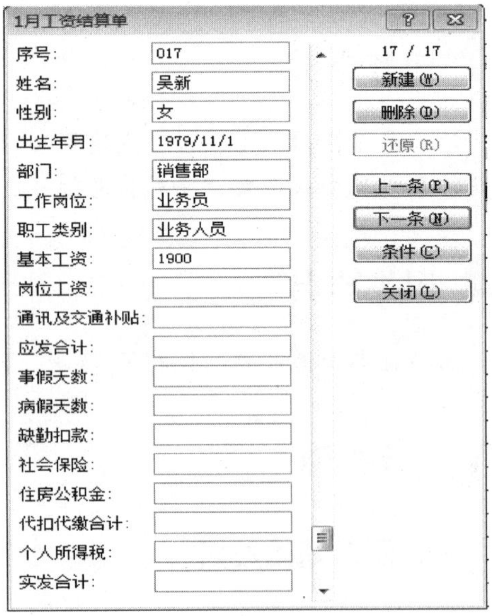

图6-2-3

（三）添加批注

给工作表添加批注，主要出于三个目的：第一，为公司某个部门、某个人添加辅助信息；第二，说明工作簿中表格的公式是如何产生的；第三，是用哪些数据来生成报告或图表。根据表 6-2-1 中的信息给“姓名”列添加批注。

表 6-2-1　　**职工信息表**

部门名称	负责人	内部电话	部门名称	负责人	内部电话
总经理办公室	耿壮	5001	采购部	薛平	5004
人力行政部	曹臣	5002	生产部	谭旭	5005
财务部	孙慧	5003	销售部	林涛	5006

具体操作步骤如下：

(1) 选中 B3 单元格，用鼠标右键单击打开快捷菜单，选择“插入批注”选项，打开“批注”对话框，使其处于“编辑”状态。

(2) 输入批注内容，例如“企业法人代表，负责企业运营管理事项，Tel：5001”。

(3) 快捷菜单列表中提供了“编辑批注”“删除批注”和“显示/隐藏批注”三条命令，可对批注进行相应的维护操作。带有批注的单元格右上角显示批注指示（右上角红点），若想查看单元格批注的内容，只需将鼠标指向该单元格即可，如图 6-2-4 所示。

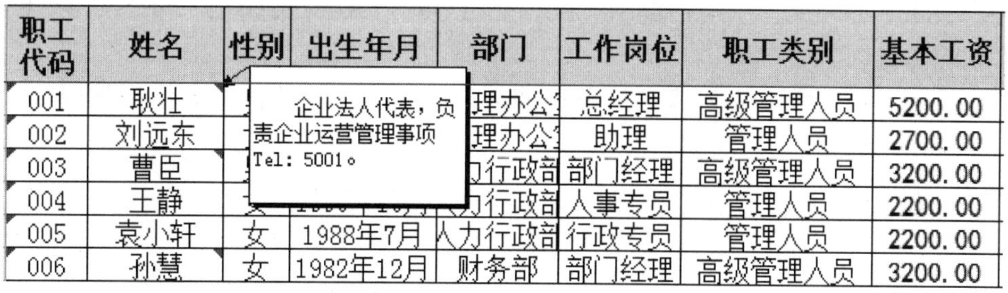

图 6-2-4

二、录入其他数据

（一）设置“岗位工资”项目

根据宏宇公司的规定，“岗位工资”是根据“职工类别”的不同而设定的。

(1) 选中 I3 单元格，选择“插入”菜单中“函数”命令或单击“插入函数”图标，选择 IF 函数。

(2) 输入 IF 函数中的各参数，如图 6-2-5 所示。如果 G3 单元格的值为“高级管理人员”，则返回值是 2 000，否则又有两种情况，所以在第三个参数里继续输入 IF 函数继续判断，如果 G3 单元格的值为“管理人员”，则返回值是 1 600，如果不是，则返回值为 1 300。将 I3 单元格的公式使用填充柄功能，复制到 I 列的其他单元格。

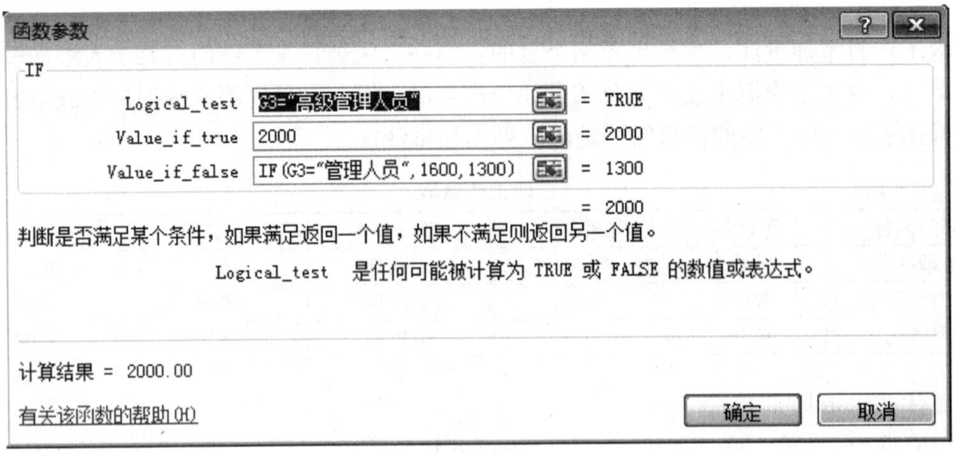

图 6-2-5

(二) 设置“通信及交通补贴”项目

根据公司的规定，“通信及交通补贴”是根据职工所在部门的不同而进行划分的。根据本项目情景介绍中的表 6-0-4，使用 IF 函数和 OR 函数，具体操作步骤如下：

(1) 选中 J3 单元格，选择“插入”菜单中“函数”命令或单击“插入函数”，选择 IF 函数，输入“IF”函数中的各参数，或在 J3 单元格中输入公式：=IF (E3="总经理办公室", 500, IF (E3="生产部", 300, IF (OR (E3="采购部", E3="销售部"), 600, 400))) 。

(2) 将 J3 单元格中的公式利用填充柄，复制到 J 列的其他单元格，如图 6-2-6 所示。

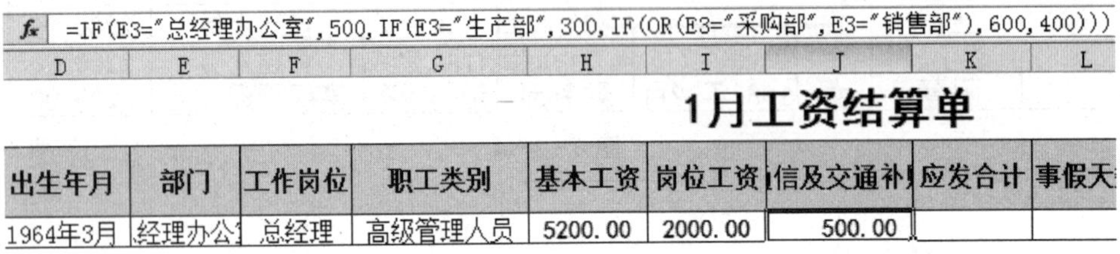

图 6-2-6

(三) 设置“应发合计”项目

应发合计为基本工资、岗位工资和通信及交通补贴之和。应使用 SUM 函数，选中 K3 单元格，设置公式为“=SUM (H3: J3)”，再将 K3 单元格的公式复制到 K 列的其他单元格。

(四) 设置“缺勤扣款”项目

缺勤扣款由病假扣款和事假扣款加总而来。根据公司的规定，事假每天按照每日基本工资扣除，病假每天扣款 80 元。

具体操作步骤：将 N3 单元格的公式设置为“=L3 * ROUND (H3/22, 2) +M3 * 80”。将 N3 单元格的公式复制到 N 列的其他单元格。公式中的 ROUND 函数是对日基本工资（基本工资/22）进行四舍五入，保留两位小数。如图 6-2-7 所示。

I	J	K	L	M	N	O	P
1月工资结算单							
岗位工资	信及交通补	应发合计	事假天数	病假天数	缺勤扣款	社会保险	住房公积金
2000.00	500.00	7700.00			=L3*ROUND(H3/22,2)+M3*80		
1600.00	500.00		2.00				
2000.00	400.00						
1600.00	400.00						
1600.00	400.00						
2000.00	400.00						
1600.00	400.00			3.00			
1600.00	400.00						
2000.00	600.00		1.00				
1300.00	600.00						

图 6-2-7

（五）设置“社会保险”和“住房公积金”项目

根据公司的规定，社会保险金为应发工资的 7%，住房公积金为应发工资的 6%。

具体操作步骤：将 O3 单元格的公式设置为“=K3＊0.07”；将 P3 单元格的公式设置为“=K3＊0.06”，利用自动填充柄将 O 列和 P 列的其他单元格设置为同上述单元格相同的公式。

（六）设置“代扣代缴合计”项目

根据公司的规定，代扣代缴项目应等于缺勤扣款、社会保险以及住房公积金之和。

具体操作步骤：将 Q3 单元格的公式设置为“=SUM（N3：P3）”，如图 6-2-8 所示，利用自动填充柄的功能将公式复制到 Q 列的其他单元格。

L	M	N	O	P	Q	R
事假天数	病假天数	缺勤扣款	社会保险	住房公积金	扣代缴合	个人所得税
		0.00	539.00	462.00	=SUM(N3:P3)	
2.00		245.46	336.00	288.00		
		0.00	392.00	336.00		
		0.00	294.00	252.00		
		0.00	294.00	252.00		
		0.00	392.00	336.00		

图 6-2-8

（七）设置“个人所得税”项目

个人所得税起征点为 5 000 元，应纳税所得额（T）=应发工资－代扣代缴合计－5 000，在此基础上再根据个人所得税计算表计算得出。为了计算方便，引入 T 列计算应纳税所得额，设置 T 列的项目名称为“应纳税所得额”，然后输入 T 列的计算公式为“=K3－Q3－5 000”。

通过 IF 函数计算个人所得税，引入 IF 函数，将 R3 单元格的计算公式设置为“=IF（T3＜0，0，IF（T3＜=3 000，T3＊0.03，IF（T3＜=12 000，T3＊0.1－210）））。由于 2018 年个税改革后起征点为 5 000 元，本例中职工的薪资水平多数处于 5 000 元以下，因而 R3 单元格公式设置仅做三层 IF 函数嵌套，如图 6-2-9 所示。实操中，如果企业职工人数较多，工资水平跨度较大，可以使用多层 IF 嵌套函数，依据个人所得税计算表设置公式得出，再将 R3 的单元格公式复制到 R 列的其他单元格。

=IF(T3<0,0,IF(T3<=3000,T3*0.03,IF(T3<=12000,T3*0.1-210)))

缺勤扣款	社会保险	住房公积金	扣代缴合计	个人所得税	实发合计	应纳税所得额(T)
0.00	539.00	462.00	1001.00	50.97		1699.00
245.46	336.00	288.00	869.46			-1069.46
0.00	392.00	336.00	728.00			-128.00
0.00	294.00	252.00	546.00			-1346.00
0.00	294.00	252.00	546.00			-1346.00
0.00	392.00	336.00	728.00			-128.00
240.00	294.00	252.00	786.00			-1586.00
0.00	280.00	240.00	520.00			-1520.00
145.45	406.00	348.00	899.45			-99.45
0.00	287.00	246.00	533.00			-1433.00

图 6-2-9

（八）设置“实发合计”项目

“实发合计”项目等于应发合计扣除代扣代缴以及个人所得税项目得出，因而将 S3 单元格的公式设置为“=K3-Q3-R3”，再将 S3 的单元格公式复制到 S 列的其他单元格中。如图 6-2-10 所示。

=K3-Q3-R3

缺勤扣款	社会保险	住房公积金	扣代缴合计	个人所得税	实发合计
0.00	539.00	462.00	1001.00	50.97	6648.03
245.46	336.00	288.00	869.46	0.00	3930.54
0.00	392.00	336.00	728.00	0.00	4872.00
0.00	294.00	252.00	546.00	0.00	3654.00
0.00	294.00	252.00	546.00	0.00	3654.00
0.00	392.00	336.00	728.00	0.00	4872.00
240.00	294.00	252.00	786.00	0.00	3414.00
0.00	280.00	240.00	520.00	0.00	3480.00
145.45	406.00	348.00	899.45	0.00	4900.55
0.00	287.00	246.00	533.00	0.00	3567.00

图 6-2-10

任务总结

“工资结算单”的数据录入包含基础数据录入和其他数据录入两个部分，在其他数据录入中有些需要引用 Excel 函数，如 IF、SUM、ROUND 等函数；有些数据之间存在求和、乘积等基本的数量关系，要区别对待。

知识拓展

多层嵌套 IF 函数

【名称】多层嵌套 IF 函数。

【类型】逻辑函数。

【格式】基本公式 =IF（判断条件，条件成立返回值，条件不成立返回值）

嵌套公式：=IF（条件 1，返回结果 1，IF（条件 2，返回结果 2，IF（条件 3，返回结果 3……）））。原理：先判断条件 1 是否成立，如果条件 1 成立，则返回结果 1，否则判断条件 2 是否成立，如果成立，就返回结果 2，否则进入条件 3 判断……以此类推。

【举例】如图 6－2－11 所示，对各个成绩进行判断。90 分以上为优秀，80 分以上为良好，60 分以上为及格，60 分以下为差。

这是个三层的嵌套函数，分析判断第一个条件，如果 C2 单元格大于等于 90 分，判断为真，则返回值为“优秀”，如果判断为假，则继续利用 IF 函数进行判断。分析判断第二个条件，如果 C2 大于等于 80 分，判断为真，则返回值为“良好”，判断为否，继续嵌套 IF 函数进行判断。分析判断第三个条件，如果 C2 单元格的值大于等于 60 分，判断为真，则返回值为“及格”，否则返回值是“差”。如此就完成了三层嵌套的 IF 函数逻辑判断。注意每一个条件之间是互斥的，例如第三个条件的表达式为：= IF（C2＞＝60,"及格","差"），这里的“C2＞＝60”的意思是 C2 的值大于等于 60 分并且小于 80 分。注意：IF 多层嵌套最多嵌套七次。

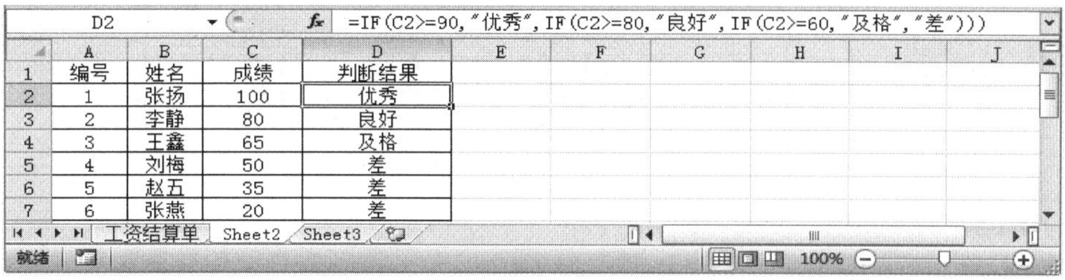

	A	B	C	D
1	编号	姓名	成绩	判断结果
2	1	张扬	100	优秀
3	2	李静	80	良好
4	3	王鑫	65	及格
5	4	刘梅	50	差
6	5	赵五	35	差
7	6	张燕	20	差

图 6－2－11

任务三 工资情况分析

任务介绍

实际工作中，我们经常需要对企业的工资情况进行分析，包括查询部分员工的工资情况，分析各个部门应发合计占总工资费用的比例，按照某个标准对企业员工工资情况进行筛选查询等。

任务分析

本次任务中，要学会利用 Excel 的筛选功能进行工资数据的查询，并运用数据透视表和数据透视图等工具进行简单的数据处理和分析。

相关知识

Excel 的数据筛选功能，包含单条件和多条件筛选；数据透视表和数据透视图的数据处理和分析功能。

任务实施

一、利用筛选功能查询职工工资信息

利用筛选功能进行职工工资信息的查询，首先要进入筛选状态。

具体操作步骤：打开“1 月工资结算单”工作表，选择数据菜单中的“筛选”命令，进入筛选状态，此时每个字段右侧出现一个下拉按钮，可以按照不同的条件对职工工资信息进行查询。如图 6 - 3 - 1 所示。

职工代码	姓名	性别	出生年月	部门	工作岗位	职工类别	基本工资	岗位工资	信及交通补	应发合计	事假天数	病假天数
001	耿壮	男	1964年3月	经理办公	总经理	高级管理人员	5200.00	2000.00	500.00	7700.00		
002	刘远东	女	1978年6月	经理办公	助理	管理人员	2700.00	1600.00	500.00	4800.00	2.00	
003	曹臣	男	1980年2月	人力行政部	部门经理	高级管理人员	3200.00	2000.00	400.00	5600.00		
004	王静	女	1990年10月	人力行政部	人事专员	管理人员	2200.00	1600.00	400.00	4200.00		
005	袁小轩	女	1988年7月	人力行政部	行政专员	管理人员	2200.00	1600.00	400.00	4200.00		

图 6 - 3 - 1

（一）单条件查询

以职工姓名为依据进行查询，例如查询职工“刘艳林”的工资详细情况。

具体操作步骤：（1）单击“姓名”列的下拉按钮；（2）选择“自定义筛选”，打开“自定义自动筛选方式”对话框；（3）选择要查询的“刘艳林”。如图 6 - 3 - 2 和图 6 - 3 - 3 所示，查询结果如图 6 - 3 - 4 所示。

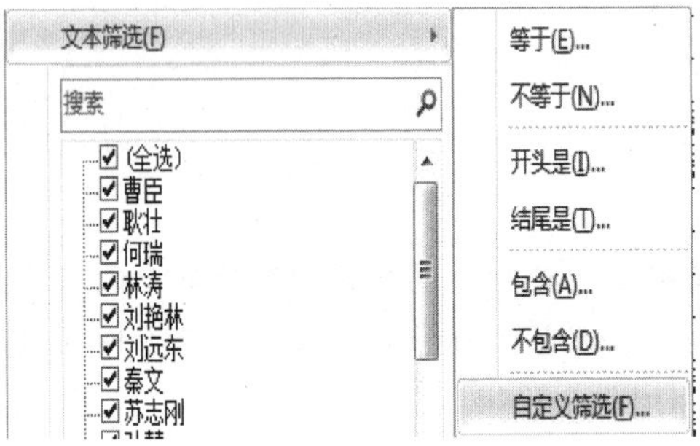

图 6 - 3 - 2

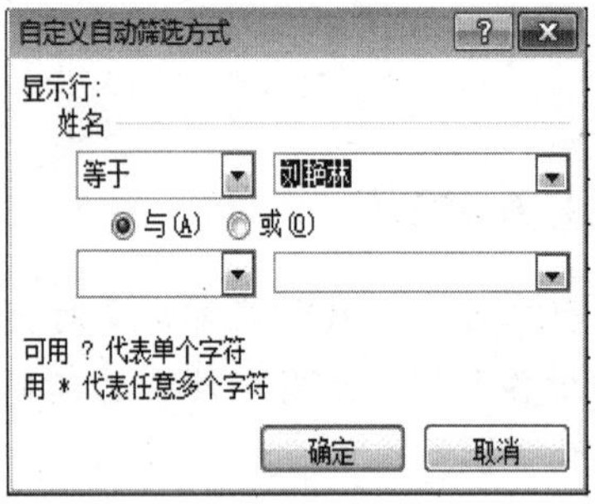

图 6 - 3 - 3

1月工资结算单

职工代码	姓名	性别	出生年月	部门	工作岗位	职工类别	基本工资	岗位工资	信及交通补	应发合计	事假天数	病假天数
010	刘艳林	男	1985年6月	采购部	业务员	业务人员	2200.00	1300.00	600.00	4100.00		

图 6 - 3 - 4

（二）多条件查询

以查询“应发工资高于（含）4 500 元的女员工”为例。查询条件既要满足应发工资高于（含）4 500 元，也应满足性别为女这个标志，在筛选状态下逐一设置查询条件。

具体操作步骤：(1) 设置性别查询条件为“女”，单击“性别”右侧的下拉按钮，在性别女的右侧打“√”；(2) 再选择“应发工资”右侧的筛选按钮；(3) 选择数字筛选大于或等于，在“自定义自动筛选方式”中输入数字“4 500”；(4) 点击“确定”。查询结果如图 6－3－5 所示。

职工代码	姓名	性别	出生年月	部门	工作岗位	职工类别	基本工资	岗位工资	住房及交通补贴	应发合计	事假天数
002	刘远东	女	978年6月	经理办公	助理	管理人员	2700.00	1600.00	500.00	4800.00	2.00
006	孙慧	女	1982年12月	财务部	部门经理	高级管理人员	3200.00	2000.00	400.00	5600.00	
012	谭旭	女	1984年4月	生产部	部门经理	高级管理人员	3200.00	2000.00	300.00	5500.00	
015	林涛	女	1986年1月	销售部	部门经理	高级管理人员	3200.00	2000.00	600.00	5800.00	

图 6－3－5

（三）退出筛选状态

如果要退出筛选状态，点击数据菜单中的“筛选”命令即可。

二、利用数据透视表和数据透视图进行职工工资分析

（一）数据透视表和数据透视图

数据透视表是快速汇总大量数据的交互方式，可以使用数据透视表分析数值型数据的详细信息。数据透视图将与其关联的数据透视表中的数据以图形的形式表示，数据透视图也是交互式的。

（二）利用数据透视表和数据透视图进行职工工资分析

1. 计算每个部门每种职工类别的“应发工资”汇总数

具体操作步骤如下：

(1) 选择数据菜单中的“数据透视表和数据透视图向导”命令，如图 6－3－6 所示。

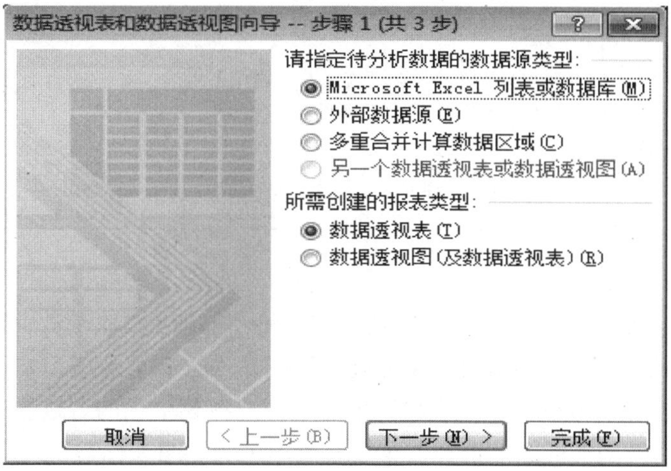

图 6－3－6

（2）点击“下一步”按钮，选择要汇总的工资数据区域，如图 6－3－7 所示。

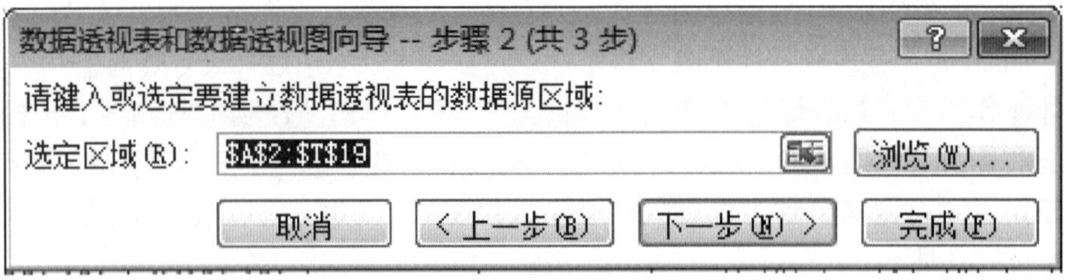

图 6－3－7

（3）点击“下一步”按钮，指定数据透视表产生的位置，选择产生在新建的工作表上，如图6－3－8 所示。

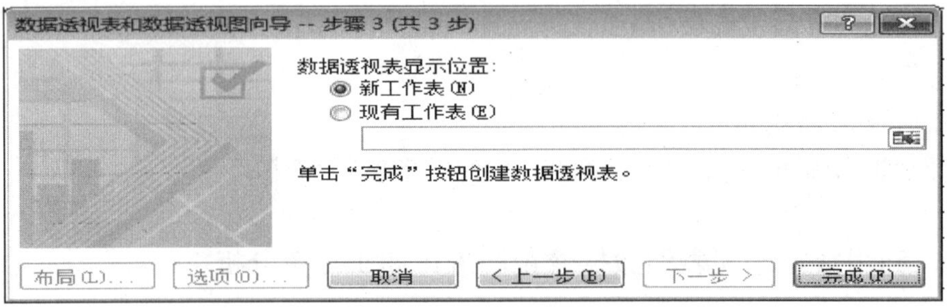

图 6－3－8

（4）点击“完成”按钮，在新工作表 Sheet1 中，单击“选项”菜单，在“显示”按钮中勾选经典透视数据表布局，如图 6－3－9 所示。

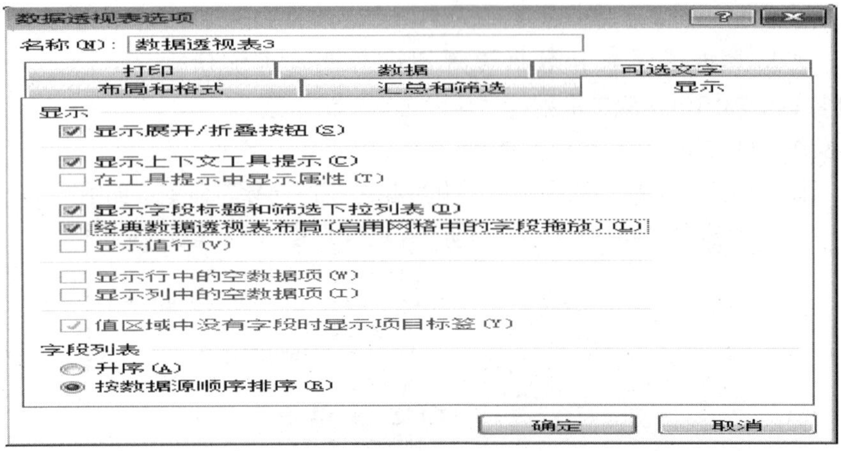

图 6－3－9

（5）在工作表右侧的数据透视字段列表中，将“部门”“职工类别”和“应发工资”项分别拖至行字段处、列字段处和值字段处，如图 6－3－10 所示。

（6）移动鼠标指针到数据透视表任一单元格，选择菜单栏的“数据透视图”，将生成名为“图表 1”的数据透视图。选择“布局”菜单中的“图表标题”“图例”“数据标签”等功能对数据透视图进行编辑、美化，如图 6－3－11 所示。

求和项:应发合计	职工类别				
部门	高级管理人员	管理人员	生产人员	业务人员	总计
财务部	5600	8200			13800
采购部	5800			8200	14000
人力行政部	5600	8400			14000
生产部	5500		7400		12900
销售部	5800			7600	13400
总经理办公室	7700	4800			12500
总计	**36000**	**21400**	**7400**	**15800**	**80600**

图 6－3－10

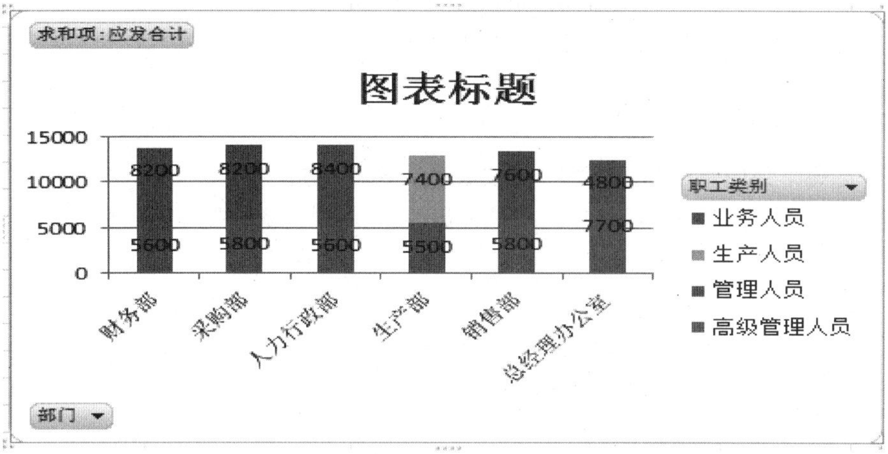

图 6－3－11

2. 计算每个部门“应发工资”合计比例

仍然使用数据透视表和数据透视图，在创建数据透视表后，将“部门”拖至行字段处，“应发合计”拖至值字段处，如图 6－3－12 所示。在“选项”菜单中，点击“值显示方式”，选择“总计的百分比”，然后点击“插入数据透视图”，在“插入图表”中选择饼图，在“布局”菜单中调整图表标题和值显示方式，结果如图 6－3－13 所示。

求和项:应发合计	
部门	汇总
财务部	13800
采购部	14000
人力行政部	14000
生产部	12900
销售部	13400
总经理办公室	12500
总计	**80600**

图 6－3－12

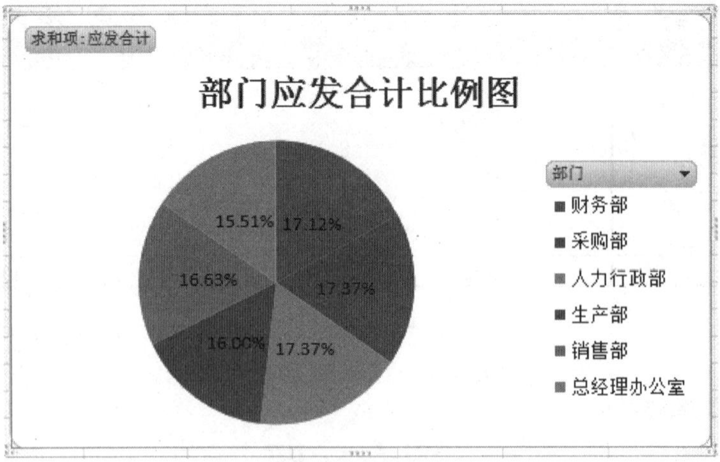

图 6-3-13

3. 计算每个部门每一职工类别“应发工资”的平均数

双击数据透视表中的“求和项”处，弹出“值字段设置”对话框，在“值汇总方式”中选择“平均值”，如图 6-3-14 所示。完成后的数据透视表“应发合计”平均值结果如图 6-3-15 所示。

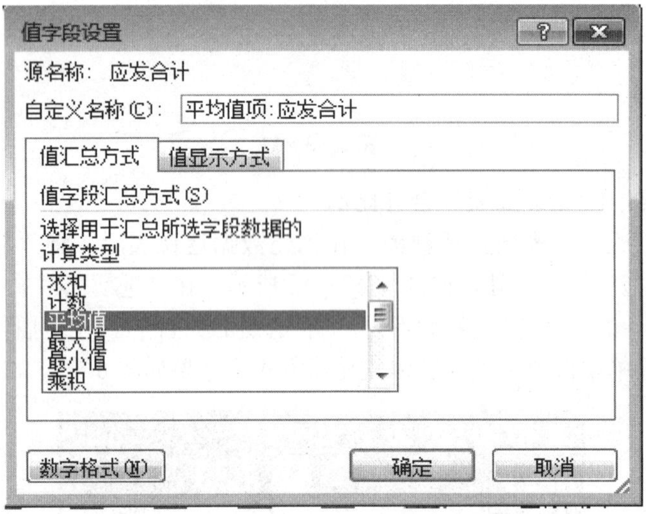

图 6-3-14

平均值项:应发合计	职工类别				
部门	高级管理人员	管理人员	生产人员	业务人员	总计
财务部	5600	4100			4600
采购部	5800			4100	4666.666667
人力行政部	5600	4200			4666.666667
生产部	5500		3700		4300
销售部	5800			3800	4466.666667
总经理办公室	7700	4800			6250
总计	**6000**	**4280**	**3700**	**3950**	**4741.176471**

图 6-3-15

任务总结

可以使用Excel的数据筛选功能和数据透视表、数据透视图功能完成职工工资数据的查询与分析。

利用数据透视表和数据透视图分析数据时，具体选用的值汇总方式、图形等要视情况而定，以能直观地表现数据为原则。

任务四 制作工资费用分配表

任务介绍

工资费用是一个企业必然要发生的成本费用之一，为了更好地进行成本归集和费用分配，财务人员应将各部门的各岗位人员的工资费用进行正确的归集和分配，从而生成企业工资费用分配表，该表属于企业自制的原始凭证之一。

任务分析

编制企业工资费用分配表的实质是对工资费用进行分配，它是指将员工的工资作为一种费用项目，按照其用途计入相关的成本费用项目，或由规定的资金来源开支。工资结算凭证所列各车间、部门各种用途的应付工资额，是分配工资费用的依据。本任务主要包括工资费用分配表的格式编辑以及工资费用分配表的编制两个部分。

相关知识

单元格的格式编辑以及GETPIVOTDATA函数的使用。

任务实施

一、工资费用分配表的格式编辑

(1) 打开“工资结算单”工作簿，将新建工作表“Sheet2”更名为“工资费用分配表”。

(2) 选择准备编辑的单元格A1，输入表名“工资费用分配表”。

(3) 选择A1：E1单元格区域，作为工资费用分配项目行，设置单元格格式为“合并及居中”。

(4) 根据图6-4-1设置工资费用分配表相关的项目。

工资费用分配表

2013年1月30日

项目 部门	应发合计	职工福利费（14%）	工会经费（2%）	教育经费（1.2%）
财务部				
采购部				
人力行政部				
生产部				
销售部				
总经理办公室				
总计				

图 6-4-1

（5）选中A3单元格，执行“格式”菜单中的“单元格格式”命令或直接选中单元格，点击鼠标右键，打开快捷菜单，选择“设置单元格格式”命令，打开“设置单元格格式”对话框，在对话框中，打开“边框”选项卡，单击“”按钮，即可对A3单元格划斜线。在该单元格内输入“项目”后，点击鼠标右键选择“设置单元格格式”命令，打开“单元格格式对话框”，选择“对齐方式”选项，在“文本对齐方式”中，“水平对齐”选择“靠左（缩进）”选项，“垂直对齐”选择“靠上”选项，在“文本控制”选项区域，选中“自动换行”和“合并单元格”复选框，上述设置内容如图6-4-2所示。完成后双击A3单元格，或单击编辑栏，在“项目”前加空格，加到自动换行输入“部门”为止。

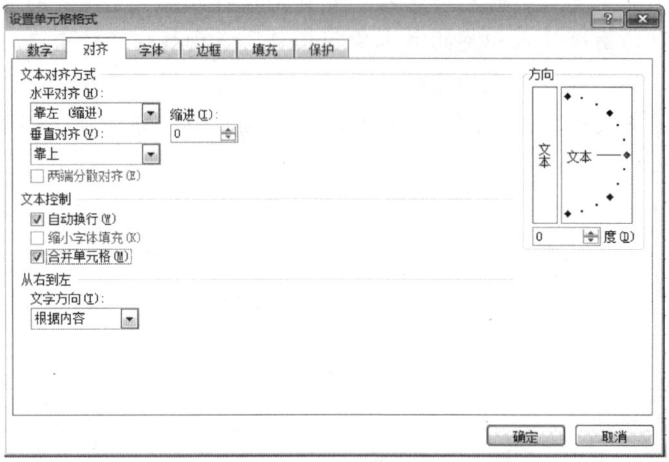

图 6-4-2

（6）选中1～10行，执行“格式”菜单中的“行高”命令，打开“行高”对话框，在“行高”输入框中输入“20”，单击“确定”按钮。

（7）选中A～E列，执行“格式”菜单中的“列宽”命令，打开“列宽”对话框，在“列宽”输入框中输入“10”，单击“确定”按钮。

（8）在C3、D3、E3单元格中分别输入“职工福利费（14%）”“工会经费（2%）”和“教育经费（1.2%）”。选中B3、C3、D3和E3单元格，点击鼠标右键，打开快捷菜单，选择“设置单元格格式”命令，分别选择“对齐”选项中的“文本对齐方式”为“水平对齐”居中，“垂直对齐”居中，“文本控制”复选框选择“自动换行”。然后选中第三行，选择“格式”菜单中的“行高”，输入值“30”。调整 A 列的列宽为“15”，方法同上。选中 A3：E3 单元格区域，单击鼠标右键，打开快捷菜单，选择“设置单元格格式”命令，在“字体”选项卡中，设置字体为“宋体”“12 号”。

(9) 选中 A2：E2 单元格，设置合并单元格，对齐方式“水平”和“垂直”均为“居中”，输入文字“2013 年 1 月 30 日”，字体为“宋体”，字号为“11”。

(10) 选择 A1 单元格，执行“格式”命令，选择“设置单元格格式”中的“字体”选项卡，设置字体为“黑体”，字号为“20”，字形为“加粗”，如图 6－4－3 所示。

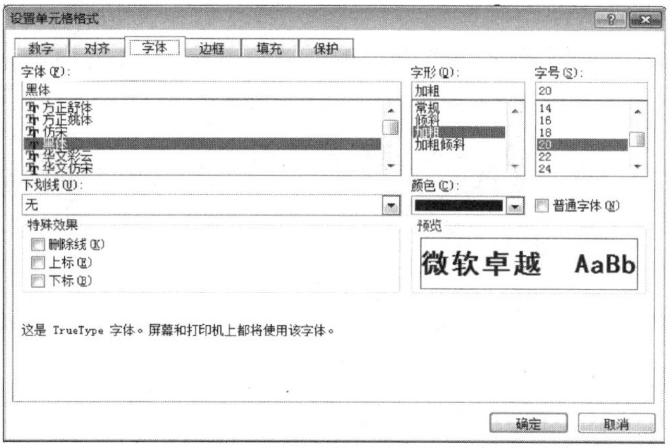

图 6－4－3

(11) 选中 A3：E10 单元格，设置内边框为细线，外边框为粗匣框线。

(12) 选中 A3：E3 单元格和 A10：E10 单元格，分别点击鼠标右键设置单元格格式，在“填充”选项卡中选择“背景色”为灰色（色卡中第一列、第三行交叉部分）。

(13) 选择 D4：D9 单元格和 E4：E9 单元格，分别对其进行设置单元格格式的操作，选择合并单元格，水平、垂直的对齐方式为“居中”。完成上述操作后，其结果如图 6－4－4 所示。

图 6－4－4

二、工资费用分配表的编制

工资费用分配表编辑设计完成后，要对已经得出的数据透视表的分类数据进行引用，并对相应单元格的公式进行设计、输入。

具体操作步骤如下：

（1）打开“工资结算单”工作簿，把存有数据透视表的“Sheet1”更名为“应发合计汇总表”。

（2）打开“工资费用分配表”，定义“应发合计”计算公式。选择 B4 单元格，输入“=”，点击“应发合计汇总表”，选择“财务部”对应的合计金额 F5 单元格，按回车键之后，“应发合计汇总表”F5 单元格的数据就被引用过来，如图 6-4-5 所示。

图 6-4-5

同理，继续完成其他单元格的数据引用。

（3）定义“职工福利费”计算公式。选中 C4 单元格，在单元格中输入“=B4 * 0.14”，点击回车键确认。选择 C4 单元格，利用填充柄把上述公式复制到 C9 单元格中。

（4）定义“合计”计算公式。利用 SUM 函数和自动求和图表完成公式的定义，选择 B4：B9 单元格区域，点击“自动求和”图标，完成应发合计求和。运用自动填充功能，将公式复制到福利费、工会经费和教育经费的求和运算中。

（5）定义“工会经费”和“职工教育经费”计算公式。在 D4 单元格中输入“=B10 * 0.02”，在 E4 单元格中输入“=B10 * 0.012”，得到的计算结果如图 6-4-6 所示。

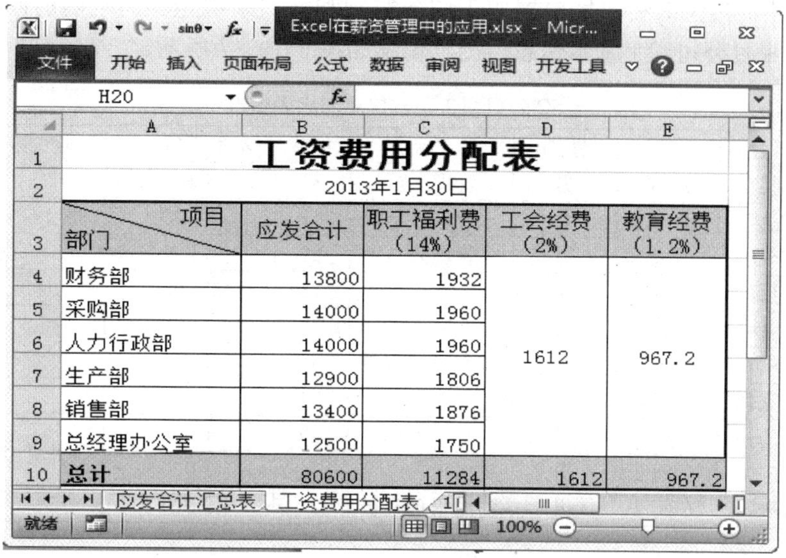

工资费用分配表

2013年1月30日

项目/部门	应发合计	职工福利费（14%）	工会经费（2%）	教育经费（1.2%）
财务部	13800	1932	1612	967.2
采购部	14000	1960		
人力行政部	14000	1960		
生产部	12900	1806		
销售部	13400	1876		
总经理办公室	12500	1750		
总计	80600	11284	1612	967.2

图 6-4-6

任务总结

编制工资费用分配表的过程，就是企业工资费用归集、分配的过程。工资费用分配表的项目和内容可按企业自身情况设置。

工资费用分配表中的数据通过设置公式和引用数据透视表的数据填列。

知识拓展

GETPIVOTDATA 函数

【名称】返回存储在数据透视表中的数据。

【类型】检索函数。

【格式】GETPIVOTDATA（包含要检索的数据字段的名称，在数据透视表中对任何单元格、单元格区域或定义的单元格区域的引用，为 1 到 14 对用于描述检索数据的字段名和项名称）。

【举例】以本节的工资费用分配表的编制为例。

练习及实训

【实训资料】

SC 公司是一家小型工业企业。企业内部主要有三个部门——厂部、车间 1 和车间 2，职工人数不多，主要有三种职务类别——管理人员、辅助管理人员及工人。职工的工资项目有基本工资、岗位工资、福利费、副食补助、奖金、事假扣款、病假扣款等，除基本工资因人而异外，其他工资项目根据职工职务类别和部门来确定，而且随时间的变化而变化。2014 年 1 月公司职工基本信息与出勤情况如表 6-0-7 所示。

表 6-0-7 SC 公司职工基本信息与出勤情况

职工代码	职工姓名	部门	性别	职工类别	年龄	基本工资/元	事假天数	病假天数
0001	刘明	厂部	男	管理人员	31	3 500	2	
0002	王娜	厂部	女	管理人员	41	3 000		2
0003	李强	厂部	男	管理人员	26	3 200		
0004	赵慧	车间 1	女	工人	33	2 700		
0005	胡伟	车间 1	男	工人	29	2 800	16	
0006	齐志	车间 1	女	辅助管理人员	34	3 400		6
0007	孙家伟	车间 2	女	工人	31	2 900		
0008	袁为民	车间 2	男	工人	40	4 000		17
0009	张帅	车间 2	男	工人	36	3 000		
0010	杨威	车间 2	男	辅助管理人员	24	2 500	5	

其他工资项目的发放情况及有关规定如下：

（1）岗位工资：根据职工类别不同进行发放，工人为 1 200 元，辅助管理人员为 1 500 元，管理人员为 1 800 元。

（2）福利费：厂部职工的福利费为基本工资的 50%；车间 1 的工人福利费为基本工资的 20%，车间 1 的辅助管理人员福利费为基本工资的 30%；车间 2 的福利费为基本工资的 25%。

（3）副食补助：基本工资高于等于 3 000 元的职工没有副食补助，基本工资低于 3 000元的职工的副食补助为基本工资的 5%。

（4）奖金：奖金根据部门的效益确定，本月厂部的奖金为 500 元，车间 1 的奖金为 300 元，车间 2 的奖金为 700 元。

（5）事假扣款规定：如果事假少于 15 天，将基本工资平均分到每天（每月按 22 天计算），按天扣钱；如果事假多于 15 天，工人的应发工资全部扣除，非工人每天扣除应发工资的 80%。

（6）病假扣款规定：如果病假少于 15 天，工人每天扣款 40 元，非工人每天扣款 50 元；如果病假多于 15 天，工人每天扣款 50 元，非工人每天扣款 60 元。

（7）个人所得税计算如表 6-0-8 所示。

表 6-0-8 个人所得税

应纳税所得额	个人所得税
（应发工资－3 500）≤0	0.00
0＜（应发工资－3 500）≤1 500	（应发工资－3 500）×0.03
1 500＜（应发工资－3 500）≤4 500	（应发工资－3 500）×0.1－105
4 500＜（应发工资－3 500）≤9 000	（应发工资－3500）×0.2－555
9 000＜（应发工资－3 500）≤35 000	（应发工资－3 500）×0.25－1 005

【实训要求】

为了满足企业的管理要求，请利用 Excel 对工资情况进行如下汇总分析：

(1) 计算每个部门、每个职工工资类别应发工资汇总数。
(2) 计算每个部门、每个职工工资类别应发工资平均数。
(3) 计算每个部门应发工资数占总工资数的百分比。
(4) 计算每个职工类别应发工资数占总工资数的百分比。
(5) 计算计算每个部门、每个职工工资类别应发工资数占总工资数的百分比。
(6) 按性别统计人数。
(7) 按年龄段统计人数。
(8) 按基本工资段统计人数。

项目七 Excel 在固定资产管理中的应用

情景介绍

能够独立使用 Excel 进行日常薪资管理之后，王雪非常开心，领导夸赞她提高了财务部门工资核算的效率，解决了手工核算薪资工作量大、容易出错的难题。她再接再厉，又尝试利用 Excel 管理企业固定资产相关业务。

宏宇公司日常使用的固定资产共有 11 项，固定资产集中在财务部门管理，每一项固定资产都有独立的固定资产卡片，记录着固定资产编号、类别编号、类别名称、部门名称、增加方式、使用状况、使用年限、折旧方法、开始使用日期、原值、净残值、本月折旧额、期末净值等相关信息。宏宇公司现有固定资产卡片样式如表 7-0-1 所示。

表 7-0-1　固定资产卡片样式

卡片编号				日期	
固定资产编号		固定资产名称			
类别编号		类别名称			
型号类型		部门名称			
增加方式		存放地点			
使用状况		使用年限		折旧方法	
开始使用日期		已计提月份		尚可使用月份	
原值		净残值率		净残值	
本月折旧额		累计折旧		期末净值	

宏宇公司的固定资产分为三类，类别编号及名称如下：01——厂房建筑物，02——交通运输设备，03——办公设备。三类固定资产的净残值率分别为 5%、4%、3%。固定资产的详细信息如表 7-0-2 所示。

表 7-0-2　　　　　　　　　　　　　　固定资产明细表

序号	固定资产编号	固定资产名称	所属部门	增加方式	使用状况	开始使用日期	预计使用年限	折旧方法	固定资产原值/元
1	1001	办公楼	总经理办公室	在建工程转入	在用	2010-11-10	30	年限平均法	1 153 560.00
2	1002	厂房	生产部	在建工程转入	在用	2010-01-01	30	年限平均法	1 105 600.00
3	2001	轿车	人力行政部	直接购入	在用	2009-10-15	10	年数总和法	185 000.00
4	2002	轿车	销售部	直接购入	在用	2010-03-01	10	年数总和法	163 500.00
5	2003	卡车	采购部	直接购入	在用	2009-11-01	10	年数总和法	427 000.00
6	3001	台式电脑	财务部	直接购入	在用	2011-05-09	7	双倍余额递减法	16 000.00
7	3002	笔记本电脑	销售部	直接购入	在用	2008-10-01	4	双倍余额递减法	12 000.00
8	3003	打印机	总经理办公室	直接购入	在用	2011-06-01	8	双倍余额递减法	7 500.00
9	3004	复印机	财务部	直接购入	在用	2012-11-05	8	双倍余额递减法	5 000.00
10	3005	点钞机	财务部	直接购入	在用	2011-12-01	5	固定余额递减法	2 500.00
11	3006	扫描仪	人力行政部	直接购入	在用	2013-01-01	5	固定余额递减法	1 500.00

宏宇公司固定资产的使用状况分为五种，分别是在用、季节性停用、大修理、尚未使用和暂停使用。常用的折旧方法有四种，分别是年限平均法（又称直线法）、固定余额递减法、双倍余额递减法和年数总和法。固定资产的增加和减少方式分别有五种，具体如表 7-0-3 所示。

表 7-0-3　　　　　　　　　　　　　　固定资产增减方式

增加方式	减少方式
直接购入	出售
在建工程转入	报废或毁损
捐赠	捐赠转出
盘盈	盘亏
投资者投入	投资转出

任务一 制作固定资产卡片

任务介绍

固定资产是企业所持有的、使用年限较长、单位价值较高，并且在使用过程中保持其原有实物形态的资产，它是企业进行生产经营活动的物质基础。固定资产作为企业长期持有的资产，其增减、日常管理以及折旧费的核算和提取，对企业产品生产成本及生产经营费用都产生重要的影响。

固定资产卡片是固定资产管理的基础数据。该卡片按照固定资产的种类设置，用以详细记录固定资产日常管理的数据，据以登记固定资产明细核算账簿。

任务分析

固定资产卡片作为记录企业固定资产详细情况的原始资料，固定资产在企业存续期间发生的各种变动，都应根据相应的业务内容对固定资产卡片做出调整。

对于新增的每一项固定资产，不论其来源（购入、在建工程转入、捐赠等方式），都应根据有关凭证，为其建立一张固定资产卡片，详细记录其名称、规格型号、增加方式、使用部门、原值、使用年限、折旧率及附属设备等情况。在固定资产投入使用过程中发生改扩建、技术改造、内部转移以及停止使用等情况时，都应对固定资产卡片进行相应的调整。固定资产出售、投资转出或报废处置时，应根据有关凭证对固定资产卡片进行注销，保管存档。固定资产卡片通常一式三份，分别由使用部门、财会部门和管理部门持有。

相关知识

本任务是制作固定资产卡片，集中在卡片的格式设计方面，待任务二固定资产清单编写完成后，根据固定资产清单填写固定资产卡片。

在格式设计上，主要涉及单元格格式的设置与调整。

任务实施

制作固定资产卡片的具体步骤如下：

（1）新建工作簿，重命名为“固定资产核算”，将“Sheet1”重命名为“卡片样式”，按照图 7-1-1 所示的样式设计固定资产卡片。

（2）选中 A1 单元格，输入“固定资产卡片”，字体为 12 号、宋体、加黑，选中 A1：F1 区域，点击鼠标右键选择“设置单元格格式”命令，打开“设置单元格格式”对话框，

	A	B	C	D	E	F
1	固定资产卡片					
2	卡片编号				日期	
3	固定资产编号		固定资产名称			
4	类别编号		类别名称			
5	型号类型		部门名称			
6	增加方式		存放地点			
7	使用状况		使用年限		折旧方法	
8	开始使用日期		已计提月份		尚可使用月份	
9	原值		净残值率		净残值	
10	本月折旧额		累计折旧		期末净值	
11						

图 7-1-1

在“对齐”选项卡中设置水平对齐为“居中”，垂直对齐为“居中”，并勾选“合并单元格”选项，如图 7-1-2 所示。

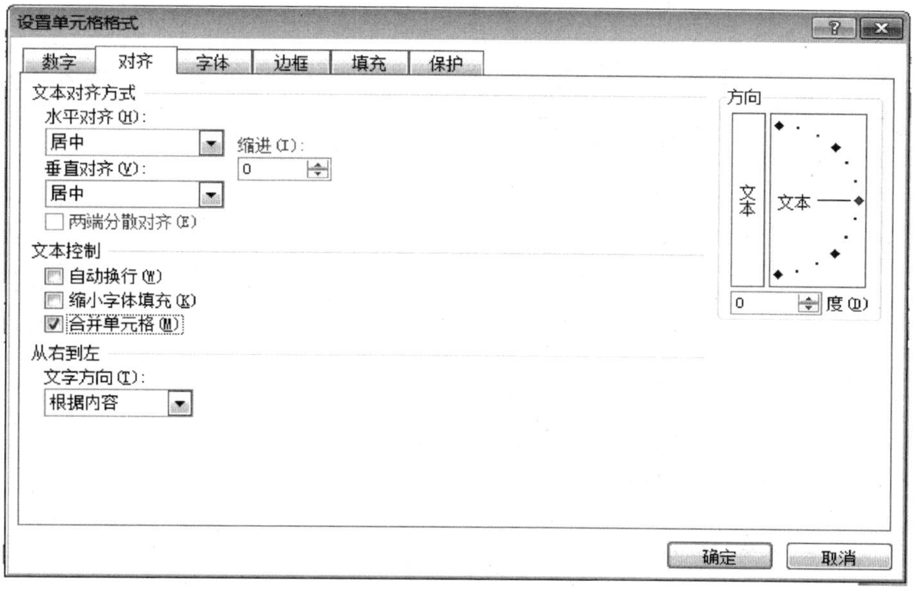

图 7-1-2

（3）按照固定资产卡片样式中的内容录入，字体为 11 号、宋体、加黑，水平、垂直对齐方式均设置为“居中”；增加表格的内外边框，上下线为粗实线，第 9、第 10 行中的分割线为双实线，如图 7-1-3 所示。

（4）设置 F2、B8 单元格格式。选中 F2 单元格，点击鼠标右键，打开快捷菜单，选择“设置单元格格式”命令，打开对话框，点击“数字”选项卡，在“分类”中选择“自定义”，右侧的“类型”选项中输入“yyyy-mm-dd”，单击“确定”按钮，如图 7-1-4 所示。B8 单元格的设置同 F2 单元格。

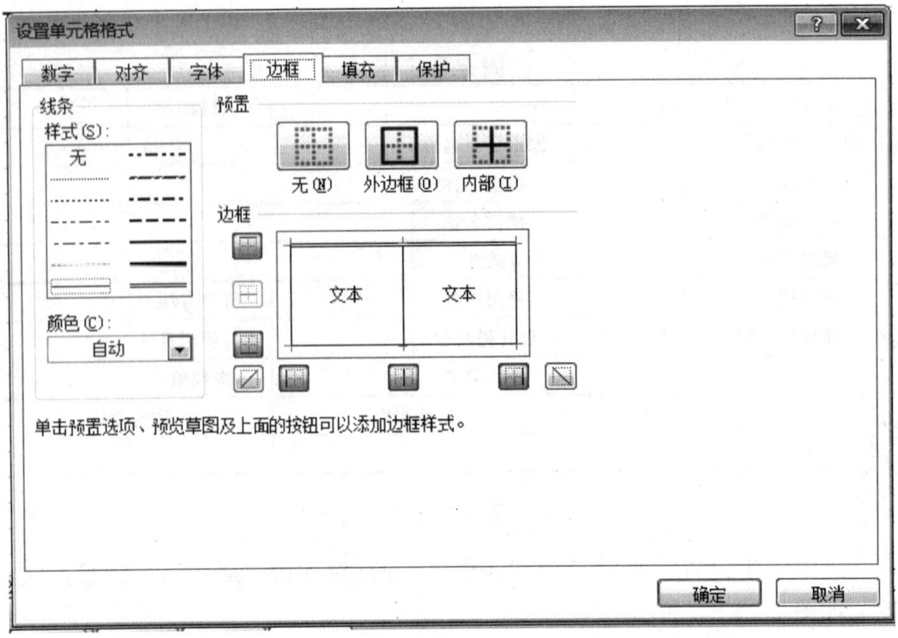

图 7-1-3

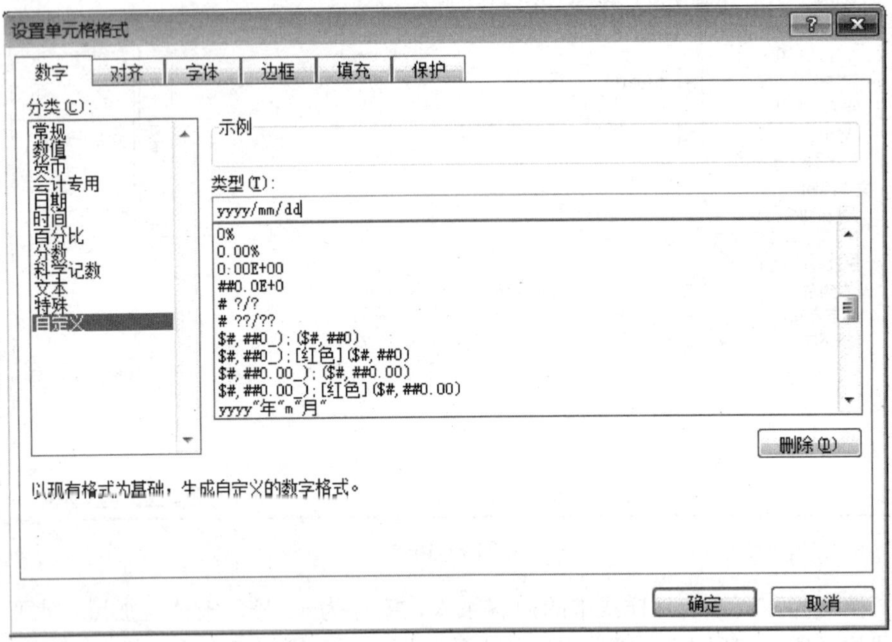

图 7-1-4

(5) 设置 B9、F9、A11、C11 和 E11 单元格的格式为：数值型，保留两位小数，使用千位分隔符，−1 234.10（黑色字体）。如图 7-1-5 所示。

(6) 设置 D7、D8 和 F8 单元格的格式为：数值，不保留小数，不使用千位分隔符，−1 234.10（黑色字体）。

(7) 设置 D9 单元格的格式为：百分比，不保留小数。

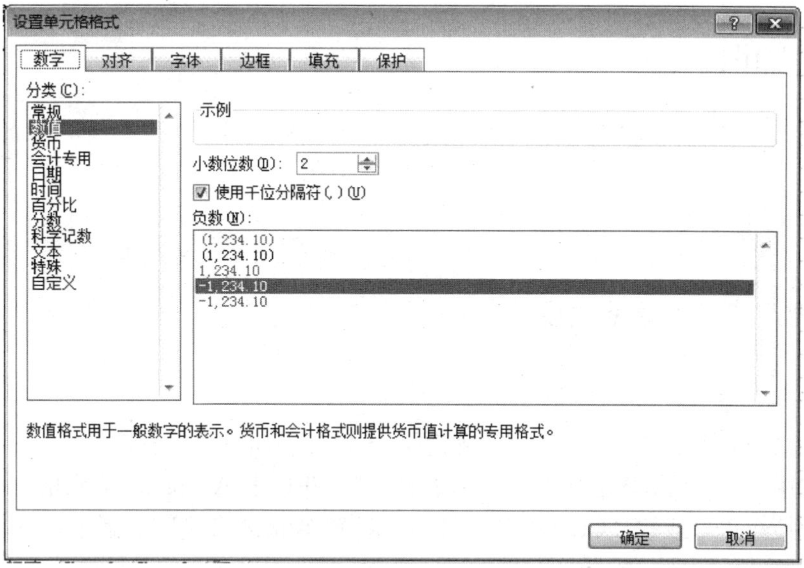

图 7-1-5

任务总结

本任务主要集中在卡片的单元格格式编辑上，大部分可以通过点击鼠标右键，打开快捷菜单实现。

用鼠标右键打开快捷菜单设置单元格格式的快捷键是“Ctrl+!”，可以快速调出设置单元格格式的菜单。

任务二　制作固定资产清单

任务介绍

固定资产清单是企业记录固定资产情况的表格。具体格式可以按照企业固定资产自身特点设置，应包含卡片编号、类别编号、类别名称、固定资产名称、所属部门、增加及减少方式以及折旧的提取情况等项目。

任务分析

本次任务是编制宏宇公司固定资产清单，在设计完固定资产清单格式后，将引用相关的函数填写数据。固定资产清单是填写固定资产卡片的基础，所以完成本次任务后才能将固定资产卡片填写完整。

相关知识

在数据填写方面涉及VLOOKUP、IF、YEAR、MONTH、SLN等函数的使用。

任务实施

一、固定资产清单格式设计

（一）制作表格

（1）选中A1单元格，输入文字“固定资产清单”，将其作为标题。

（2）选中A2单元格，输入文字“制表日期”，并选中A2和B2单元格，单击鼠标右键，打开快捷菜单（或按“Ctrl＋!”），打开“设置单元格格式”对话框，选择“合并单元格”命令。

（3）从第三行开始录入表体项目，从A3单元格开始依次录入“卡片编号”“类别编号”“类别名称”“固定资产编号”“固定资产名称”“所属部门”“增加方式”“减少方式”“使用状况”“开始使用日期”“预计使用年限”“已使用年限”“折旧方法”“固定资产初始原值”“净残值率”“净残值”“上期净值”“上期累计折旧”“本月折旧额”“本月累计折旧”及“本月净值”项目。

（二）设置表格单元格格式

（1）冻结表格1～3行及A列，选中B4单元格，点击“视图”菜单选项下的“冻结窗格”下拉按钮，选择“冻结拆分窗格”命令，以防止屏幕混动导致的行列项目不清。

（2）设置“制表日期”的单元格格式为字体12号、宋体、加粗，日期单元格C3的格式为自定义“yyyy-mm-dd”。

（3）表体的标题行字体为11号、宋体、加粗、水平垂直居中，底色为白色，深色15%（色卡第一列、第三行交叉处）。

（4）选中A3：U14区域，整表加内外边框，表的上下边框为粗实线，标题行下边线为双实线。

（5）表体中，设置“卡片编号”和“类别编号”列单元格的格式为文本，即要求单元格显示的内容与输入内容完全一致。

（6）设置“类别名称”“固定资产编号”“固定资产名称”“所属部门”“增加方式”“减少方式”“使用状况”和“折旧方法”列的单元格格式为常规，为手工输入列，如图7-2-1所示。

（7）设置“开始使用日期”单元格的格式为自定义“yyyy-mm-dd”，如图7-2-2所示。

（8）设置“预计使用年限”和“已使用年限”单元格的格式为数值型，不保留小数，不使用千位分隔符，－1 234.10（黑色字体），如图7-2-3所示。

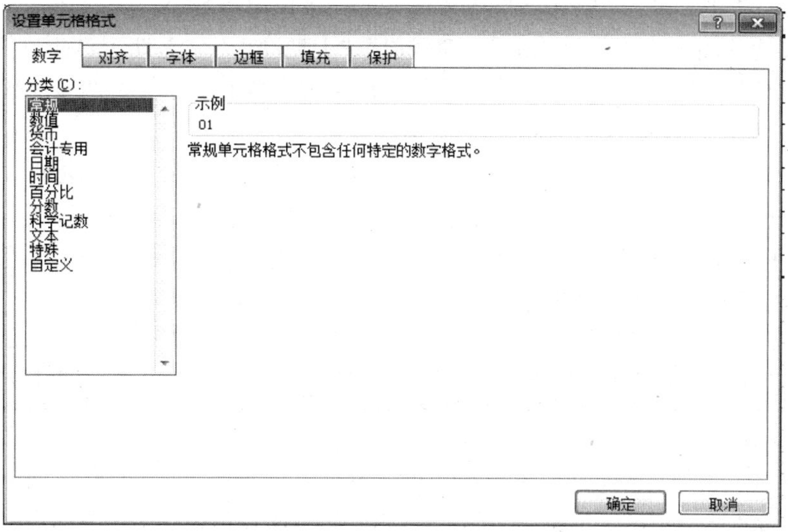

图 7-2-1

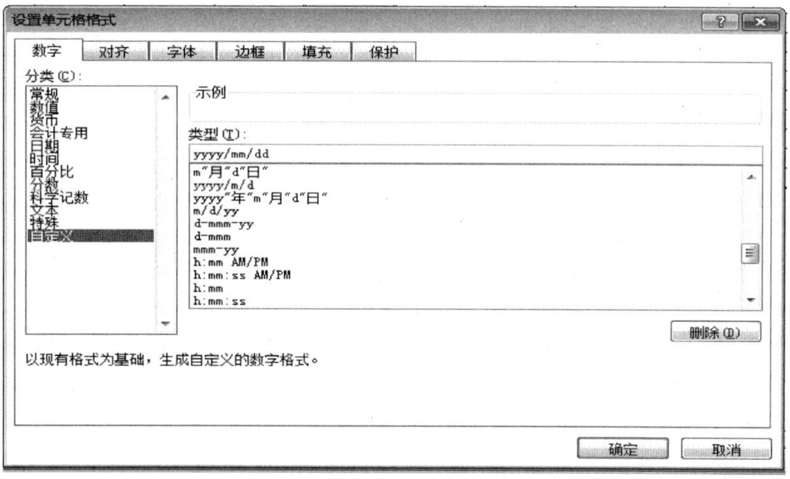

图 7-2-2

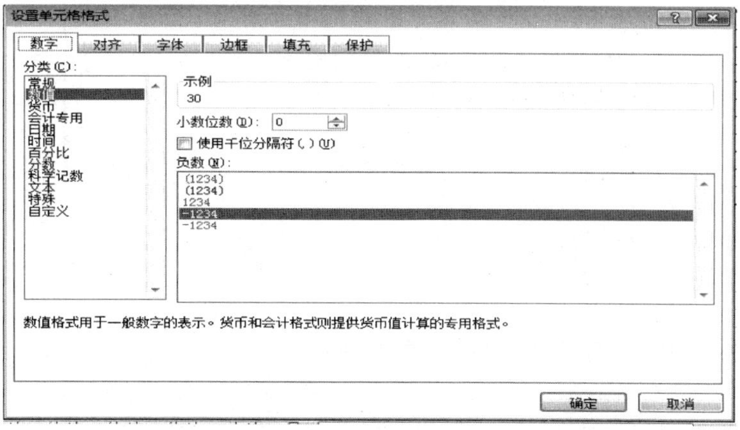

图 7-2-3

(9) 设置“净残值率”单元格格式为百分比，不保留小数。

(10) 设置“固定资产初始原值”“净残值”“上期净值”“上期累计折旧”“本月折旧额”“本月累计折旧”“本月净值”等列的单元格格式为数值型，保留两位小数，使用千位分隔符，－1 234.10（黑色字体）。

(11) 设置标题行单元格格式为合并单元格并居中，选中 A1：U1 区域，点击鼠标右键，打开快捷菜单，选择“设置单元格格式”命令，打开后在“对齐”选项卡中选择文字方向为“水平”和“垂直”居中，并勾选“合并单元格”选项。按照表格标题的宽度适当调整第一行的行高。完成上述操作后，显示结果如图 7－2－4 所示。

图 7－2－4

二、固定资产清单数据录入

(1) 手工录入“卡片编号”项目。选中 A4 单元格，在其中输入“G0001”，按回车键，然后将鼠标指向 A4 单元格，拖动单元格右下角的十字按钮至 A14 单元格，便依次录入“G0001”到“G0011”的卡片编号。

(2) 设置“类别编号”单元格的数据有效性控制。选中 B4 单元格，打开数据菜单中的“数据有效性”命令，打开设置“数据有效性”对话框，选择“数据”按钮下的“序列”选项，并在“来源”项中输入固定资产类别编号“01，02，03”，如图 7－2－5 所示。利用自动填充柄将 B4 单元格的数据有效性控制复制到 B 列的其他单元格，按照材料选择录入相关数据。

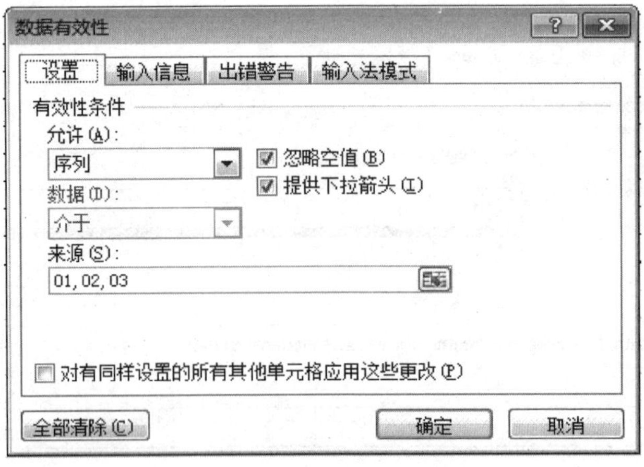

图 7－2－5

(3) 设置“类别名称”项目。“类别名称”与“类别编号”相统一，通过引用 VLOOKUP 函数自动匹配取得。以“G0001”为例，在 C4 单元格输入自动匹配函数公式“=VLOOKUP (B4，基本资料！$A$3：$B$5，2)”，固定资产基本资料如图 7-2-6 所示，可以在“固定资产核算”工作簿中新建一个工作表，命名为“固定资产基本资料表”。利用自动填充柄把 C4 单元格的公式复制到 C 列的其他单元格中。

固定资产类别	
类别编号	名称
01	厂房建筑物
02	交通运输设备
03	办公设备

图 7-2-6

(4) 手工输入各项“固定资产编号”和“固定资产名称”项目。

(5) 固定资产清单的“所属部门”“增加方式”“减少方式”“使用状况”四个项目，通过设置单元格的数据有效性控制，点击下拉菜单选择填写，并且在“输入信息”选项卡中输入提示内容“请通过下拉菜单进行选择”，如图 7-2-7 所示。

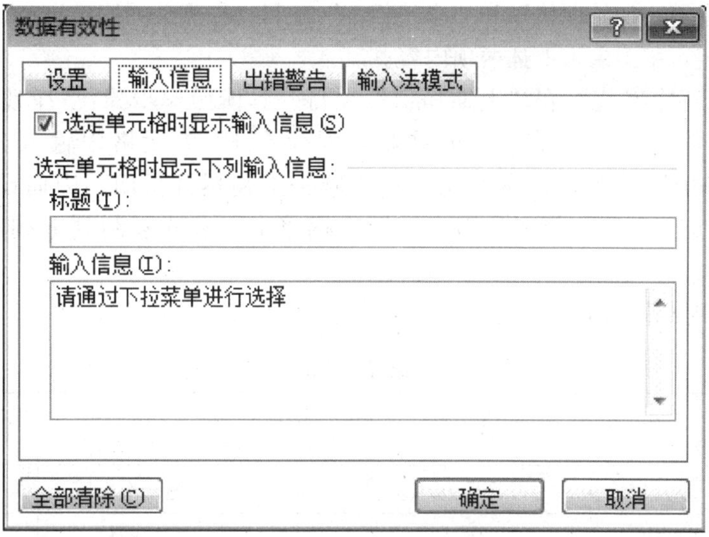

图 7-2-7

(6) 根据资料手工录入各项固定资产“开始使用日期”项目。

(7) 手工输入“预计使用年数”项目并设置该列的数据有效性控制。打开“数据有效性”控制对话框，选择“设置 ”选项卡，在“有效性条件”的“允许”中选择“整数”，“数据”为 0～50，并在“输入信息”选项卡中设置提示信息“不在 0～50 整数的范围内，禁止录入!”。设置数据有效性的具体内容如图 7-2-8 所示。

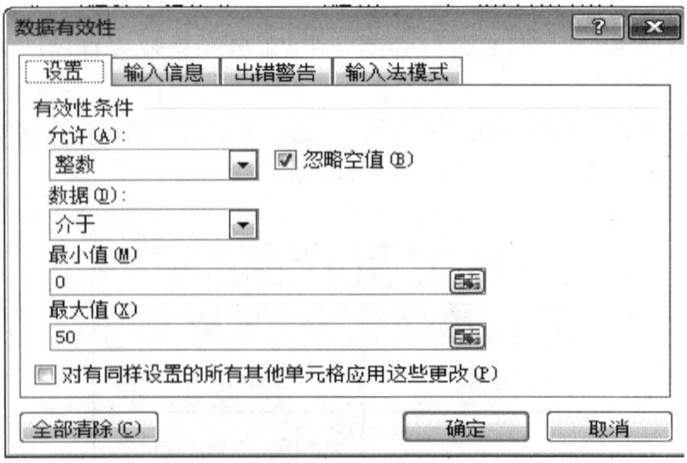

图 7-2-8

(8)“已使用年限”项目的录入需要配合使用 IF、YEAR 和 MONTH 函数。具体操作步骤为：选中 L4 单元格并输入公式“=IF (YEAR (J4) =YEAR ($C$2), 0, IF (MONTH ($C$2) <MONTH (J4), YEAR ($C$2) −YEAR (J4) −1, YEAR ($C$2) −YEAR (J4)))”。将 L4 单元格的公式复制到 L 列的其他单元格中。

(9)“折旧方法”项目通过设置数据有效性控制的下拉菜单选择填写相关信息，并且设置提示对话框“请通过下拉菜单进行选择”进行填写。

(10)“固定资产初始原值”和“净残值率”项目。根据公司固定资产初始原值的相关资料和有关规定，手工录入上述两项内容。

(11) 设置“净残值”和“上期净值”项目。具体操作步骤：“净残值”等于固定资产的初始原值与“净残值率”的乘积，因而在 P4 单元格中输入公式“=N4 * O4”；“上期净值”等于固定资产初始原值减去上期累计折旧，因而设置 Q4 单元格的公式为“=N4−R4”。分别利用自动填充柄将上述公式复制到 P 列和 Q 列的其他单元格中。

(12)“上期累计折旧”项目为已知数，按照表 7-2-1 手工输入。

表 7-2-1　　上期累计折旧表

固定资产编号	固定资产名称	上期累计折旧	固定资产编号	固定资产名称	上期累计折旧
1001	办公楼	77 705.08	3002	笔记本电脑	11 640.00
1002	厂房	68 516.49	3003	打印机	2 578.13
2001	轿车	91 900.15	3004	复印机	104.17
2002	轿车	72 088.64	3005	点钞机	1 260.00
2003	卡车	207 722.56	3006	扫描仪	0
3001	台式电脑	6 467.19			

(13)“本月折旧额”项目，需要使用 IF、MONTH、SLN、SYD 和 DDB 函数，卡片

编号 G0001 至 G0011 的本月折旧额公式如下：

S4=IF（L4=K4，0，IF（AND（L4=0，MONTH（J4）=MONTH（$C$2)），0，SLN（N4，P4，K4）/12））；

S5=IF（L5=K5，0，IF（AND（L5=0，MONTH（J5）=MONTH（$C$2)），0，SLN（N5，P5，K5）/12））；

S6==IF（L6=K6，0，IF（AND（L6=0，MONTH（J6）=MONTH（$C$2)），0，SYD（N6，P6，K6，L6+1）/12））；

S7==IF（L7=K7，0，IF（AND（L7=0，MONTH（J7）=MONTH（$C$2)），0，SYD（N7，P7，K7，L7+1）/12））；

S8==IF（L8=K8，0，IF（AND（L8=0，MONTH（J8）=MONTH（$C$2)），0，SYD（N8，P8，K8，L8+1）/12））；

S9=IF（L9=K9，0，IF（AND（L9=0，MONTH（J9）=MONTH（$C$2)），0，DDB（N9，P9，K9，L9+1）/12））；

S10=IF（L10=K10，0，IF（AND（L10=0，MONTH（J10）=MONTH（$C$2)），0，DDB（N10，P10，K10，L10+1）/12））；

S11=IF（L11=K11，0，IF（AND（L11=0，MONTH（J11）=MONTH（$C$2)），0，DDB（N11，P11，K11，L11+1）/12））；

S12=IF（L12=K12，0，IF（AND（L12=0，MONTH（J12）=MONTH（$C$2)），0，DDB（N12，P12，K12，L12+1）/12））；

S13=IF（L13=K13，0，IF（AND（L13=0，MONTH（J13）=MONTH（$C$2)），0，DB（N13，P13，K13，L13+1）/12））；

S14=IF（L14=K14，0，IF（AND（L14=0，MONTH（J14）=MONTH（$C$2)），0，DB（N14，P14，K14，L14+1）/12））。

（14）设置“本月累计折旧”和“本月净值”项目。选中 T4 单元格，输入公式“=R4+S4”，选中 U4 单元格，输入公式“=N4−T4”。分别利用自动填充柄将上述公式复制到 T 列和 U 列的其他单元格。至此，完成“固定资产清单”的编制，显示结果如图 7-2-9、图 7-2-10 所示。

	A	B	C	D	E	F	G	H	I	J	K
1											固定
2	制表日期		2013/01/15								
3	卡片编号	类别编号	类别名称	定资产编	固定资产名称	所属部门	增加方式	减少方式	使用状况	开始使用日期	预计使用年限
4	G0001	01	厂房建筑物	1001	办公楼	总经理办公	在建工程转入		在用	2010/11/10	30
5	G0002	01	厂房建筑物	1002	厂房	生产部	在建工程转入		在用	2011/01/01	30
6	G0003	02	交通运输设备	2001	轿车	人力行政部	直接购入		在用	2009/10/15	10
7	G0004	02	交通运输设备	2002	轿车	销售部	直接购入		在用	2010/03/01	10
8	G0005	02	交通运输设备	2003	卡车	采购部	直接购入		在用	2009/11/01	10
9	G0006	03	办公设备	3001	台式电脑	财务部	直接购入		在用	2011/05/09	7
10	G0007	03	办公设备	3002	笔记本电脑	销售部	直接购入		在用	2008/10/01	4
11	G0008	03	办公设备	3003	打印机	总经理办公	直接购入		在用	2011/06/01	8
12	G0009	03	办公设备	3004	复印机	财务部	直接购入		在用	2012/11/05	8
13	G0010	03	办公设备	3005	点钞机	财务部	直接购入		在用	2011/12/01	5
14	G0011	03	办公设备	3006	扫描仪	人力行政部	直接购入		在用	2013/01/01	5

图 7-2-9

T17

	A	K	L	M	N	O	P	Q	R	S	T	U
1		固定资产清单										
2	制表											
3	卡片编号	预计使用年限	已使用年限	折旧方法	固定资产初始原值	净残值率	净残值	上期净值	上期累计折旧	本月折旧额	本月累计折旧	本月净值
4	G0001	30	2	年限平均法	1,153,560.00	5%	57,678.00	1,075,854.92	77,705.08	3,044.12	80,749.20	1,072,810.80
5	G0002	30	2	年限平均法	1,105,600.00	5%	55,280.00	1,037,083.51	68,516.49	2,917.56	71,434.05	1,034,165.95
6	G0003	10	3	年数总和法	185,000.00	4%	7,400.00	93,099.85	91,900.15	1,883.64	93,783.79	91,216.21
7	G0004	10	2	年数总和法	163,500.00	4%	6,540.00	91,411.36	72,088.64	1,902.55	73,991.19	89,508.81
8	G0005	10	3	年数总和法	427,000.00	4%	17,080.00	219,277.44	207,722.56	4,347.64	212,070.20	214,929.80
9	G0006	7	1	双倍余额递	16,000.00	3%	480.00	9,523.81	6,476.19	272.11	6,748.30	9,251.70
10	G0007	4	4	双倍余额递	12,000.00	3%	360.00	360.00	11,640.00	0.00	11,640.00	360.00
11	G0008	8	1	双倍余额递	7,500.00	3%	225.00	4,921.87	2,578.13	117.19	2,695.32	4,804.68
12	G0009	8	0	双倍余额递	5,000.00	3%	150.00	4,895.83	104.17	104.17	208.34	4,791.66
13	G0010	5	1	固定余额递	2,500.00	3%	75.00	1,240.00	1,260.00	52.08	1,312.08	1,187.92
14	G0011	5	0	固定余额递	1,500.00	3%	45.00	1,500.00	0.00	0.00	0.00	1,500.00

图 7-2-10

任务总结

编制固定资产清单是填制固定资产卡片的基础，在编制过程中，除了表格格式的编辑外，数据录入时引用的相关函数是重点。由于固定资产折旧按月计提，所以多次配合使用 MONTH 函数，要灵活掌握逻辑函数、日期函数等的表达式及函数之间的配合使用。

知识拓展

MONTH 和 SLN 函数

1. MONTH 函数

【名称】MONTH。

【类型】日期函数。

【格式】MONTH（serial_number）。serial_number 代表指定的日期或引用的单元格。

【举例】输入公式：=MONTH（"2003-12-18"），确认后返回的值为"12"。

2. SLN 函数

【名称】返回某项固定资产每期线性折旧费。

【类型】财务函数。

【格式】SLN（cost，salvage，life）。cost：资产原值，salvage：资产残值，life：折旧期限。

【举例】求图 7-2-11 中的固定资产年折旧额。

A5 =SLN(A1, A2, A3)

	A	B	C	D	E
1	30000	资产原值			
2	7500	残值			
3	10	使用寿命			
4					
5	¥2,250.00				

图 7-2-11

任务三　填写固定资产卡片

任务介绍

根据任务二得出的固定资产清单填写固定资产卡片，主要针对企业初始利用 Excel 建立固定资产相关内容的情况。对于已经完成初始内容建立的企业，出现固定资产增加、减少或调拨等业务，应根据相关的凭证新建或减少固定资产卡片，并将相关数据的变更链接到“固定资产清单.xls”工作簿中，在此不做详细介绍。

任务分析

根据固定资产清单填写固定资产卡片，有些内容是手工录入的，有些内容需要建立 Excel 工作组并引用 INDEX、YEAR、MONTH 等函数得出。

相关知识

建立工作组，引用 INDEX、YEAR、MONTH 等函数。

任务实施

填写固定资产卡片的具体操作步骤如下：

(1) 打开“固定资产核算”工作簿，复制固定资产卡片样式，并修改复件工作表的名称为“卡片 1”“卡片 2”等。

(2) 将固定资产卡片 1～11 组成工作组，填写固定资产卡片内容。具体操作步骤如下：

1) Excel 工作组的创建。创建方法：选择需要组合的第一个工作表标签，按住 Ctrl 键再选择第二个、第三个……本任务中，选中卡片 1 的工作表标签，按住 Ctrl 键再选择卡片 2、卡片 3……直到卡片 11。通过建立工作组，可以对固定资产卡片的格式进行调整。

2) 若想撤销表格工作组，在工作组状态的任一工作表名处，点击鼠标右键选择“取消组合工作表”命令即可，如图 7－3－1 所示。

(3) “卡片编号”“型号类型”“存放地点”三项根据实际情况手工录入，其中“卡片编号”非常重要，务必认真填写。

图 7－3－1

（4）其他项目内容通过引用 INDEX、MATCH 等函数填写，具体公式如下：

“日期”＝固定资产清单！C2；

“固定资产编号”＝INDEX（固定资产清单！D4：D14，MATCH（B2，固定资产清单！A4：A14，0））；

“固定资产名称”＝INDEX（固定资产清单！E4：E14，MATCH（B2，固定资产清单！A4：A14，0））；

“类别编号”＝INDEX（固定资产清单！B4：B14，MATCH（B2，固定资产清单！A4：A14，0））；

“类别名称”＝INDEX（固定资产清单！C4：C14，MATCH（B2，固定资产清单！A4：A14，0）；

“部门名称”＝INDEX（固定资产清单！F4：F14，MATCH（B2，固定资产清单！A4：A14，0））；

“增加方式”＝INDEX（固定资产清单！G4：G14，MATCH（B2，固定资产清单！A4：A14，0））；

“使用状况”＝INDEX（固定资产清单！I4：I14，MATCH（B2，固定资产清单！A4：A14，0））；

“使用年限”＝INDEX（固定资产清单！K4：K14，MATCH（B2，固定资产清单！A4：A14，0））；

“折旧方法”＝INDEX（固定资产清单！M4：M14，MATCH（B2，固定资产清单！A4：A14，0））；

“开始使用日期”＝INDEX（固定资产清单！J4：J14，MATCH（B2，固定资产清单！A4：A14，0））；

“已计提月份”＝（YEAR（$F$2）－YEAR（B8））*12＋（MONTH（$F$2）－MONTH（B8））－1；

“尚可使用月份”＝D7*12－D8；

“原值”＝INDEX（固定资产清单！N4：N14，MATCH（B2，固定资产清单！A4：A14，0））；

“净残值率”＝INDEX（固定资产清单！O4：O14，MATCH（B2，固定资产清单！A4：A14，0））；

“净残值”＝INDEX（固定资产清单！P4：P14，MATCH（B2，固定资产清单！A4：A14，0））；

“本期折旧额”＝INDEX（固定资产清单！S4：S14，MATCH（B2，固定资产清单！A4：A14，0））；

“累计折旧”＝INDEX（固定资产清单！T4：T14，MATCH（B2，固定资产清单！A4：A14，0））；

“期末净值”＝INDEX（固定资产清单！U4：U14，MATCH（B2，固定资产清单！A4：A14，0））；

完成上述操作后，填写好的固定资产卡片如图 7-3-2 所示。

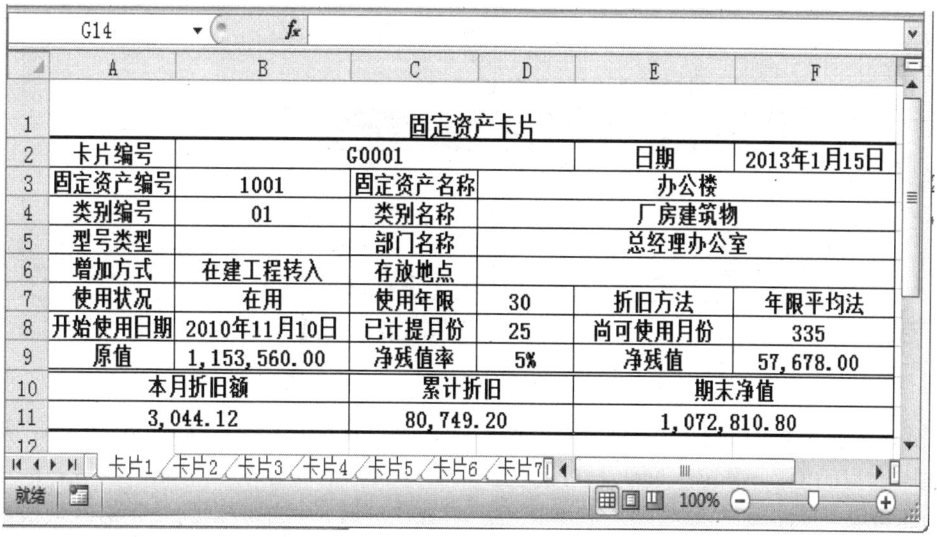

固定资产卡片					
卡片编号	G0001			日期	2013年1月15日
固定资产编号	1001	固定资产名称	办公楼		
类别编号	01	类别名称	厂房建筑物		
型号类型		部门名称	总经理办公室		
增加方式	在建工程转入	存放地点			
使用状况	在用	使用年限	30	折旧方法	年限平均法
开始使用日期	2010年11月10日	已计提月份	25	尚可使用月份	335
原值	1,153,560.00	净残值率	5%	净残值	57,678.00
本月折旧额		累计折旧		期末净值	
3,044.12		80,749.20		1,072,810.80	

图 7-3-2

任务总结

固定资产卡片可以利用得出的固定资产清单填写，也可按照相关资料设置公式填写，本任务主要介绍通过固定资产清单填写卡片，实际工作中也可根据固定资产提取折旧的相关知识，引用函数设置单元格公式填写。

知识拓展

工作组，同一个工作簿中工作表的组合称为工作组。一般来说，这些工作表的格式是相同的，在成组的工作表里，任意修改或编辑其中一个工作表的内容和格式，其余的工作表都会做同样的改变。创建方法：选择需要组合的第一个工作表标签，按住 Ctrl 键选择第二个、第三个……若想撤销表格工作组，在工作组状态的任一工作表名处，点击右键选择“取消组合工作表”命令即可。

1. INDEX 函数

【名称】在给定的单元格区域中，返回特定行、列交叉处单元格的值或引用。

【类型】查找与引用函数。

【格式】INDEX（array，row_num，column_num）。array 为单元格区域或数组常数；row_num 为数组中某行的行序号，函数从该行返回数值；column_num 是数组中某列的列序号，函数从该列返回数值。

【举例】如图 7-3-3 所示，查找相关数据。

2. MATCH 函数

【名称】匹配函数，返回符合特定值、特定顺序的项在数组中的相对位置。

【类型】查找与引用函数。

C13 =INDEX(B5:C11,7,2)

	A	B	C	D	E
2	1月部门折旧统计分析表				
3	求和项：本月折旧额				
4	所属部门	汇总	本月折旧额		
5	财务部	2.93%	428.36		
6	采购部	29.69%	4,347.64		
7	人力行政部	12.87%	1,883.64		
8	生产部	19.93%	2,917.56		
9	销售部	12.99%	1,902.55		
10	总经理办公室	21.59%	3,161.30		
11	总计	100.00%	14,641.03		
12					
13			14641.03341		

图 7-3-3

【格式】MATCH（lookup_value，lookup_array，match_type）。lookup_value：需要在数据表中查找的值；lookup_array：可能包含所要查找数值的连续的单元格区域，区域必须是某一行或某一列，即必须为一维数据，引用的查找区域是一维数据的单元格区域或数组常数；match_type：表示查询的指定方式，用数字－1、0或者1表示，match_type省略相当于match_type为1，－1，0，1分别表示“小于”“精确匹配”和“大于”。

【举例】如图7-3-4所示，选择A7单元格，输入“＝MATCH（100，B2：B5，0)”，按回车键，显示“3”。公式解析：在“B2：B5”区域内查找第一个等于“100”的数值为第几个，按顺序找到B4单元格的数值为“100”，B4在B2：B5区域内排第三，所以返回值是“3”。

A7 =MATCH(100,B2:B5,0)

	A	B	C	D	E	F	G
1	姓名	语文	数学	英语			
2	小白	85	50	75			
3	小黑	85	78	99			
4	小兰	100	98	90			
5	小辉	81	99	97			
6							
7	3						

图 7-3-4

任务四 固定资产折旧情况分析

任务介绍

通过前面所述的操作处理，企业已经建立了基本的固定资产数据库，并且按月份对每项固定资产进行计提折旧处理。

任务分析

要将数据分析运用到日常的固定资产管理中，首先应掌握如何在数据库中查找特定的固定资产。本次任务主要利用的是 Excel 的筛选功能。每月对每项固定资产进行计提折旧的处理后，公司要求财务部门出具有关固定资产折旧情况的分析表，需要按照类别、部门进行分类汇总及分析，这就要用到数据透视表功能。

相关知识

筛选功能、数据透视表和数据透视图。

任务实施

一、利用筛选功能进行固定资产数据查询

打开“固定资产核算”工作簿，打开“固定资产清单”工作表，选中筛选区域 A3：U14，选择“数据”菜单下的“筛选”命令，工作表便进入筛选状态，结果如图 7-4-1 所示。

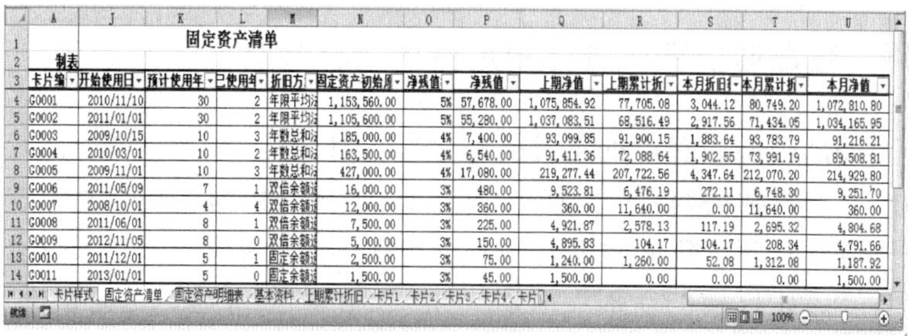

固定资产清单

制表

卡片编	开始使用日	预计使用年	已使用年	折旧方	固定资产初始原	净残值	净残值	上期净值	上期累计折	本月折旧	本月累计折	本月净值
G0001	2010/11/10	30	2	年限平均法	1,153,560.00	5%	57,678.00	1,075,854.92	77,705.08	3,044.12	80,749.20	1,072,810.80
G0002	2011/01/01	30	2	年限平均法	1,105,600.00	5%	55,280.00	1,037,083.51	68,516.49	2,917.56	71,434.05	1,034,165.95
G0003	2009/10/15	10	3	年数总和法	185,000.00	4%	7,400.00	93,099.85	91,900.15	1,883.64	93,783.79	91,216.21
G0004	2010/03/01	10	2	年数总和法	163,500.00	4%	6,540.00	91,411.36	72,088.64	1,902.55	73,991.19	89,508.81
G0005	2009/11/01	10	3	年数总和法	427,000.00	4%	17,080.00	219,277.44	207,722.56	4,347.64	212,070.20	214,929.80
G0006	2011/05/09	7	1	双倍余额递	16,000.00	3%	480.00	9,523.81	6,476.19	272.11	6,748.30	9,251.70
G0007	2008/10/01	4	4	双倍余额递	12,000.00	3%	360.00	360.00	11,640.00	0.00	11,640.00	360.00
G0008	2011/06/01	8	1	双倍余额递	7,500.00	3%	225.00	4,921.87	2,578.13	117.19	2,695.32	4,804.68
G0009	2012/11/05	8	0	双倍余额递	5,000.00	3%	150.00	4,895.83	104.17	104.17	208.34	4,791.66
G0010	2011/12/01	5	1	固定余额递	2,500.00	3%	75.00	1,240.00	1,260.00	52.08	1,312.08	1,187.92
G0011	2013/01/01	5	0	固定余额递	1,500.00	3%	45.00	1,500.00	0.00	0.00	0.00	1,500.00

图 7-4-1

（1）例如：查询 2013 年 1 月 1 日新增的固定资产。

单击“开始使用日期”列的筛选按钮，选择“2013-01-01”，筛选结果如图 7-4-2 所示。

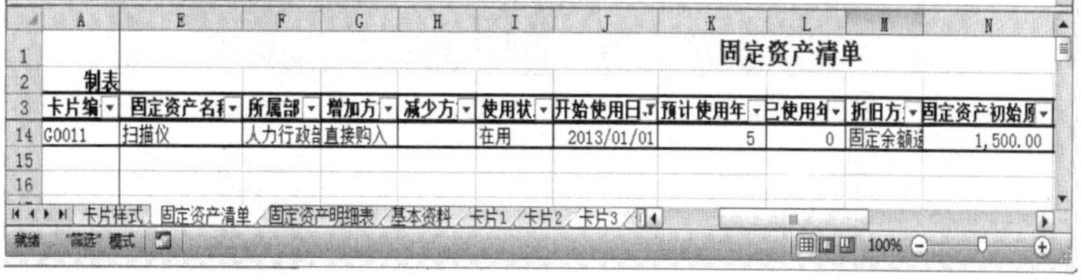

固定资产清单

制表

卡片编	固定资产名称	所属部	增加方	减少方	使用状	开始使用日	预计使用年	已使用年	折旧方	固定资产初始原
G0011	扫描仪	人力行政部	直接购入		在用	2013/01/01	5	0	固定余额递	1,500.00

图 7-4-2

（2）例如：查询总经理办公室在用的固定资产。

单击“使用部门”列按钮，选择“总经理办公室”，如图 7-4-3 所示。

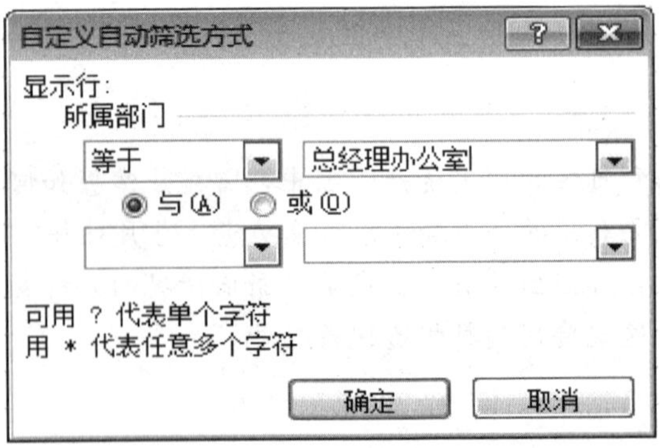

图 7-4-3

单击“使用状况”列，选择“在用”，筛选结果如图 7-4-4 所示。

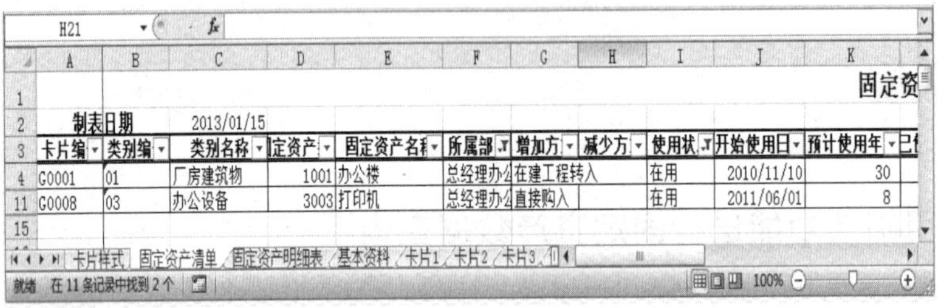

图 7-4-4

二、利用“数据透视表”进行固定资产情况分析

（1）分析不同部门所用资产的本月折旧金额。打开“固定资产核算”工作簿，打开“固定资产清单”，选择数据列表中的任一单元格，选择“数据”菜单中的“数据透视表和数据透视图”命令，打开“数据透视表和数据透视图向导步骤 1——共 3 步”，单击“下一步”按钮，在“选定区域”文本框中输入要汇总的数据区域，然后单击“下一步”按钮，在“数据透视表显示位置”中，选中“新建工作表”单选按钮，单击“完成”按钮。

将数据透视表的布局通过“选项”命令调整至“经典数据透视表布局”。将“所属部门”拖至行字段处，“本月折旧额”拖至值字段处，如图 7-4-5 所示。

1月部门折旧统计分析表	
求和项:本月折旧额	
所属部门	汇总
财务部	428.36
采购部	4,347.64
人力行政部	1,883.64
生产部	2,917.56
销售部	1,902.55
总经理办公室	3,161.30
总计	**14,641.03**

图 7-4-5

（2）例如：查询 2013 年 1 月 1 日新增的固定资产，计算每个部门的折旧金额占本月所有折旧额的百分比，并绘制双轴图。

在图 7－4－5 的基础上，增加各部门本月折旧额占全部折旧额的百分比，得出图 7－4－6。

1 月部门折旧统计分析表

	值	
所属部门	求和项:本月折旧额	本月折旧额比例
财务部	428.36	2.93%
采购部	4347.64	29.69%
人力行政部	1883.64	12.87%
生产部	2917.56	19.93%
销售部	1902.55	12.99%
总经理办公室	3161.30	21.59%
总计	**14641.03**	**100.00%**

图 7－4－6

双轴图，顾名思义，即图表需要两个 Y 坐标轴，一个用来表现本月折旧额，另一个用来表现百分比例。得出的双轴图如图 7－4－7 所示。

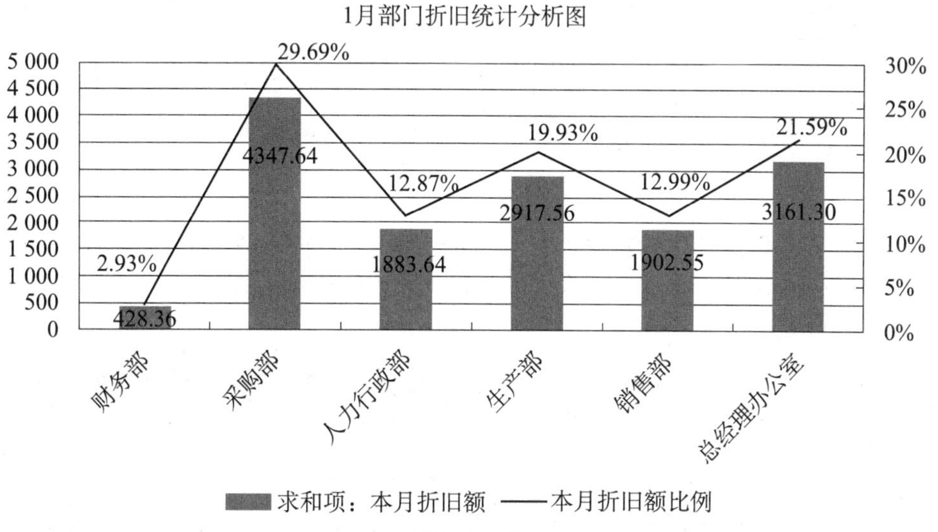

图 7－4－7

任务总结

固定资产折旧情况分析主要集中在数据的查询和制作数据透视表、数据透视图上。在进行数据查询时，可以是单条件查询，也可以是多条件查询，要按实际情况处理，设置相关的查询条件。

知识拓展

双轴图

双坐标图，通常是指有两个 Y 坐标轴的图形，且要表现的数据有两个或两个以上系列。

举例说明双轴图的制作方法。如图 7－4－8 所示，要表现的数据有两列，一列为数量，希望通过柱形图表示，另一列为比率，希望通过百分比表示，这时就需要两个 Y 轴。

制作双轴图的思路是：将两个数据列用同一种图表类型先做出来，然后改变其中一个数据列的图表类型，并将其设置在次坐标轴上显示，具体步骤如下：

(1) 选中 A1：C11 区域插入柱形图，系统自动生成图表，如图 7－4－9 所示。

城市	销售量	达成率
A	410	115%
B	82	122%
C	830	96%
D	80	125%
E	110	82%
F	60	83%
G	310	71%
H	40	225%
I	70	100%
J	90	111%

图 7－4－8

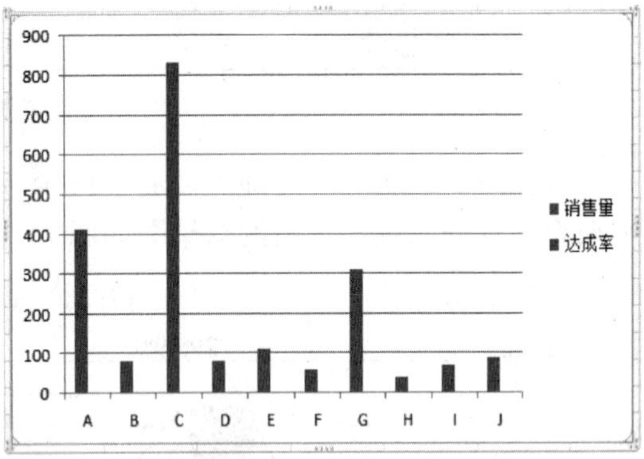

图 7－4－9

(2) 选择其中的一个数据系列，并将其图表类型改为折线图。提示：系统自动生成的图表由于数据对比太大，第二个数据系列未显示出来，但实际上它是存在的，点一下第一列数据右边就可以看到了，如图 7－4－10 所示。

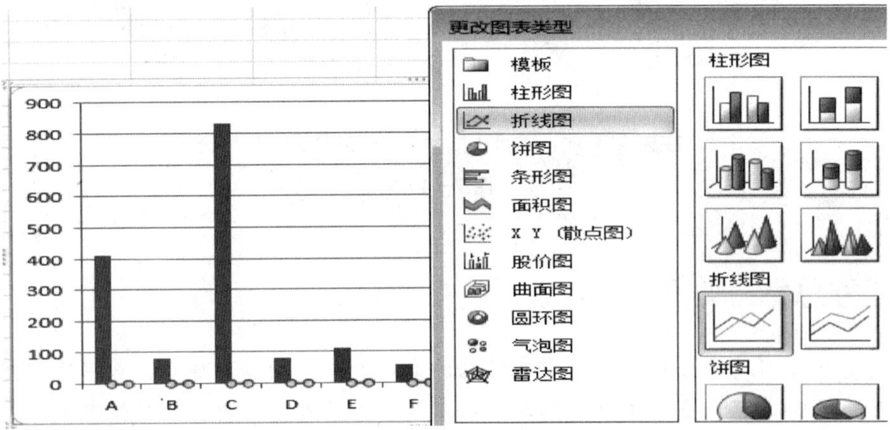

图 7－4－10

（3）在折线图上点击鼠标右键，选择“设置数据系列格式”，如图 7－4－11 所示。

（4）更改坐标轴，选择次坐标轴，在折线图上点击鼠标右键打开快捷菜单，选择“数据系列格式”，在弹出的对话框中选择“次坐标轴”即可，显示的结果如图 7－4－12 所示。

（5）进一步美化一下图表即可完成。

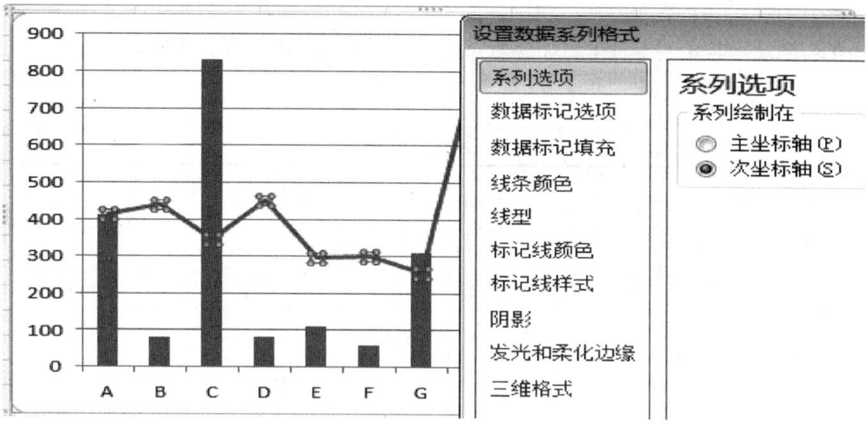

图 7－4－11

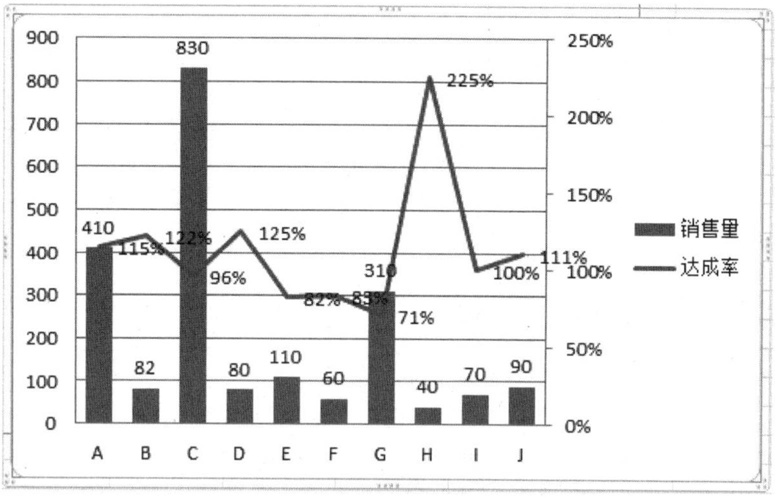

图 7－4－12

练习及实训

【实训资料】

SD 公司是一家生产机械设备的企业，虽然规模不大，但固定资产较多，而且价值较高，因此，固定资产管理对企业来说是相当重要的。SD 公司有厂部、财务处、人事处、采购处、销售处、金工车间、机装车间等部门。固定资产所属部门负责其固定资产的维护。目前，SD 公司已有各类固定资产 10 台，固定资产集中在财务处管理，每个固定资产都有一张卡片，记录它增加的方式、开始使用的日期、固定资产编码、规格种类、所属部门、原始价值、累计价值、净值、折旧方法等信息。固定资产日常管理业务有固定资产的增加和减少、部门间的调拨、月折旧的计提、折旧数据的汇总分析。SD公司的固定资产分为房屋建筑类、机械设备类、运输工具类、办公设备类，它们的编码分别是02、03、05、06，净残值率分别为5%、4%、4%、3%。其中，005号固定资产预计总工作量为400 000千米，本月工作量为20 00千米。

该公司从2011年6月起用Excel核算固定资产。固定资产详细情况如表7－0－4所示。

表7－0－4　固定资产信息

卡片编码	固定资产编号	固定资产名称	资产类别	增加方式	使用部门	使用状态	开始使用日期	预计使用年份	原值/元	折旧方法
001	101001	办公楼	02	自建	厂部	在用	2002.12.01	20	1 000 000	直线法
002	101002	金工车间	02	自建	金工车间	在用	2002.12.01	20	800 000	直线法
003	101003	机装车间	02	自建	机装车间	在用	2002.12.01	20	500 000	直线法
004	101004	仓库	02	自建	采购处	在用	2002.12.01	20	200 000	直线法
005	101005	客车	05	直接购入	采购处	在用	2002.12.01	10	100 000	工作量法
006	101006	计算机	06	直接购入	人事处	在用	2002.12.01	5	6 000	直线法
007	101007	吊车	03	投资者投入	机装车间	在用	2002.12.01	10	130 000	双倍余额递减法
008	101008	会议桌	06	直接购入	厂部	在用	2002.12.01	5	2 000	直线法
009	101009	计算机	06	部门调拨	销售处	在用	2002.12.01	5	6 000	直线法
010	101010	打印机	06	部门调拨	财务处	在用	2002.12.01	5	2 000	直线法
011	101011	计算机	06	直接购入	财务处	在用	2002.6.01	5	12 000	直线法

【实训要求】

根据上述资料，完成下列操作：

（1）设计固定资产卡片样式，录入固定资产卡片的初始数据。

（2）增加固定资产。

（3）减少固定资产。

（4）固定资产在部门间调拨。

（5）计提固定资产折旧。

（6）查询固定资产有关信息。

（7）汇总分析固定资产折旧数据。

项目八

Excel 在财务总账中的应用

情景介绍

王雪使用了固定资产管理系统之后，不仅简化了计提折旧等固定资产管理工作，而且对不同部门的折旧额进行了分析，给领导提出了有针对性的建议和意见，深得领导赏识。她很受鼓舞，又尝试使用 Excel 进行账务处理。

2013 年 2 月，宏宇公司的账户期初余额如表 8-0-1 所示。

表 8-0-1　　宏宇公司 2013 年 2 月账户期初余额　　单位：元

科目编码	科目名称	期初借方余额	期初贷方余额
1001	库存现金	5 000.00	
1002	银行存款	2 660 000.00	
100201	中国银行	1 560 000.00	
100202	工商银行	1 100 000.00	
1012	其他货币资金	128 000.00	
101201	外埠存款	11 000.00	
101203	银行汇票	117 000.00	
1101	交易性金融资产	25 000.00	
1121	应收票据	246 000.00	
1122	应收账款	400 000.00	
112201	华东公司	151 000.00	
112202	利成公司	249 000.00	
1231	坏账准备		1 895.12
1123	预付账款	100 000.00	
1221	其他应收款	6 000.00	
122101	刘远东	4 000.00	
122102	薛平	2 000.00	
1402	在途物资	245 000.00	

续前表

科目编码	科目名称	期初借方余额	期初贷方余额
1403	原材料	550 000.00	
1411	周转材料	98 050.00	
141101	包装物	38 050.00	
141102	低值易耗品	60 000.00	
1405	库存商品	1 700 000.00	
1511	长期股权投资	250 000.00	
151101	股票投资	250 000.00	
1601	固定资产	2 524 527.56	
1602	累计折旧		554 632.44
1604	在建工程	1 500 000.00	
1606	固定资产清理		
1701	无形资产	600 000.00	
1702	累计摊销		
1801	长期待摊费用	200 000.00	
2001	短期借款		240 000.00
2201	应付票据		300 000.00
2202	应付账款		916 850.00
2211	应付职工薪酬		91 200.00
221101	工资		80 000.00
221102	福利费		11 200.00
2221	应交税费		30 000.00
222101	应交增值税		
22210101	销项税额		
22210102	进项税额		
22210103	已交税金		
222102	未交增值税		
222103	应交所得税		30 000.00
222110	应交教育费附加		
2231	应付利息		
2241	其他应付款		57 600.00
2501	长期借款		1 600 000.00
250101	本金		1 600 000.00
250102	应付利息		
4001	实收资本		6 000 000.00
4002	资本公积		983 000.00
400201	资本溢价		983 000.00

续前表

科目编码	科目名称	期初借方余额	期初贷方余额
4101	盈余公积		250 000.00
410101	法定盈余公积		250 000.00
4103	本年利润		
4104	利润分配		212 400.00
410401	未分配利润		212 400.00
5001	生产成本		
500101	基本生产成本		
500102	辅助生产成本		
5101	制造费用		
6001	主营业务收入		
6111	投资收益		
6401	主营业务成本		
6402	其他业务成本		
6403	营业税金及附加		
6601	销售费用		
6602	管理费用		
6603	财务费用		
6711	营业外支出		
6801	所得税费用		
合计		11 237 577.56	11 237 577.56

公司为增值税一般纳税人，增值税税率为 17%，所得税税率为 25%，材料采用先进先出法核算，原材料期初库存量为 500 吨。

该公司 2013 年 2 月发生的部分经济业务如下：

(1) 2 月 1 日，购入原材料 160 吨，用中行存款支付货款 160 000 元及购入材料需要支付的增值税 27 200 元，款项已付，材料未到。

(2) 2 月 2 日，收到原材料一批，数量 110 吨，材料成本 110 000 元，材料已验收入库，货款已于上月支付。

(3) 2 月 3 日，基本生产领用原材料 600 吨，价值 650 000 元，车间领用计入产品成本的低值易耗品 50 000元。

(4) 2 月 4 日，公司向华东公司销售产品一批，销售价款为 300 000 元（不含税价），该批产品实际成本为 180 000 元（月末结转），产品已发出，款项未收到。

(5) 2 月 5 日，公司将交易性金融资产（全部为股票投资）25 000 元兑现，收到本金 25 000 元，投资收益 5 000 元，均存入中行。

(6) 2 月 6 日，一项工程完工，交付生产使用，已办理竣工结算手续，固定资产价值 1 400 000 元。

(7) 2 月 7 日，归还短期借款本金 150 000 元，当月利息 2 500 元，由中行存款支付。

(8) 2 月 8 日，计提职工工资，其中，计入管理费用 56 800 元、制造费用 15 600 元、销售费用 7 600 元。

(9) 2 月 9 日，以中行转账支付职工工资。

(10) 2 月 10 日，计提福利费，其中计入管理费用 7 952 元、制造费用 2 184 元及销售费用 1 064 元。

(11) 2 月 11 日，业务部经理刘远东出差，预借差旅费 14 000 元，出纳员以现金支付。

(12) 2 月 11 日，销售给利成公司产品一批，销售价款 200 000 元，增值税 34 000 元，该批材料实际成本为 120 000 元（月末结转），材料已发出，款项未收到。

(13) 2 月 12 日，车间一台机床报废，原价 200 000 元，已计提折旧 180 000 元，发生清理费用 500 元，残值收入 1 800 元，均通过中行收支，该项固定资产清理完毕。

(14) 2 月 13 日，摊销无形资产 11 000 元。

(15) 2 月 15 日，提取应计入本期损益的借款利息 21 500 元，其中，短期借款利息 11 500 元，长期借款利息 10 000 元。

(16) 2 月 16 日，销售产品一批，销售价款 700 000 元，应收增值税 119 000 元，销售产品的实际成本为 420 000 元（月末结转），款项已由中行收妥。

(17) 2 月 17 日，计提固定资产折旧，其中计入管理费用 5 557 元、制造费用 7 371 元、销售费用 1 192 元。

(18) 2 月 18 日，业务部经理刘远东出差已回，报销差旅费 13 500 元。

(19) 2 月 23 日，用中行存款支付产品展览费 15 000 元。

(20) 2 月 25 日，收到华东公司应收账款 351 000 元，存入中行。

(21) 2 月 25 日，从银行提取现金 20 000 元，作为备用金。

(22) 2 月 25 日，将制造费用转入生产成本。

(23) 2 月 25 日，计算结转本月生产完工产品成本 725 155 元。

(24) 2 月 26 日，以中行支付广告费 10 000 元。

(25) 2 月 28 日，本月产品销售应缴纳的教育费附加为 2 000 元。

(26) 2 月 28 日，用中行存款缴纳增值税 70 000 元、教育费附加 2 000 元。

(27) 2 月 28 日，结转本月产品销售成本 720 000 元。

(28) 2 月 28 日，结转各损益类科目。

(29) 2 月 28 日，计算并结转所得税（不考虑纳税调整事项，税率为 25%）。

任务一 制作封皮、会计科目及余额表

任务介绍

若要完成宏宇公司 2013 年度 2 月的账务处理，首先需要建账并制作封皮、会计科目及余额表。

任务分析

用 Excel 建账，即用 Excel 建立一个工作簿，并建立数张工作表，分别用来存放会计科目及期初余额、记账凭证、总账、明细账等。第一张工作表为封皮，第二张工作表为会计科目及余额表。

相关知识

录入数据、文字；设置单元格格式；对工作表、工作簿的引用、插入、删除、重命名以及冻结窗格等基础操作。

任务实施

制作封皮及会计科目及余额表的具体操作步骤如下：

（1）在本地磁盘 E 盘下建立“宏宇公司账务处理”文件夹。

（2）新建 Excel 文件，重命名为“1302 总账”。

（3）双击启动“1302 总账”文件，在工作表 Sheet1 上单击鼠标右键，选择重命名，输入“封皮”。

按此方法，将 Sheet2 重命名为“会计科目及余额表”。

以上操作的结果如图 8－1－1 所示。

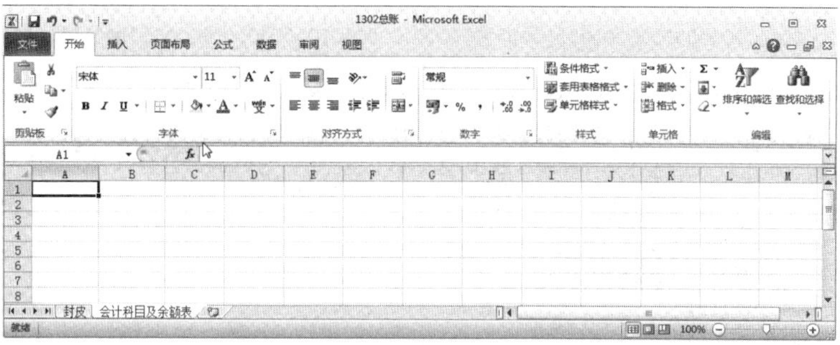

图 8－1－1

（4）点开“封皮”，输入相关信息，如图 8－1－2 所示。

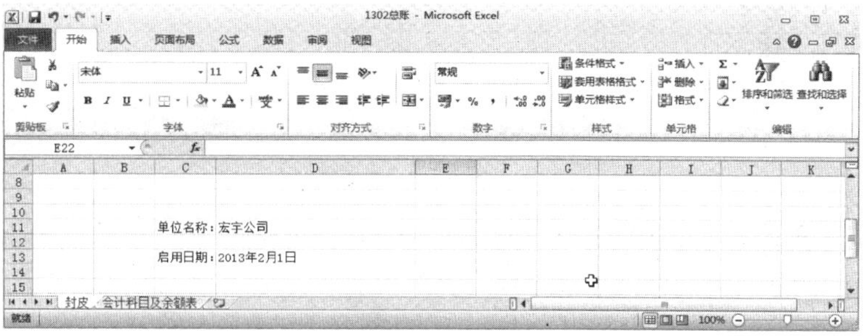

图 8－1－2

（5）在工作表“会计科目及余额表”的A1单元格中输入“科目编码”，B1单元格中输入“科目名称”，字体选择加粗。

（6）选择A列，单击鼠标右键打开“设置单元格格式”对话框，设置数字类型为“文本”，如图8-1-3所示。

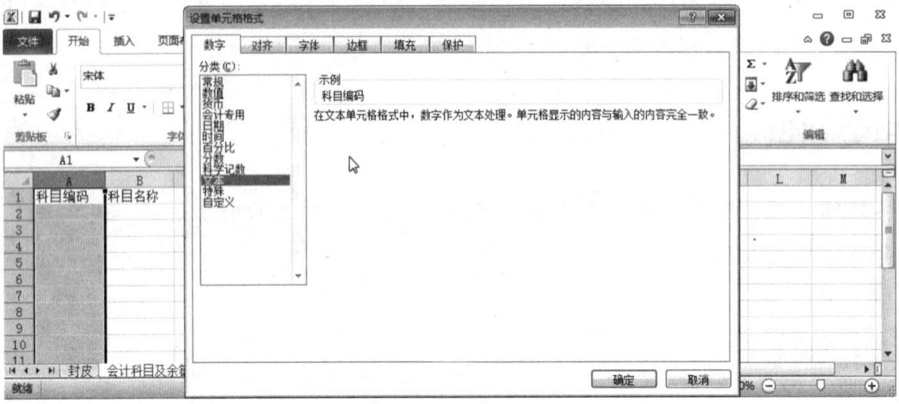

图8-1-3

（7）在工作表“会计科目及余额表”的A2至A74单元格中分别输入表8-0-1中的科目编码及相应的子科目编码，在B2至B75单元格中分别输入表8-0-1中的科目名称及子科目名称。

（8）选择“会计科目及余额表”的A1和B1单元格，单击“开始”选项卡下“字体”选项组中的“填充颜色”按钮，选择“主题颜色”下的“白色，背景1，深色15%”，如图8-1-4所示。

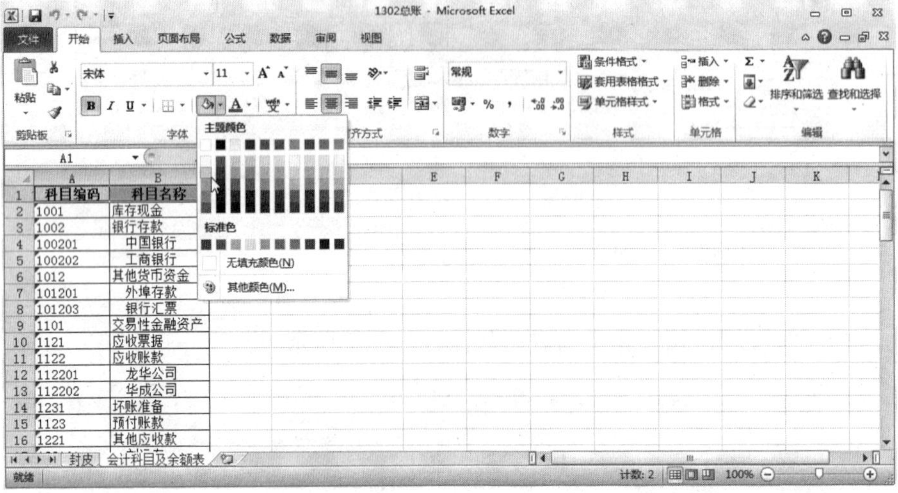

图8-1-4

（9）选择“会计科目及余额表”的A1：B75单元格区域，单击“开始”选项卡下“字体”选项组中的“边框”下拉按钮，选择“所有框线”，加上“田”字形边框，如图8-1-5所示。

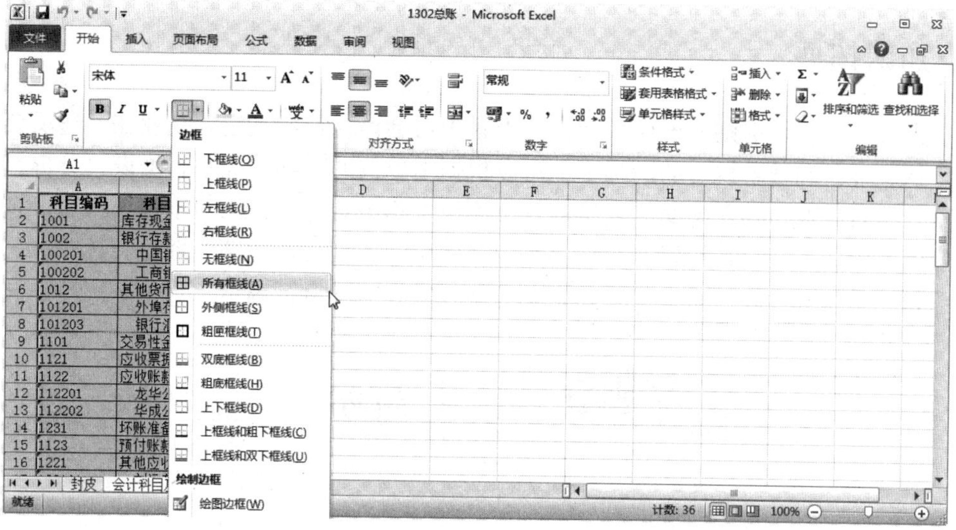

图 8-1-5

（10）选择“会计科目及余额表”的 C2 单元格，单击“视图”选项卡下“窗口”选项组中的“拆分”，此时工作表会被分成 4 部分，再单击“冻结窗格”按钮，选择“冻结拆分窗格”，此时滑动水平滚动条和垂直滚动条，A、B 列和第一行并不会随着滑动而移动。如图 8-1-6 所示。

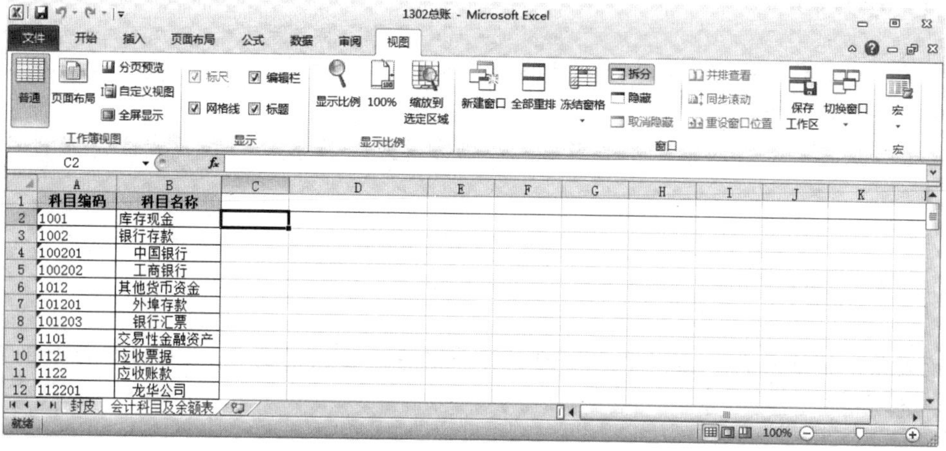

图 8-1-6

任务总结

任务一看似简单，却是整个账务处理的基础。封皮和会计科目及余额表的制作，不仅要准确无误，还要美观。另外，在细节方面必须注意，例如“会计科目及余额表”中“科目编码”列设置为“文本”格式是不可省略的，这直接关系到后面函数的引用。

知识拓展

根据《企业会计准则——应用指南》附录中对会计科目的规定，企业在不违反会计准则中确认、计量和报告规定的前提下，可以根据本单位的实际情况自行增设、分拆、合并会计科目。对企业不存在的交易或事项，可不设置相关会计科目。对于明细科目，企业可以对照附录中的规定自行设置。会计科目编号供企业填制会计凭证、登记会计账簿、查阅会计账目、采用会计软件系统参考，企业可结合实际情况自行确定。

任务二 录入期初余额

任务介绍

制作完封皮和会计科目及余额表后，需要录入期初余额，即在“会计科目及余额表”中输入2013年2月各账户期初数据，并进行试算平衡。

任务分析

输入期初余额数据时，需要注意总账科目余额与明细科目余额之间的关系：总账科目余额=明细科目余额之和。

在进行试算平衡时，要设置平衡公式：借方总账科目余额之和=贷方总账科目余额之和。

相关知识

设置单元格格式和边框，单元格的合并与居中。公式的运用；SUMIF函数的引用；通配符的使用。

任务实施

录入期初余额的具体操作步骤如下：

（1）在“会计科目及余额表”中选择C1单元格，输入“期初借方余额”；选择D1单元格，输入“期初贷方余额”。选中A1单元格，单击“开始”选项卡“剪贴板”选项组中的“格式刷”，再选中C1和D1单元格，将C1、D1单元格刷成和A1单元格相同的格式。

（2）定义有下级科目的汇总科目的计算方式。有下级科目的汇总科目期初余额为下级科目期初余额之和，故可设置公式如下：

C3=C4+C5

C6=C7+C8

C11=C12+C13

C16=C17+C18

C21=C22+C23

C25=C26

C37=C38+C39

C40=C41+C45+C46+C47

C41=C42+C43-C44

C50=C51+C52

C54=C55

C56=C57

C61=C62+C63

(3) 除 D41 之外，将上述公式复制到 D 列。

(4) 按表 8-0-1 在“会计科目及余额表”中录入明细科目余额及没有明细科目的总账科目余额。有明细科目的总账科目余额会根据设置的公式自动进行计算。

(5) 选中 C2：D75 区域，打开“设置单元格格式”对话框，在“数字”选项卡下选择“数值”，小数位数选择“2”，选中“使用千位分隔符”，点击“确定”，将期初余额设置为统一格式，如图 8-2-1 所示。

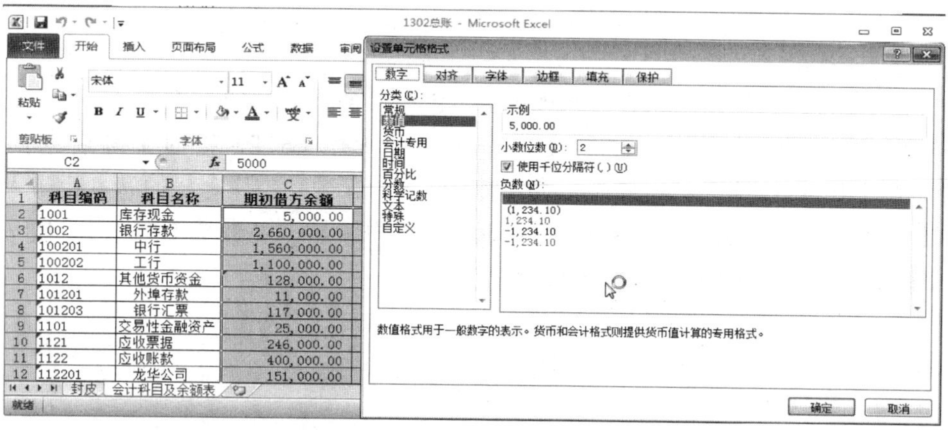

图 8-2-1

(6) 选择 A76：B76 区域，单击“开始”选项卡下“合并后居中”按钮，在合并后的单元格中输入“合计”二字，格式与 A1 单元格一致。

(7) 计算期初借方余额合计和期初贷方余额合计。这里我们需要用到 SUMIF 函数和通配符。

● SUMIF 函数

【名称】单条件求和函数。

【类型】数学函数。

【格式】SUMIF（搜索范围，搜索条件，求和范围）。

【用途】对满足条件的值进行求和（只能有一个条件）。

【举例】如图 8-2-2 所示，若想计算产品的总销售额，可以使用 SUMIF 函数。选中 B9 单元格，在 B9 单元格中输入“=SUMIF（B2：B7,"手机"，D2：D7)”，按回车键后显示结果“10 500”。这个函数表示“搜索范围”是所有的产品名称，“搜索条件”是“手机”，“求和范围”是所有产品的销售额。

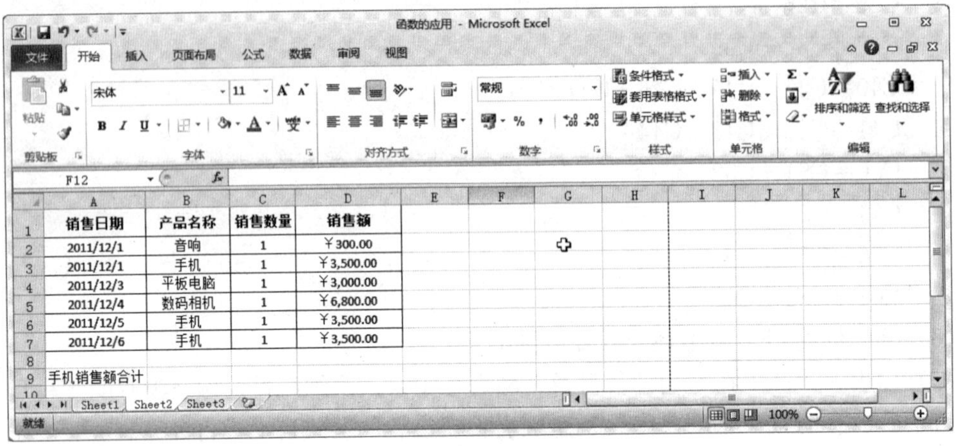

	A	B	C	D
1	销售日期	产品名称	销售数量	销售额
2	2011/12/1	音响	1	￥300.00
3	2011/12/1	手机	1	￥3,500.00
4	2011/12/3	平板电脑	1	￥3,000.00
5	2011/12/4	数码相机	1	￥6,800.00
6	2011/12/5	手机	1	￥3,500.00
7	2011/12/6	手机	1	￥3,500.00
8				
9	手机销售额合计			

图 8-2-2

● 通配符

【含义】是一类键盘字符或者说是一种特殊语句。

【格式】“*”可以表示任何字符；“?”可以表示任何单个字符。

【用途】模糊匹配。

【举例】如图 8-2-3 所示，若想算出带“电脑”两个字的期刊库存量，选中任意空白单元格，输入“=SUMIF（A2：B6,"电脑*"，B2：B6)”，按回车键后返回值为“410”，即“电脑商情报”“电脑报”“电脑爱好者”三种杂志库存量的和。若输入“=SUMIF（A2：B6,"电脑?"，B2：B6)”，则返回值为“100”，即“电脑报”的库存量。这就是通配符中“*”和“?”的区别。

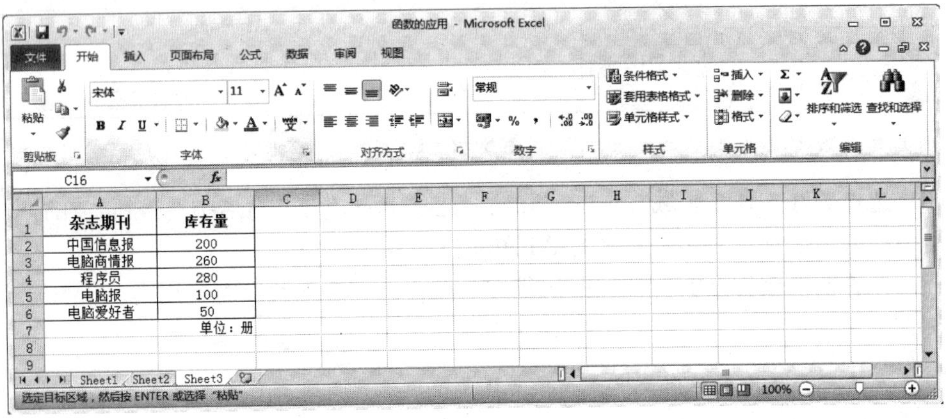

	A	B
1	杂志期刊	库存量
2	中国信息报	200
3	电脑商情报	260
4	程序员	280
5	电脑报	100
6	电脑爱好者	50
7		单位：册

图 8-2-3

掌握了 SUMIF 函数和通配符的用法后，就可以计算“会计科目及余额表”中的期初借方余额合计和期初贷方余额合计。

方法一：选中 C75 单元格，输入“=SUMIF（A：A,"????"，C：C)”，单击“A：A”，按 F4 键，把相对地址切换为绝对地址，按回车键确认，如图 8-2-4 所示。

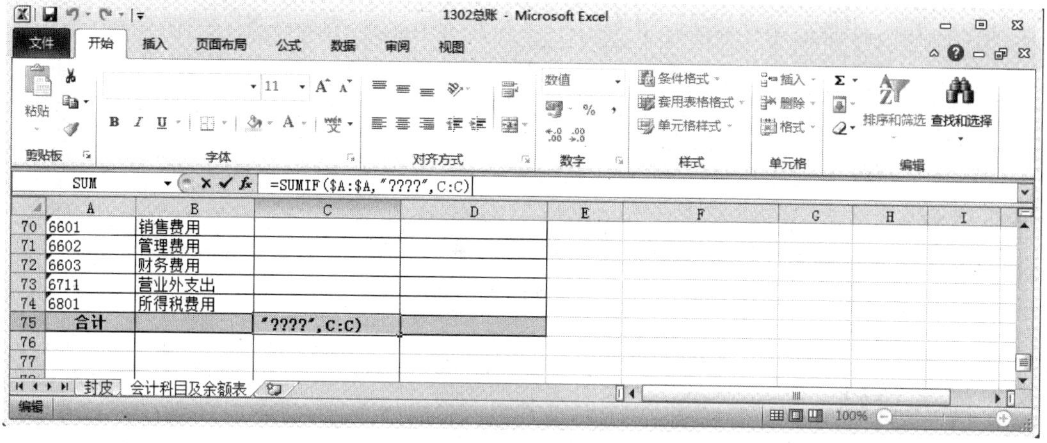

图 8-2-4

方法二：选中 C75 单元格，单击“公式”选项卡，点击“插入函数”，找到“数学与三角函数”，输入相应参数后点击“确定”，如图 8-2-5 所示。

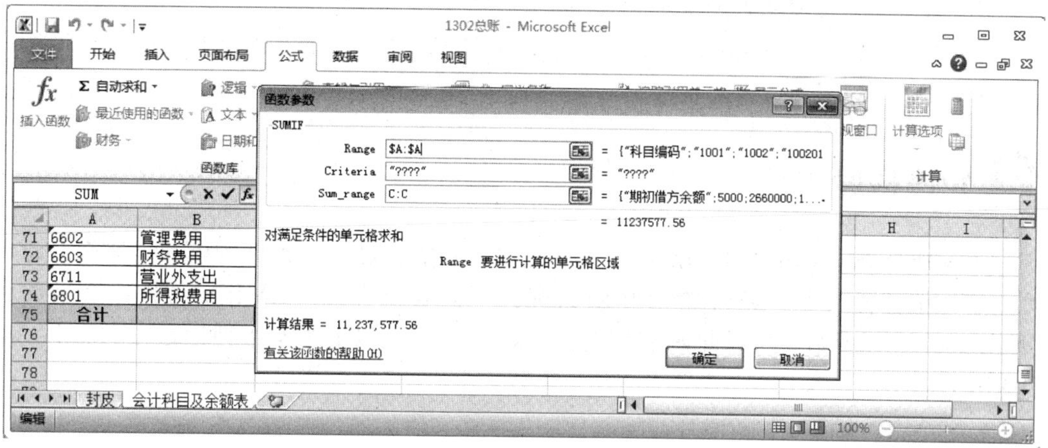

图 8-2-5

其中，SUMIF 函数的三个参数分别表示：

搜索范围：“$A：$A”，即所有科目。

搜索条件：“????”表示科目编码为 4 个字符的所有科目，即所有总账科目。

求和范围：“C：C”即期初借方余额。

(8) 用填充柄将 C75 的公式填充至 D75，得到贷方余额，如图 8-2-6 所示。

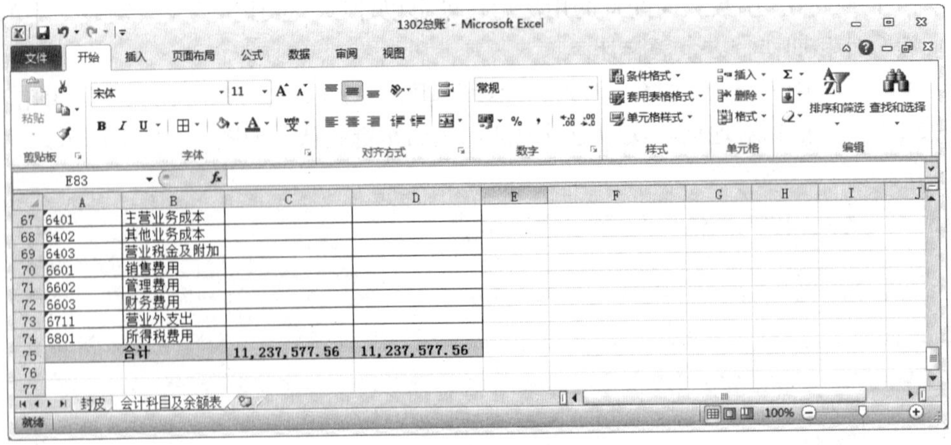

图 8-2-6

任务总结

(1) 录入期初余额是每个月账务处理的开始，直接关系到后面凭证的录入和总账、明细账的生成。

(2) 要清楚总账科目和明细科目的关系，这也是为什么有明细科目的总账科目余额要由公式生成而不是直接录入的原因。

(3) 掌握 SUMIF 函数和通配符的使用。在 Excel 文件中录入函数时，一定要注意中英文状态下的标点符号。

知识拓展

SUMIF 函数为单条件求和函数，也就是说，它能满足一个条件的求和。那么由此想到，有没有能满足多个条件的求和函数呢？下面我们介绍 SUMIFS 函数。该函数为 Office 2007 新增函数，所以此函数只能在 Excel 2007 及以上版本中使用，在 Excel 2003 中使用无效。

● SUMIFS 函数

【名称】多条件求和函数。

【类型】数学函数。

【格式】SUMIFS（求和范围，条件 1 区域，条件 1，条件 2 区域，条件 2……）。

【用途】对满足条件的值进行求和（可以满足多个条件）。

【举例】如图 8-2-7 所示，我们现在需要统计市场部女员工的收入总和，通过分析我们知道求和的区域为“收入”，条件区域有两个，即“部门”和“性别”，条件值分别为“市场部”和“女”。所以函数表达式为“=SUMIFS（F2：F9，C2：C9,"市场部"，D2：D9,"女"）”，返回值为“11 300”，结果正确。

在上面的例子中，如果再增加一个需要比较的条件区域呢？若想计算市场部年龄大于 30 岁的女员工的收入总和，前两个条件区域和条件值不变，只需再增加一个条件区域

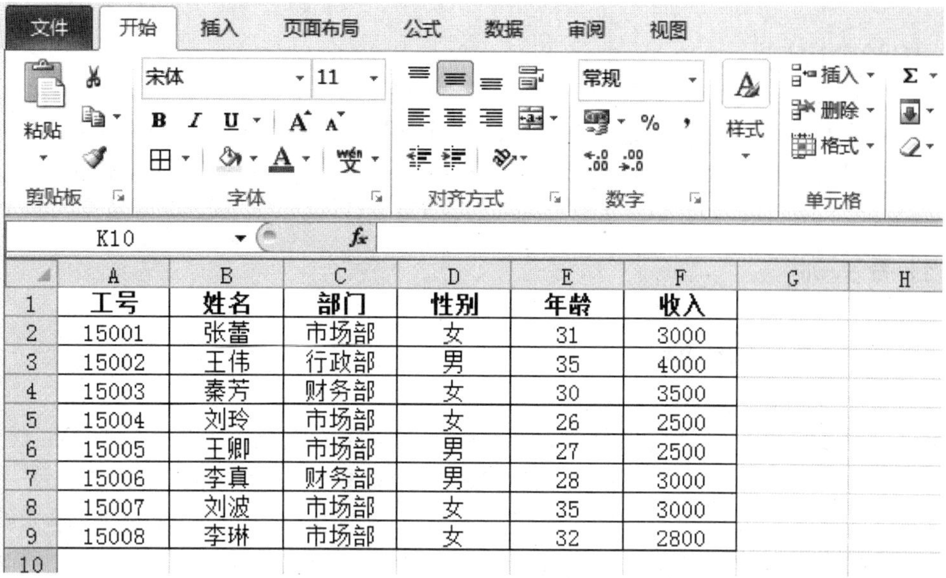

	A	B	C	D	E	F
1	工号	姓名	部门	性别	年龄	收入
2	15001	张蕾	市场部	女	31	3000
3	15002	王伟	行政部	男	35	4000
4	15003	秦芳	财务部	女	30	3500
5	15004	刘玲	市场部	女	26	2500
6	15005	王卿	市场部	男	27	2500
7	15006	李真	财务部	男	28	3000
8	15007	刘波	市场部	女	35	3000
9	15008	李琳	市场部	女	32	2800

图 8-2-7

“年龄”，增加一个条件“>30”，函数表达式为“=SUMIFS（F2：F9，C2：C9,"市场部"，D2：D9,"女"，E2：E9,">30")”，返回值为“8 800”，结果正确。

任务三　制作记账凭证

任务介绍

在实际账务处理中，知道本期期初余额后，需要登记记账凭证。在 Excel 账务处理中，需要先做出凭证模板。

任务分析

制作凭证模板即建立一个“凭证模板”工作表，在此表中应具有记账凭证的所有信息，设置“类别编号”“凭证日期”“附件”“摘要”“科目编码”“总账科目”“明细科目”“借方金额”“贷方金额”“制单人”“审核人”“记账人”等字段。

有些字段在输入过程中要设置数据校验功能，如日期格式、金额格式、科目编码和科目名称等。

为了体现 Excel 记账的优势，也为了方便和准确，输入科目编码后由系统自动给出总账科目名称和明细科目名称。

相关知识

设置单元格格式：边框、合并单元格、日期格式、数据格式等；冻结窗格，增加、删除行和列；设置数据有效性；名称管理器的应用；函数 LEFT、VLOOKUP 的应用。

任务实施

一、编辑单元格内容

打开工作簿，在“会计科目及余额表”后建立“凭证模板”工作表，在 A1 至 L1 单元格中分别输入“类别编号”“凭证日期”“附件”“摘要”“科目编码”“总账科目”“明细科目”“借方金额”“贷方金额”“制单人”“审核人”“记账人”。将 A1 至 L1 单元格填充为主题颜色中的“白色、背景 1，深色 15%”。

二、设置单元格边框

设置 A1：L4 单元格边框为“田”字形，中线为“蓝虚线”，边线为“蓝实线”。单击“冻结窗格”按钮中的“冻结首行窗格”，如图 8－3－1、图 8－3－2 所示。

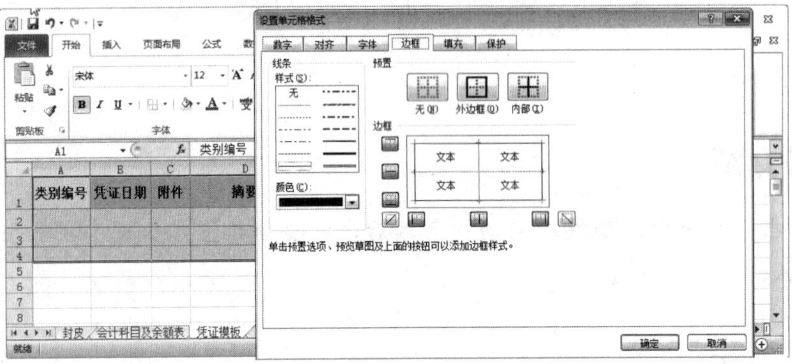

图 8－3－1

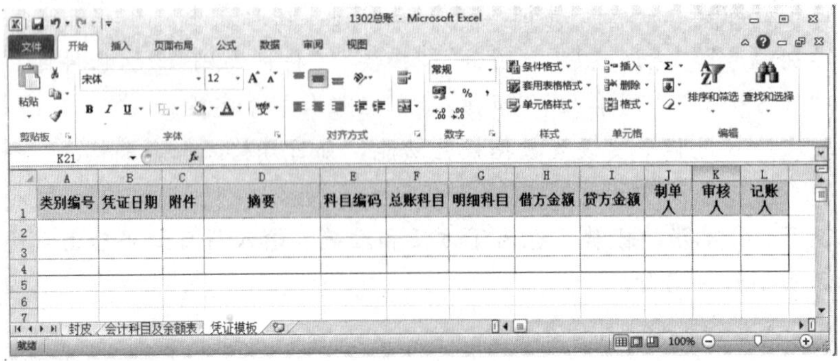

图 8－3－2

三、设置数据有效性

（1）凭证日期：选择 B2 单元格（即凭证日期所在单元格），单击“数据”选项卡下“数据有效性”按钮，在“设置”选项卡下输入相关内容，如图 8-3-3 所示，在“输入信息”选项卡下输入相关内容，如图 8-3-4 所示。

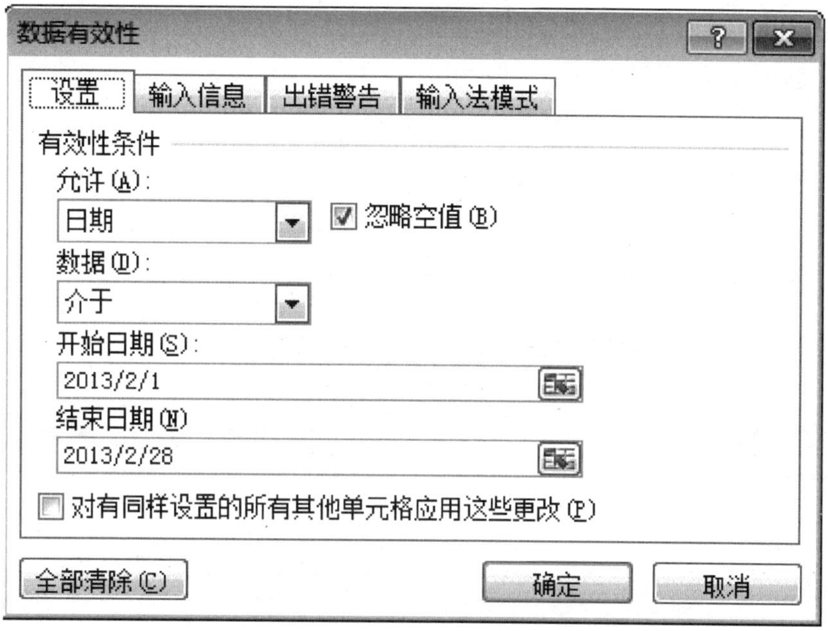

图 8-3-3

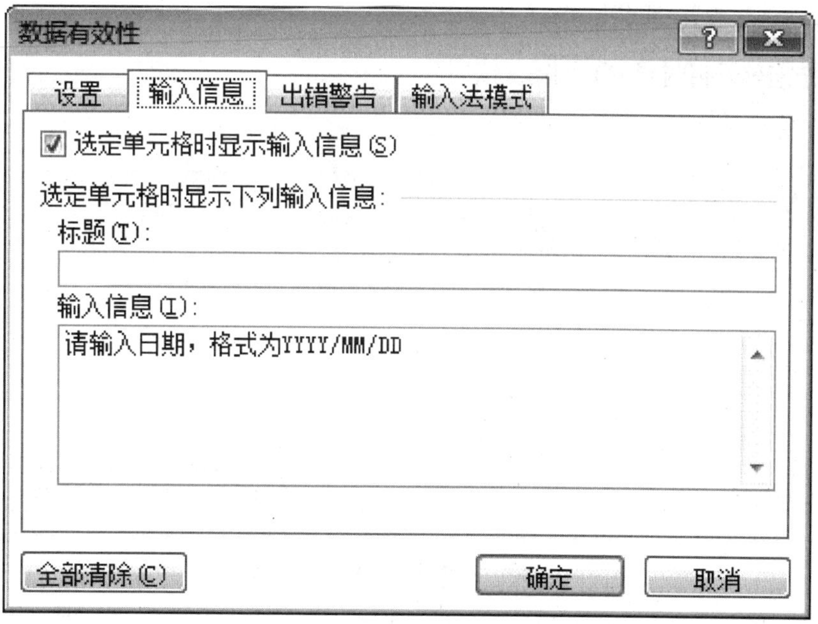

图 8-3-4

(2) 附件：选择 C2 单元格，设置数据有效性，如图 8-3-5、图 8-3-6 所示。

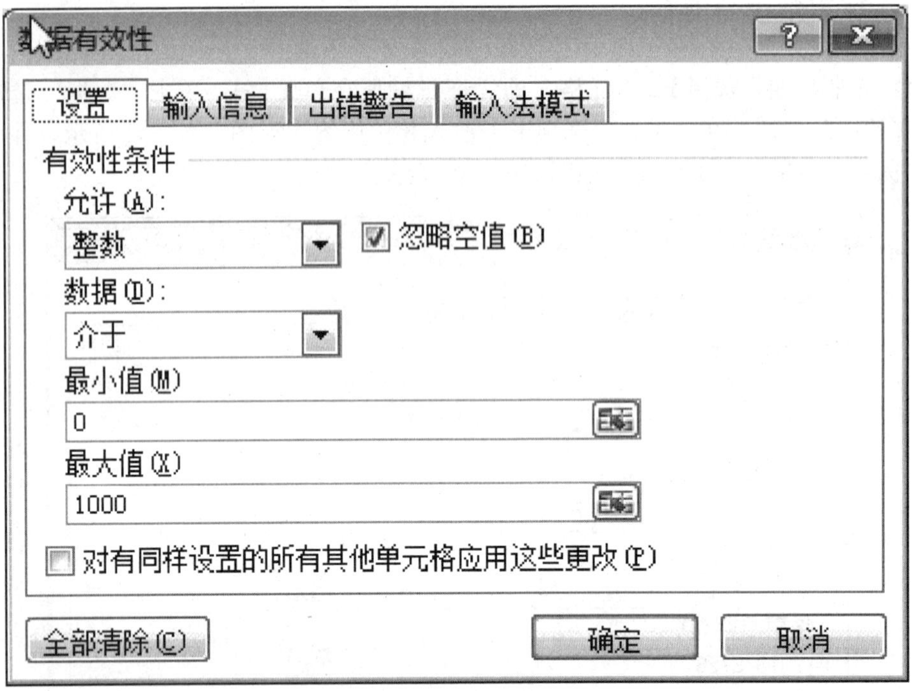

图 8-3-5

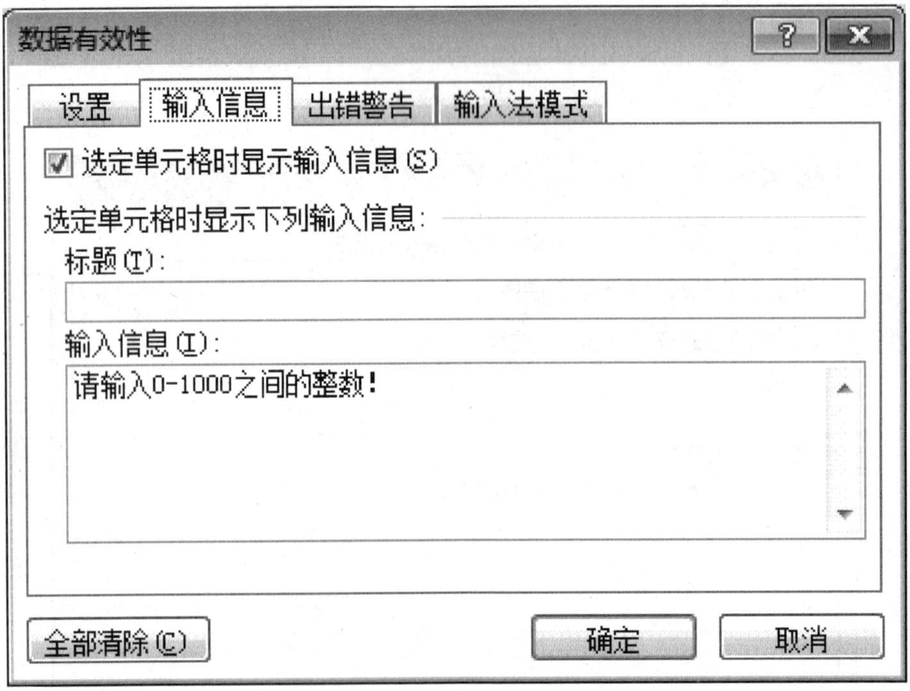

图 8-3-6

(3) 摘要：选择 D2 单元格，设置数据有效性，如图 8-3-7、图 8-3-8 所示。

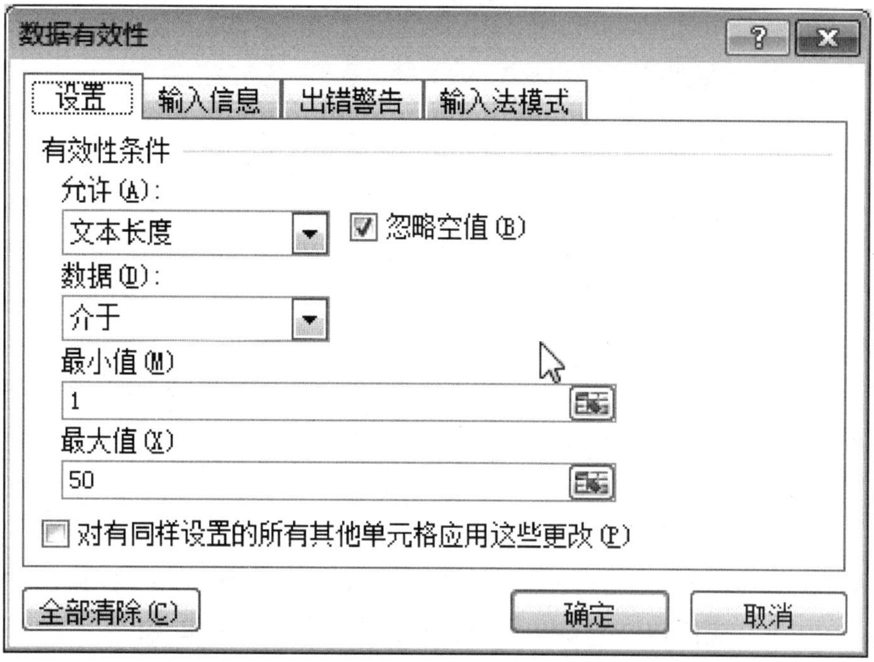

图 8-3-7

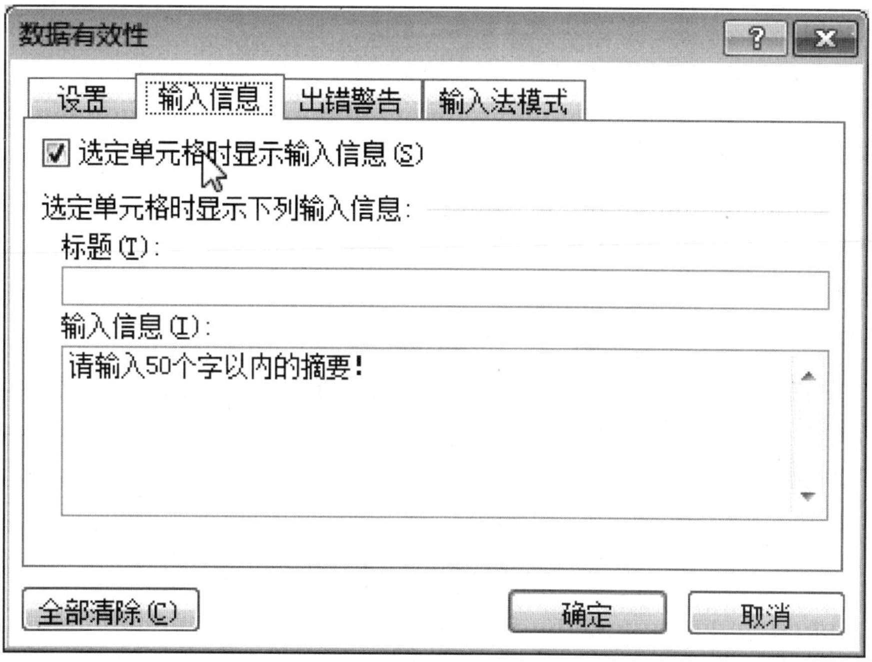

图 8-3-8

(4) 科目编码:“科目编码”的数据有效性设置有别于以上各列的数据有效性设置,需要使用“名称管理器”,操作步骤如下:

1) 选择“公式”选项卡的“名称管理器”按钮,单击“新建”,在“名称”中输入“科目编码”四个字,在“引用位置”中输入“=”后,单击“会计科目及余额表”工作表中A列（即科目编码所在列），单击“确定”，如图8-3-9所示。

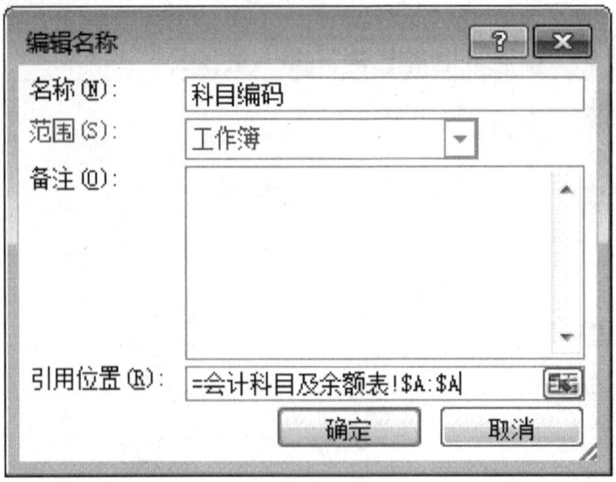

图8-3-9

2）单击“数据有效性”按钮，设置情况如图8-3-10、图8-3-11所示。

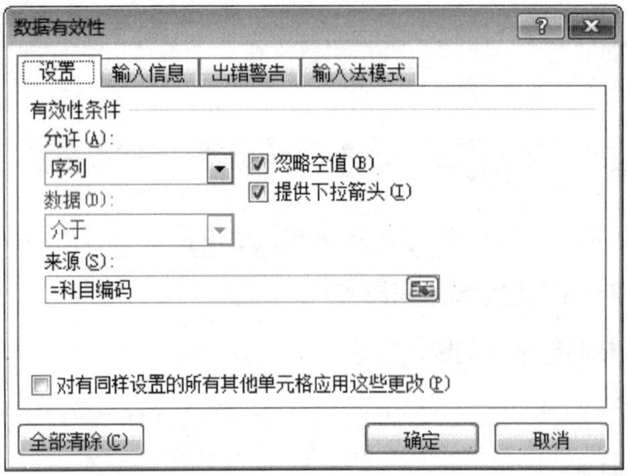

图8-3-10

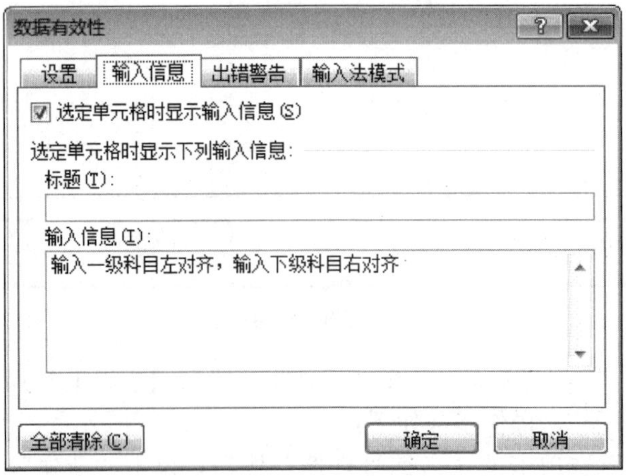

图8-3-11

注意：“数据有效性”的“设置”选项卡要勾选“忽略控制”和“提供下拉箭头”复选框。

设置好后，当输入凭证时，只需单击下拉箭头就可以选择科目编码，也可以直接输入会计科目编码，对于不熟悉科目编码的用户来说方便很多。

四、设置总账科目和明细科目的取值函数

为了更准确、更方便地录入记账凭证，可以设置函数，直接取值，达到只要录入会计科目编码，系统即可自动填入相应总账科目和明细科目名称的效果。这里要用到的函数为VLOOKUP和LEFT。

● VLOOKUP函数

【名称】按列查找函数。

【类型】查找函数。

【格式】VLOOKUP（要查找的值，要查找的区域，返回的数据在查找区域的第几列，精确/模糊匹配）。

【举例】当表格中数据很多时，不方便我们寻找所需的数据，尤其是需要对这些数据进行二次计算时，我们可以设置查找函数，先将所需的数据找到，再进行后续处理。如图8-3-12所示，我们想要查询王玲的年龄，这时可以设置查找函数为“=VLOOKUP（B5，$B$2：$D$6，3，FALSE)”，返回值为“22”，结果正确。

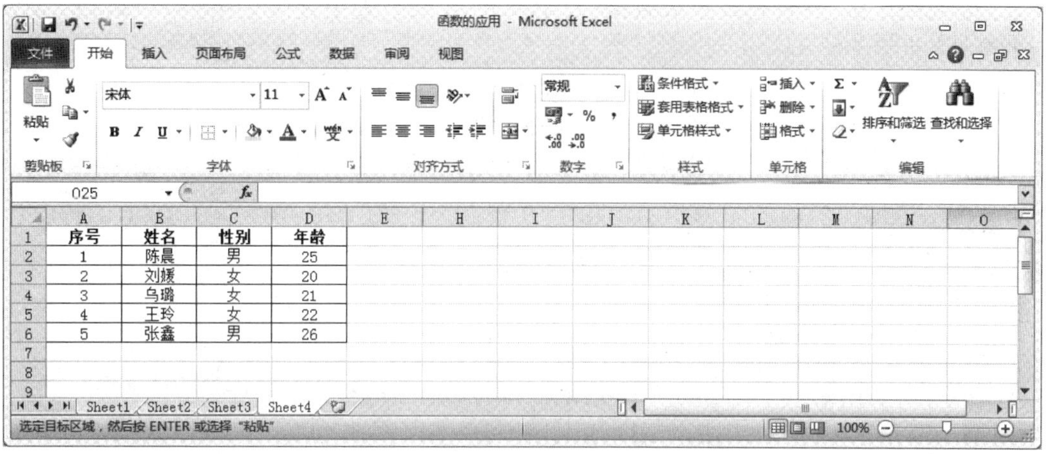

图8-3-12

上例中这个函数的第一个参数“要查找的值”为“王玲”，即B5单元格；第二个参数“要查找的区域”为有效数据部分，包括我们要查找的值和返回值，即B2：D6区域；第三个参数“返回的数据在查找区域的第几列”为“3”，这里需要注意的是，我们需要的返回值是在查找区域的第几列，而不是在整个数据清单的第几列；第四个参数“精确/模糊匹配”，我们需要的是精确的数据，Excel默认为“FALSE”。

● LEFT函数

【名称】从左取字符函数。

【类型】文本函数。

【格式】LEFT（要提取的字符串，要提取的字符数）。

【举例】如图 8-3-13 所示，若想把上图中“Excel 在财务中的应用”字符串中的“Excel”取出，可直接设置 LEFT 函数“=LEFT（A1，5）”。其中“A1”表示要提取的字符串，“5”表示要提取 5 个字符，即“Excel”5 个字母。

图 8-3-13

“总账科目”的取值函数为“=VLOOKUP（LEFT（E2，4），‘会计科目及余额表’！A：B，2，0）”。其含义是在“会计科目及余额表”工作表的 A 到 B 列中查找“科目编码”前 4 位所对应的会计科目。

“明细科目”的取值函数为“=VLOOKUP（E2，‘会计科目及余额表’！A：B，2，0）”。其含义是在“会计科目及余额表”工作表的 A 到 B 列中查找所有“科目编码”所对应的会计科目。

使用填充柄将第二行所设置的数据有效性和函数复制到下行。

经过以上设置，就完成了凭证模板的制作，效果如图 8-3-14 所示。

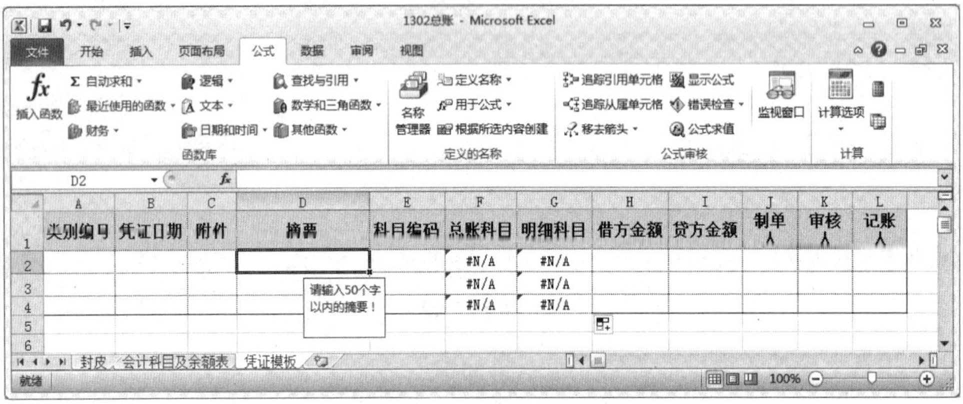

图 8-3-14

任务总结

(1) 数据有效性的设置，需要选择最准确、最简便的有效性条件，尤其要注意其中

“序列”的使用。

(2) VLOOKUP 函数的参数要牢记，尤其是第三个参数“返回的数据在查找区域的第几列”，查找的是返回值在查找区域的第几列，而不是在整个数据清单的第几列。

(3) 在 LEFT 函数取数过程中要注意，1 个数字、1 个英文字母、1 个汉字、1 个空格都表示 1 个字符。

知识拓展

- HLOOKUP 函数

【名称】按行查找函数。

【类型】查找函数。

【格式】HLOOKUP（要查找的值，要查找的区域，返回的数据在查找区域的第几行，精确/模糊匹配）。

【举例】用法同 VLOOKUP 基本一致，这里不再赘述。

任务四　会计业务处理

任务介绍

制作完凭证模板后，就可以将本月发生的业务逐条登记，录入凭证模板，进行业务处理了。

任务分析

录入记账凭证的规则即“借贷记账法”的记账规则：有借必有贷，借贷必相等。

相关知识

录入数据；设置单元格格式：数字格式的统一。

任务实施

(1) 复制“凭证模板”工作表，重命名为“1302 凭证”。根据业务需要，可插入行。

(2) 根据公司发生的业务，输入会计分录。选择 A2 单元格，输入“记 001”；选择 B2 单元格，输入“2013-2-1”，选择 C2 单元格，输入“1”，选择 D2 单元格，输入“采购原材料”；选择 E2 单元格，选择或输入“1402”，选择 H2 单元格，输入“160 000”，选择 J2 单元格，输入“王雪”。同上方法，输入贷方分录，如图 8-4-1 所示。

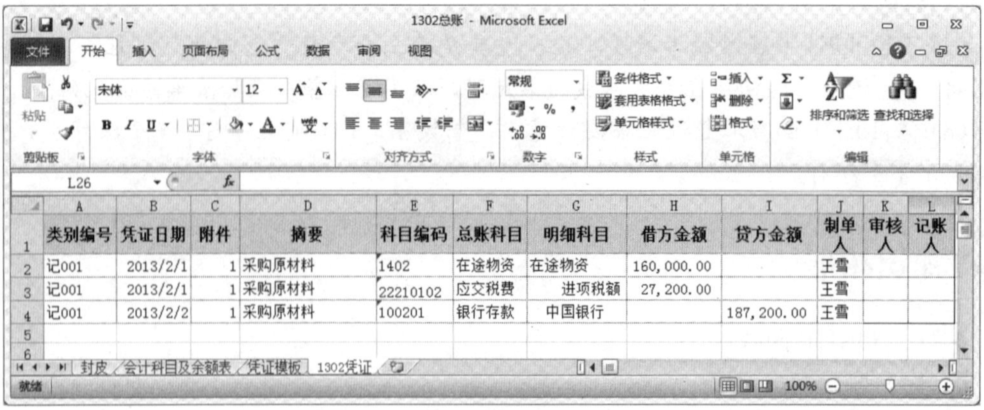

	类别编号	凭证日期	附件	摘要	科目编码	总账科目	明细科目	借方金额	贷方金额	制单人	审核人	记账人
2	记001	2013/2/1	1	采购原材料	1402	在途物资	在途物资	160,000.00		王雪		
3	记001	2013/2/1	1	采购原材料	22210102	应交税费	进项税额	27,200.00		王雪		
4	记001	2013/2/2	1	采购原材料	100201	银行存款	中国银行		187,200.00	王雪		

图 8-4-1

(3) 按照上述方法，将本月所发生的业务全部录入“1302 凭证”。参考分录如下：

1) 2 月 1 日，购入原材料：

借：在途物资　160 000

　　应交税费——应交增值税（进项税额）　27 200

　贷：银行存款——中国银行　187 200

2) 2 月 2 日，材料验收入库：

借：原材料　110 000

　贷：在途物资　110 000

3) 2 月 3 日，领用原材料：

借：生产成本——基本生产成本　700 000

　贷：原材料　650 000

　　　周转材料——低值易耗品　50 000

4) 2 月 4 日，销售产品：

借：应收账款——华东公司　351 000

　贷：主营业务收入　300 000

　　　应交税费——应交增值税（销项税额）　51 000

5) 2 月 5 日，出售交易性金融资产：

借：银行存款——中国银行　30 000

　贷：交易性金融资产　25 000

　　　投资收益　5 000

6) 2 月 6 日，固定资产交付使用：

借：固定资产　1 400 000

　贷：在建工程　1 400 000

7) 2 月 7 日，归还短期借款：

借：短期借款　150 000

　　财务费用　2 500

　贷：银行存款——中国银行　152 500

8）2 月 8 日，计提职工工资：

借：管理费用　56 800
　　制造费用　15 600
　　销售费用　7 600
　贷：应付职工薪酬——工资　80 000

9）2 月 9 日，支付工资：

借：应付职工薪酬——工资　80 000
　贷：银行存款——中国银行　80 000

10）2 月 10 日，计提福利费：

借：管理费用　7 952
　　制造费用　2 184
　　销售费用　1 064
　贷：应付职工薪酬——福利费　11 200

11）2 月 11 日，预借差旅费：

借：其他应收款——刘远东　14 000
　贷：库存现金　14 000

12）2 月 11 日，销售产品：

借：应收账款——利成公司　234 000
　贷：主营业务收入　200 000
　　　应交税费——应交增值税（销项税额）　34 000

13）2 月 12 日，固定资产清理：

借：固定资产清理　20 000
　　累计折旧　180 000
　贷：固定资产　200 000
借：固定资产清理　500
　贷：银行存款——中国银行　500
借：银行存款——中国银行　1 800
　贷：固定资产清理　1 800
借：营业外支出　18 700
　贷：固定资产清理　18 700

14）2 月 13 日，摊销无形资产：

借：管理费用　11 000
　贷：累计摊销　11 000

15）2 月 15 日，计提利息：

借：财务费用　21 500
　贷：应付利息　11 500
　　　长期借款——应付利息　10 000

16）2 月 16 日，销售产品：

借：银行存款——中国银行	819 000	
贷：主营业务收入		700 000
应交税费——应交增值税（销项税额）		119 000

17）2 月 17 日，计提折旧：

借：管理费用	5 557	
制造费用	7 371	
销售费用	1 192	
贷：累计折旧		14 120

18）2 月 18 日，报销差旅费：

借：管理费用	13 500	
库存现金	500	
贷：其他应收款——刘远东		14 000

19）2 月 23 日，支付展览费：

借：销售费用	15 000	
贷：银行存款——中国银行		15 000

20）2 月 25 日，收回应收账款：

借：银行存款——中国银行	351 000	
贷：应收账款——华东公司		351 000

21）2 月 25 日，提取现金：

借：库存现金	20 000	
贷：银行存款——中国银行		20 000

22）2 月 25 日，结转制造费用：

借：生产成本——基本生产成本	25 155	
贷：制造费用		25 155

23）2 月 25 日，结转完工产品：

借：库存商品	725 155	
贷：生产成本——基本生产成本		725 155

24）2 月 26 日，支付广告费：

借：销售费用	10 000	
贷：银行存款——中国银行		10 000

25）2 月 28 日，计提教育费附加：

借：营业税金及附加	2 000	
贷：应交税费——应交教育费附加		2 000

26）2 月 28 日，缴纳税费：

借：应交税费——已交税金	70 000	
——应交教育费附加	2 000	
贷：银行存款——中国银行		72 000

27）2 月 28 日，结转产品成本：

借：主营业务成本	720 000	
贷：库存商品		720 000

28）2 月 28 日，结转损益：

借：主营业务收入	1 200 000	
投资收益	5 000	
贷：本年利润		1 205 000
借：本年利润	894 365	
贷：主营业务成本		720 000
营业外支出		18 700
营业税金及附加		2 000
管理费用		94 809
财务费用		24 000
销售费用		34 856

29）2 月 28 日，计算并结转所得税：

借：所得税费用	77 658.75	
贷：应交税费——应交所得税		77 658.75
借：本年利润	77 658.75	
贷：所得税费用		77 658.75

（4）进行试算平衡。录完所有记账凭证后，在“1302 凭证”工作表 N2 单元格中输入“本月借方发生额合计”，在 N3 单元格中输入“本月贷方发生额合计”，在 O2 单元格中输入“＝SUM（H：H）”，在 O3 单元格中输入“＝SUM（I：I）”。如果得出的值一样，说明试算平衡，能简单自查一下记账凭证录入是否有错误。

（5）审核记账凭证。为了清晰地表明是否审核或记账，可以灵活地运用填充颜色的方法。例如，无填充颜色表示未审核，蓝色表示已审核，黄色表示已经记账。颜色可以根据个人爱好来选择，目的就是区分是否审核或记账。最终结果如图 8－4－2、图 8－4－3 所示。

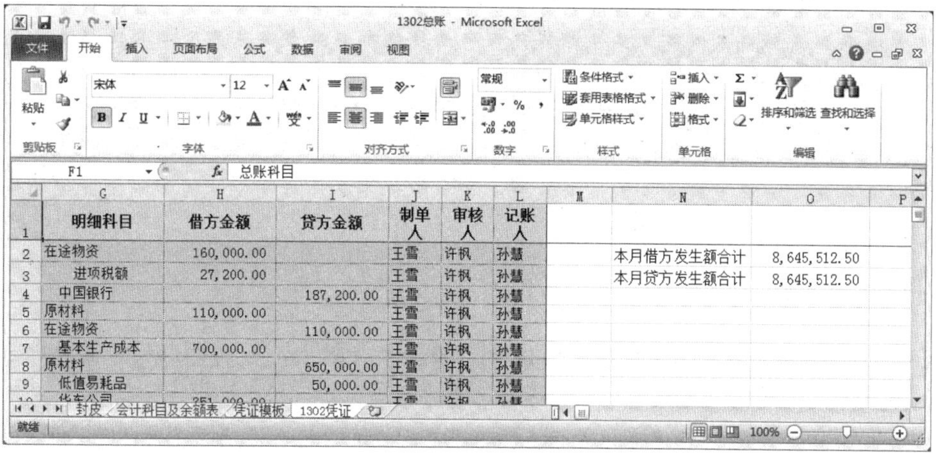

图 8－4－2

1	类别编号	凭证日期	附件	摘要	科目编码	总账科目	明细科目	借方金额	贷方金额	制单人	审核人	记账人
2	记001	2013/2/1	1	采购原材料	1402	在途物资	在途物资	160,000.00		王雪	许枫	孙慧
3	记001	2013/2/1	1	采购原材料	22210102	应交税费	进项税额	27,200.00		王雪	许枫	孙慧
4	记001	2013/2/1	1	采购原材料	100201	银行存款	中国银行		187,200.00	王雪	许枫	孙慧
5	记002	2013/2/2	1	材料验收入库	1403	原材料	原材料	110,000.00		王雪	许枫	孙慧
6	记002	2013/2/2	1	材料验收入库	1402	在途物资	在途物资		110,000.00	王雪	许枫	孙慧
7	记003	2013/2/3	1	生产领料	500101	生产成本	基本生产成本	700,000.00		王雪	许枫	孙慧
8	记003	2013/2/3	1	生产领料	1403	原材料	原材料		650,000.00	王雪	许枫	孙慧
9	记003	2013/2/3	1	生产领料	141102	周转材料	低值易耗品		50,000.00	王雪	许枫	孙慧
10	记004	2013/2/4	1	销售产品	112201	应收账款	华东公司	351,000.00		王雪	许枫	孙慧
11	记004	2013/2/4	1	销售产品	6001	主营业务收入	主营业务收入		300,000.00	王雪	许枫	孙慧
12	记004	2013/2/4	1	销售产品	22210101	应交税费	销项税额		51,000.00	王雪	许枫	孙慧
13	记005	2013/2/5	1	出售交易性金融资产	100201	银行存款	中国银行	30,000.00		王雪	许枫	孙慧
14	记005	2013/2/5	1	出售交易性金融资产	1101	交易性金融资产	交易性金融资产		25,000.00	王雪	许枫	孙慧
15	记005	2013/2/5	1	出售交易性金融资产	6111	投资收益	投资收益		5,000.00	王雪	许枫	孙慧
16	记006	2013/2/6	1	固定资产交付使用	1601	固定资产	固定资产	1,400,000.00		王雪	许枫	孙慧
17	记006	2013/2/6	1	固定资产交付使用	1604	在建工程	在建工程		1,400,000.00	王雪	许枫	孙慧
18	记007	2013/2/7	1	归还借款	2001	短期借款	短期借款	150,000.00		王雪	许枫	孙慧
19	记007	2013/2/7	1	归还借款	6603	财务费用	财务费用	2,500.00		王雪	许枫	孙慧
20	记007	2013/2/7	1	归还借款	100201	银行存款	中国银行		152,500.00	王雪	许枫	孙慧
21	记008	2013/2/8	1	计提工资	6602	管理费用	管理费用	56,800.00		王雪	许枫	孙慧
22	记008	2013/2/8	1	计提工资	5101	制造费用	制造费用	15,600.00		王雪	许枫	孙慧
23	记008	2013/2/8	1	计提工资	6601	销售费用	销售费用	7,600.00		王雪	许枫	孙慧
24	记008	2013/2/8	1	计提工资	221101	应付职工薪酬	工资		80,000.00	王雪	许枫	孙慧
25	记009	2013/2/9	1	支付工资	221101	应付职工薪酬	工资	80,000.00		王雪	许枫	孙慧
26	记009	2013/2/9	1	支付工资	100201	银行存款	中国银行		80,000.00	王雪	许枫	孙慧
27	记010	2013/2/10	1	分配福利费	6601	销售费用	销售费用	1,064.00		王雪	许枫	孙慧
28	记010	2013/2/10	1	分配福利费	5101	制造费用	制造费用	2,184.00		王雪	许枫	孙慧
29	记010	2013/2/10	1	分配福利费	6602	管理费用	管理费用	7,952.00		王雪	许枫	孙慧
30	记010	2013/2/10	1	分配福利费	221102	应付职工薪酬	福利费		11,200.00	王雪	许枫	孙慧
31	记011	2013/2/11	1	预借差旅费	122101	其他应收款	刘远东	14,000.00		王雪	许枫	孙慧
32	记011	2013/2/11	1	预借差旅费	1001	库存现金	库存现金		14,000.00	王雪	许枫	孙慧
33	记012	2013/2/11	1	销售产品	112202	应收账款	利成公司	234,000.00		王雪	许枫	孙慧
34	记012	2013/2/11	1	销售产品	6001	主营业务收入	主营业务收入		200,000.00	王雪	许枫	孙慧
35	记012	2013/2/11	1	销售产品	22210101	应交税费	销项税额		34,000.00	王雪	许枫	孙慧
36	记013	2013/2/12	1	固定资产清理	1606	固定资产清理	固定资产清理	20,000.00		王雪	许枫	孙慧
37	记013	2013/2/12	1	固定资产清理	1602	累计折旧	累计折旧	180,000.00		王雪	许枫	孙慧
38	记013	2013/2/12	1	固定资产清理	1601	固定资产	固定资产		200,000.00	王雪	许枫	孙慧
39	记013	2013/2/12	1	固定资产清理	1606	固定资产清理	固定资产清理	500.00		王雪	许枫	孙慧
40	记013	2013/2/12	1	固定资产清理	100201	银行存款	中国银行		500.00	王雪	许枫	孙慧
41	记013	2013/2/12	1	固定资产清理	100201	银行存款	中国银行	1,800.00		王雪	许枫	孙慧
42	记013	2013/2/12	1	固定资产清理	1606	固定资产清理	固定资产清理		1,800.00	王雪	许枫	孙慧
43	记013	2013/2/12	1	固定资产清理	6711	营业外支出	营业外支出	18,700.00		王雪	许枫	孙慧
44	记013	2013/2/12	1	固定资产清理	1606	固定资产清理	固定资产清理		18,700.00	王雪	许枫	孙慧
45	记014	2013/2/13	1	摊销无形资产	6602	管理费用	管理费用	11,000.00		王雪	许枫	孙慧
46	记014	2013/2/13	1	摊销无形资产	1702	累计摊销	累计摊销		11,000.00	王雪	许枫	孙慧
47	记015	2013/2/15	1	提取借款利息	6603	财务费用	财务费用	21,500.00		王雪	许枫	孙慧
48	记015	2013/2/15	1	提取借款利息	2231	应付利息	应付利息		11,500.00	王雪	许枫	孙慧
49	记015	2013/2/15	1	提取借款利息	250102	长期借款	应付利息		10,000.00	王雪	许枫	孙慧
50	记016	2013/2/16	1	销售产品	100201	银行存款	中国银行	819,000.00		王雪	许枫	孙慧
51	记016	2013/2/16	1	销售产品	6001	主营业务收入	主营业务收入		700,000.00	王雪	许枫	孙慧
52	记016	2013/2/16	1	销售产品	22210101	应交税费	销项税额		119,000.00	王雪	许枫	孙慧
53	记017	2013/2/17	1	计提折旧	5101	制造费用	制造费用	7,371.00		王雪	许枫	孙慧
54	记017	2013/2/17	1	计提折旧	6602	管理费用	管理费用	5,557.00		王雪	许枫	孙慧
55	记017	2013/2/17	1	计提折旧	6601	销售费用	销售费用	1,192.00		王雪	许枫	孙慧
56	记017	2013/2/17	1	计提折旧	1602	累计折旧	累计折旧		14,120.00	王雪	许枫	孙慧
57	记018	2013/2/18	1	报销差旅费	6602	管理费用	管理费用	13,500.00		王雪	许枫	孙慧
58	记018	2013/2/18	1	报销差旅费	1001	库存现金	库存现金	500.00		王雪	许枫	孙慧
59	记018	2013/2/18	1	报销差旅费	122101	其他应收款	刘远东		14,000.00	王雪	许枫	孙慧
60	记019	2013/2/23	1	支付展览费	6601	销售费用	销售费用	15,000.00		王雪	许枫	孙慧
61	记019	2013/2/23	1	支付展览费	100201	银行存款	中国银行		15,000.00	王雪	许枫	孙慧
62	记020	2013/2/25	1	收回应收账款	100201	银行存款	中国银行	351,000.00		王雪	许枫	孙慧
63	记020	2013/2/25	1	收回应收账款	112201	应收账款	华东公司		351,000.00	王雪	许枫	孙慧
64	记021	2013/2/25	1	提取现金	1001	库存现金	库存现金	20,000.00		王雪	许枫	孙慧
65	记021	2013/2/25	1	提取现金	100201	银行存款	中国银行		20,000.00	王雪	许枫	孙慧
66	记022	2013/2/25	1	结转制造费用	500101	生产成本	基本生产成本	25,155.00		王雪	许枫	孙慧
67	记022	2013/2/25	1	结转制造费用	5101	制造费用	制造费用		25,155.00	王雪	许枫	孙慧
68	记023	2013/2/25	1	结转完工产品成本	1405	库存商品	库存商品	725,155.00		王雪	许枫	孙慧
69	记023	2013/2/25	1	结转完工产品成本	500101	生产成本	基本生产成本		725,155.00	王雪	许枫	孙慧
70	记024	2013/2/26	1	支付广告费	6601	销售费用	销售费用	10,000.00		王雪	许枫	孙慧
71	记024	2013/2/26	1	支付广告费	100201	银行存款	中国银行		10,000.00	王雪	许枫	孙慧
72	记025	2013/2/28	1	计提教育费附加	6403	营业税金及附加	营业税金及附加	2,000.00		王雪	许枫	孙慧
73	记025	2013/2/28	1	计提教育费附加	222110	应交税费	应交教育费附加		2,000.00	王雪	许枫	孙慧
74	记026	2013/2/28	1	交税费	222110	应交税费	应交教育费附加	2,000.00		王雪	许枫	孙慧
75	记026	2013/2/28	1	交税费	22210103	应交税费	已交税金	70,000.00		王雪	许枫	孙慧
76	记026	2013/2/28	1	交税费	100201	银行存款	中国银行		72,000.00	王雪	许枫	孙慧
77	记027	2013/2/28	1	结转已销产品成本	6401	主营业务成本	主营业务成本	720,000.00		王雪	许枫	孙慧
78	记027	2013/2/28	1	结转已销产品成本	1405	库存商品	库存商品		720,000.00	王雪	许枫	孙慧
79	记028	2013/2/28	1	结转损益	6001	主营业务收入	主营业务收入	1,200,000.00		王雪	许枫	孙慧
80	记028	2013/2/28	1	结转损益	6111	投资收益	投资收益	5,000.00		王雪	许枫	孙慧
81	记028	2013/2/28	1	结转损益	4103	本年利润	本年利润		1,205,000.00	王雪	许枫	孙慧
82	记028	2013/2/28	1	结转损益	4103	本年利润	本年利润	894,365.00		王雪	许枫	孙慧
83	记028	2013/2/28	1	结转损益	6401	主营业务成本	主营业务成本		720,000.00	王雪	许枫	孙慧
84	记028	2013/2/28	1	结转损益	6403	营业税金及附加	营业税金及附加		2,000.00	王雪	许枫	孙慧
85	记028	2013/2/28	1	结转损益	6601	销售费用	销售费用		34,856.00	王雪	许枫	孙慧
86	记028	2013/2/28	1	结转损益	6602	管理费用	管理费用		94,809.00	王雪	许枫	孙慧
87	记028	2013/2/28	1	结转损益	6603	财务费用	财务费用		24,000.00	王雪	许枫	孙慧
88	记028	2013/2/28	1	结转损益	6711	营业外支出	营业外支出		18,700.00	王雪	许枫	孙慧
89	记029	2013/2/28	1	计算并结转所得税	6801	所得税费用	所得税费用	77,658.75		王雪	许枫	孙慧
90	记029	2013/2/28	1	计算并结转所得税	222103	应交税费	应交所得税		77,658.75	王雪	许枫	孙慧
91	记029	2013/2/28	1	计算并结转所得税	4103	本年利润	本年利润	77,658.75		王雪	许枫	孙慧
92	记029	2013/2/28	1	计算并结转所得税	6801	所得税费用	所得税费用		77,658.75	王雪	许枫	孙慧

图 8-4-3

任务总结

（1）录入类别编号、凭证日期、附件时，必须每行都录，否则会影响后面总账和明细账的生成。

（2）试算平衡只能检查出录入时借贷方金额不一致的情况，并不能检查出漏录业务的情况，所以录入凭证时要细心。

任务五 生成总账及明细账

任务介绍

根据“会计科目及余额表”和“1302凭证”生成总分类账及明细账。

任务分析

总分类账简称总账，是根据一级科目开设账户，用来登记全部经济业务，进行总分类核算，提供总括核算资料的分类账簿。其项目包括科目编码、科目名称、期初借方余额、期初贷方余额、本期借方发生额合计、本期贷方发生额合计、期末借方余额和期末贷方余额。

资产类科目的余额公式为：期末借方余额＝期初借方余额＋本期借方发生额－本期贷方发生额。

权益类科目的余额公式为：期末贷方余额＝期初贷方余额＋本期贷方发生额－本期借方发生额。

明细分类账简称明细账，是指根据总分类账科目设置的，由其所属的明细科目开设的明细分类账户组成，用以记录某类经济业务或事项明细核算资料的分类账簿，能提供有关经济业务的详细资料。

相关知识

设置单元格格式；冻结窗格，增加、删除行和列；ABS函数、SUMIF函数和IF函数的引用；数据透视表的制作。

任务实施

一、制作总账

(1) 在“1302凭证”后插入工作表，重命名为“总账”。

(2) 复制“会计科目及余额表”的A1：D75区域，选中“总账”工作表的A1单元格，单击鼠标右键打开快捷菜单，选择“选择性粘贴”，打开“选择性粘贴”对话框，选择“值和数字格式”，单击“确定”，如图8-5-1所示。

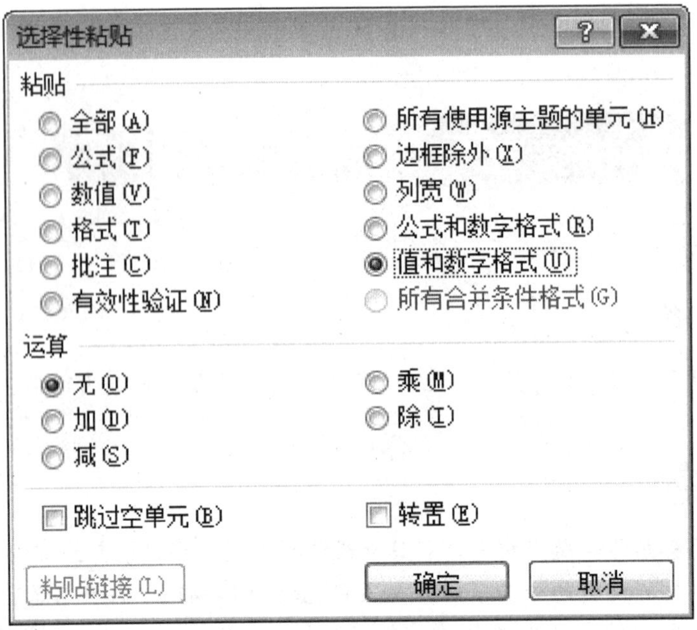

图 8-5-1

(3) 删除明细科目所在的行，留下的均为总账科目。

(4) 选择 E1 单元格，输入“本期借方发生额合计”，选择 F1 单元格，输入“本期贷方发生额合计”，选择 G1 单元格，输入“期末借方余额”，选择 H1 单元格，输入“期末贷方余额”。

(5) 选择 A1：H1 区域，将其填充为主题颜色中的“白色，背景 1，深色 15%”。

(6) 选择 A1：H48 区域，设置边框类型为“所有框线”。

(7) 冻结工作表中的第一行。

(8) 选择 E2 单元格，输入函数“=SUMIF (1302 凭证! F：F，B2，1302 凭证! H：H)”。其含义为：在“1302 凭证”工作表的 F 列（即总账科目列）搜索总账科目名称为 B2 即“库存现金”的行，并对所在行的 H 列即借方发生额进行求和。

(9) 选择 F2 单元格，输入函数“=SUMIF (1302 凭证! F：F，B2，1302 凭证! I：I)”。其含义为：在“1302 凭证”工作表的 F 列（即总账科目列）搜索总账科目名称为 B2 即“库存现金”的行，并对所在行的 I 列即贷方发生额进行求和。

(10) 选择 G2 单元格，输入函数“=IF ((C2−D2) + (E2−F2) >=0，(C2−D2) + (E2−F2)，0)”。其含义为：如果“库存现金”的借方期初余额减去贷方期初余额与本科目的本期借方发生额减去贷方发生额之和大于或等于零，返回值为“库存现金”的借方期初余额减去贷方期初余额与本科目的本期借方发生额减去贷方发生额之和，否则为零。

(11) 选择 H2 单元格，输入函数“=IF ((C2−D2) + (E2−F2) <0，ABS ((C2−D2) + (E2−F2))，0)”。其含义为：如果“库存现金”的借方期初余额减去贷方期初余额与本科目的本期借方发生额减去贷方发生额之和小于零，返回值为“库存现金”的借方期初余额减去贷方期初余额与本科目的本期借方发生额减去贷方发生额之和的绝对值，否

则为零。ABS 函数是求绝对值的函数。

(12) 将 E2 单元格的函数向下填充至 E47 单元格。

(13) 将 F2 单元格的函数向下填充至 F47 单元格。

(14) 将 G2 单元格的函数向下填充至 G47 单元格。

(15) 将 H2 单元格的函数向下填充至 H47 单元格。

(16) 选择 E48 单元格，输入"＝SUM (E2：E47)"，计算出本期借方发生额合计，并将公式向右填充至 H48 单元格，分别计算出本期贷方发生额合计、期末借方余额和期末贷方余额，最终结果如图 8－5－2 所示。

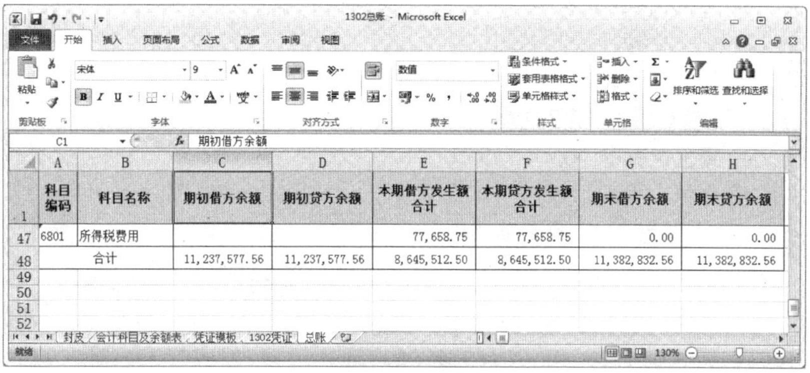

图 8－5－2

二、生成明细账

(1) 在"总账"工作表后新建工作表，重命名为"明细账"。

(2) 选择"明细账"工作表的 A3 单元格，单击"插入"选项卡下"数据透视表"按钮，打开如图 8－5－3 所示的对话框。

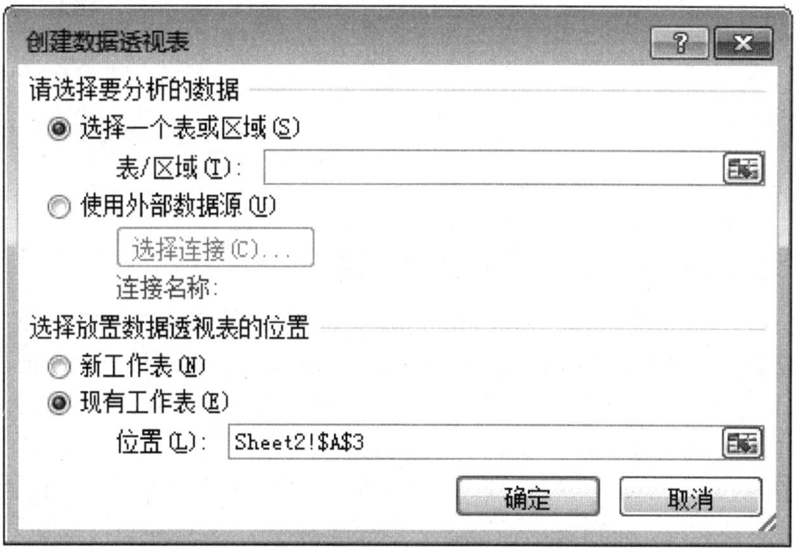

图 8－5－3

(3) 在上面的折叠框中（即选择分析的数据）输入如图 8-5-4 所示信息（直接选中工作表、单元格所在位置即可），点击“确定”后得到数据透视表的布局设置，如图 8-5-5 所示。

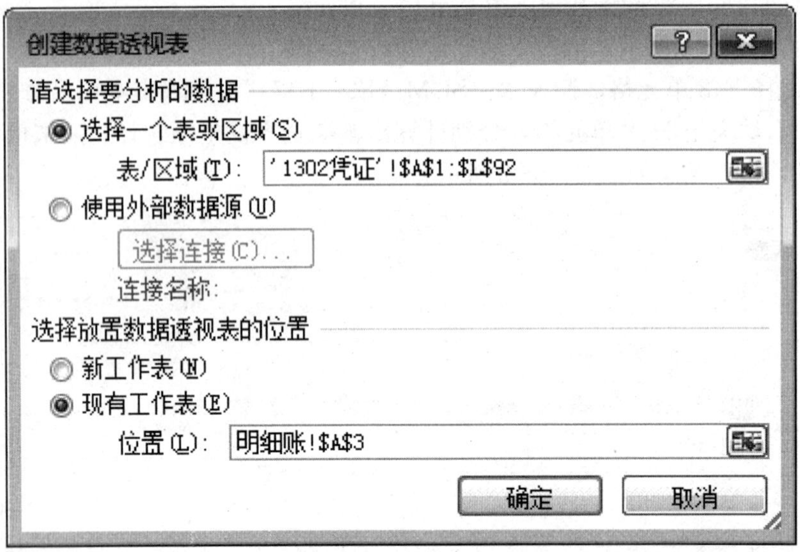

图 8-5-4

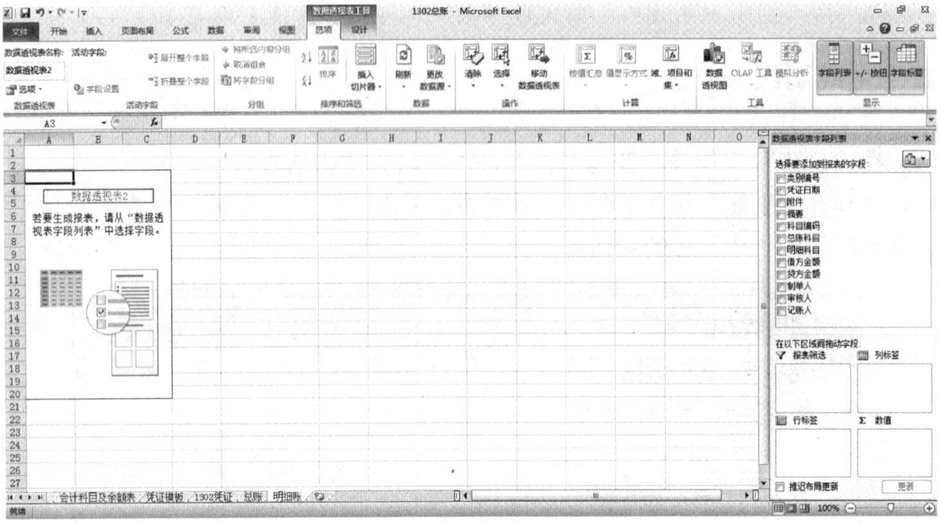

图 8-5-5

数据透视表是一个交互式二维报表，它的布局包括“报表筛选”“列标签”“行标签”“数值”。“报表筛选”是本页报表的过滤条件，“列标签”是本页报表的列记录信息，“行标签”是本页报表的行记录信息，“数值”是本页报表的汇总和统计的数据源。数据透视表字段列表的字段来源于“1302 凭证”工作表。

(4) 选择数据透视表字段列表的“凭证日期”字段，出现十字箭头时向下拖拽到“行标签”。按此方法，将“类别编号”“摘要”“科目编码”“总账科目”添加到“行标签”，将“明细科目”字段拖拽到“报表筛选”中，将“借方金额”和“贷方金额”两个字段拖拽到“数值”中，结果如图 8－5－6 所示。

图 8－5－6

（5）单击右下角“数据”字段里的“计数项：借方金额”下拉箭头，打开“值字段设置”对话框，选择“求和”，如图 8－5－7 所示。按此方法，将贷方金额也设置为“求和”。

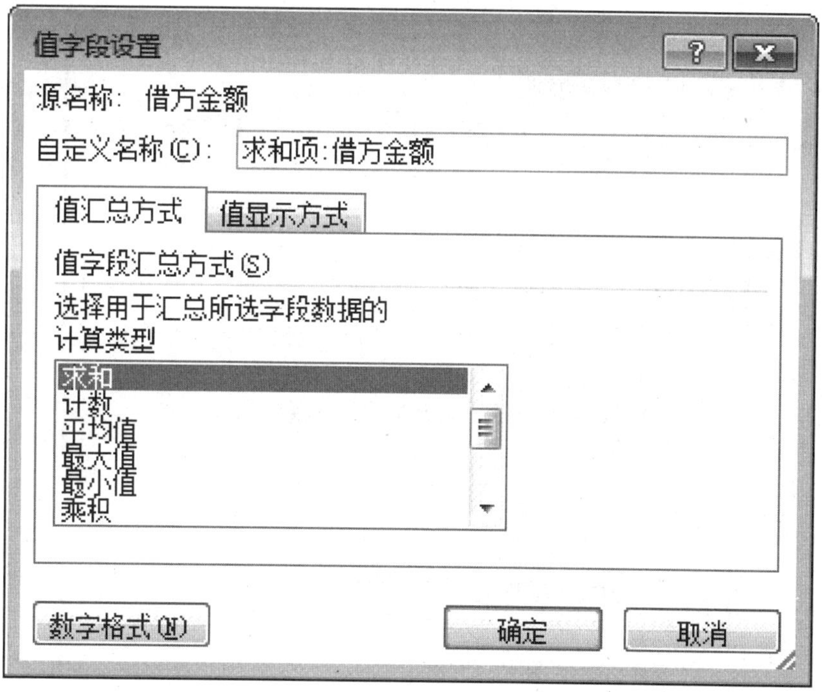

图 8－5－7

（6）单击“设计”选项卡中的“分类汇总”按钮，选择“不显示分类汇总”，结果如图 8－5－8 所示。这种格式是 Excel 2010 默认格式下完成的数据透视表。

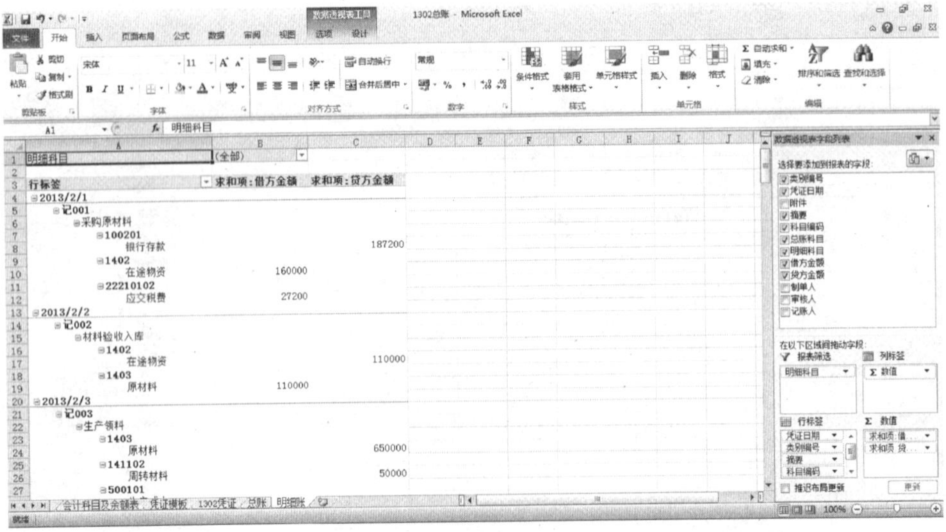

图 8-5-8

（7）可以将以上数据透视表格式变为经典格式。选中数据透视表后，单击“选项”选项卡左上角“选项”下拉箭头，打开“数据透视表选项”对话框，选择“显示”选项卡，勾选“经典数据透视表布局（启用网格中的字段拖放）”，如图 8-5-9 所示，点击“确定”，得到如图 8-5-10 所示的明细账。

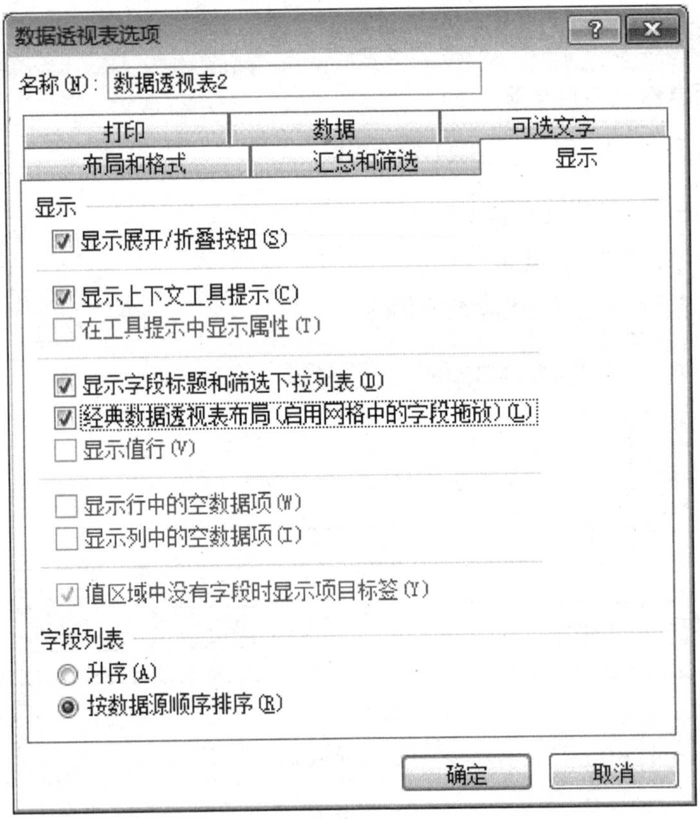

图 8-5-9

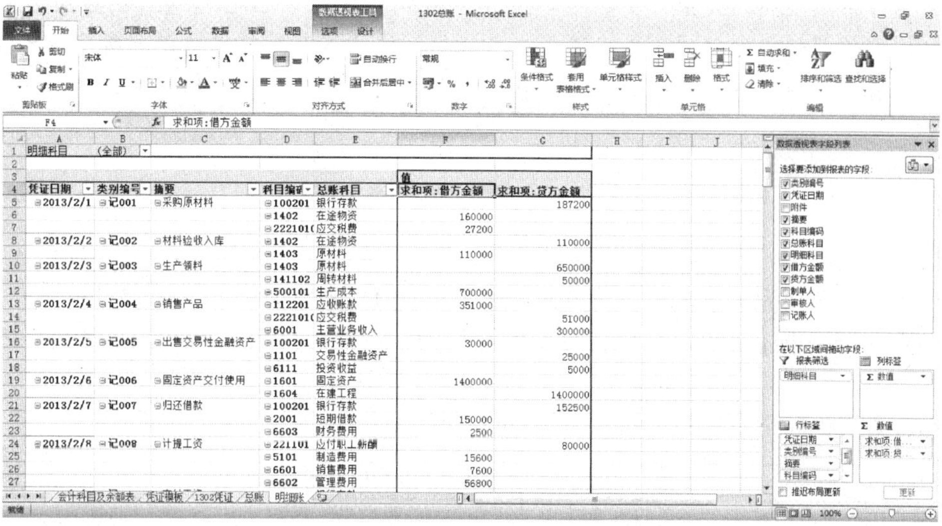

图 8-5-10

经典数据透视表布局看起来更清楚明白，可以选择 A1 单元格中的“明细科目”下拉箭头选择要查看的“明细科目”，以“银行存款——中国银行”为例，选择“中国银行”明细科目，得到如图 8-5-11 所示的结果。

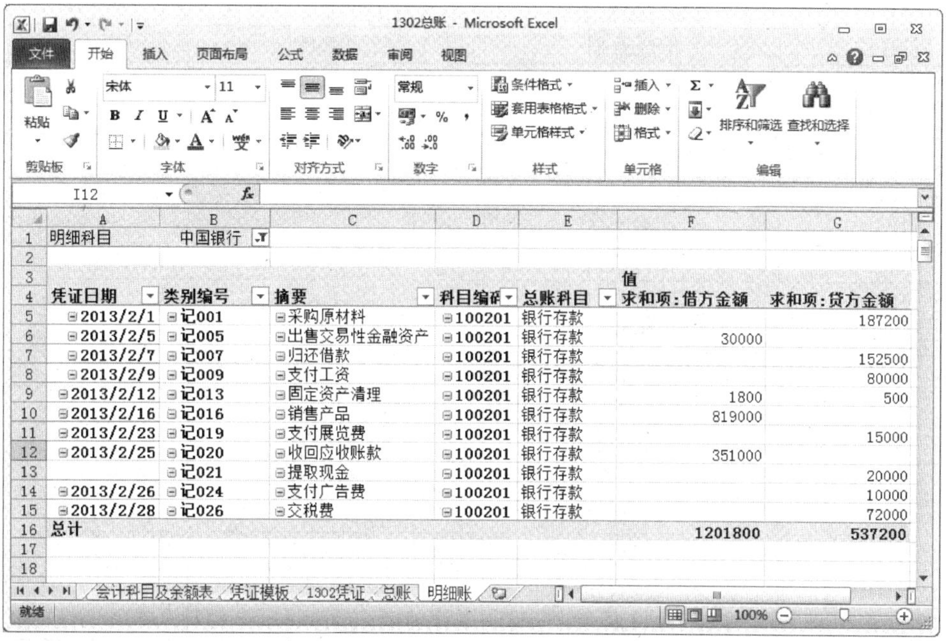

图 8-5-11

任务总结

（1）制作总账时所用函数较多，要明确会计中期初借贷方余额、本期借贷方发生额、期末借贷方余额之间的关系，要熟练掌握SUM函数、IF函数和SUMIF函数的含义。

（2）制作明细账时用到的数据透视表操作要熟练掌握，对数据透视表所反映的信息要理解，尤其是“值字段设置”中“值汇总方式”和“值显示方式”的应用。

练习及实训

【实训资料】

青岛宏发公司为增值税一般纳税人，适用的增值税税率为17%，所得税税率为25%。材料核算采用先进先出法，原材料月初库存量为500吨。公司2014年12月的具体业务如下。

（1）设置的账户及期初余额如表8-0-2所示。

表8-0-2　　青岛宏发公司2014年12月账户期初余额　　单位：元

科目编码	科目名称	期初借方余额	期初贷方余额
1001	库存现金	4 038.00	
1002	银行存款	672 038.10	
100201	工行	469 668.10	
100202	建行	202 370.00	
1012	其他货币资金	1 000 000.00	
1101	交易性金融资产		
1121	应收票据	292 300.00	
1122	应收账款	1 268 000.00	
112201	北京汽配厂	200 000.00	
112202	南京物资公司	400 000.00	
112203	济南水泥制品厂	668 000.00	
1231	坏账准备		6 340.00
1123	预付账款	180 000.00	
1221	其他应收款	4 400.00	
122101	李强	4 400.00	
1402	在途物资		
1403	原材料	1 414 708.00	
1411	周转材料	43 797.00	
141101	包装物	43 797.00	
1405	库存商品	372 040.00	
1511	长期股权投资	250 000.00	
151101	股票投资	250 000.00	
1601	固定资产	6 686 000.00	
1602	累计折旧		1 952 514.00
1604	在建工程		
1606	固定资产清理		
1701	无形资产	143 000.00	
1702	累计摊销		

续前表

科目编码	科目名称	期初借方余额	期初贷方余额
1801	长期待摊费用		
2001	短期借款		500 000.00
2201	应付票据		204 750.00
2202	应付账款		1 058 756.00
220201	烟台铁合金厂		45 810.00
220202	北京汽配厂		45 946.00
220203	滨海煤炭公司		26 700.00
220204	北京工具厂		940 300.00
2211	应付职工薪酬		173 323.40
221101	工资		25 000.00
221102	福利费		148 323.40
2221	应交税费		150 387.40
222101	应交增值税		
22210101	销项税额		
22210102	进项税额		
22210103	已交税金		
222102	未交增值税		53 466.00
222103	应交所得税		90 808.21
222104	应交城建税		3 742.00
222105	应交个人所得税		2 371.19
222110	应交教育费附加		
2231	应付利息		
2241	其他应付款		89 454.00
2501	长期借款		860 400.00
250101	本金		700 000.00
250102	应付利息		160 400.00
2502	应付债券		100 000.00
2701	长期应付款		68 695.30
4001	实收资本		6 200 000.00
4002	资本公积		582 701.00
4101	盈余公积		300 000.00
410101	法定盈余公积		300 000.00
4103	本年利润		
4104	利润分配		123 000.00
410401	未分配利润		123 000.00
4103	生产成本	40 000.00	
410301	基本生产成本		
410302	辅助生产成本		
5001	制造费用		
6001	主营业务收入		
6111	投资收益		
6401	主营业务成本		
6402	其他业务成本		

续前表

科目编码	科目名称	期初借方余额	期初贷方余额
6403	营业税金及附加		
6601	销售费用		
6602	管理费用		
6603	财务费用		
6711	营业外支出		
6801	所得税费用		
合计		12 370 321.10	12 370 321.10

(2) 2014 年 12 月发生如下经济业务：

1) 2 日，从工行提取备用金 2 000 元。

借：库存现金　2 000

　贷：银行存款——工行　2 000

2) 5 日，购入材料，用工行存款支付 5 850 元。

借：原材料　5 000

　　应交税费——应交增值税（进项税额）　850

　贷：银行存款——工行　5 850

3) 6 日，销售部李强预借差旅费 1 000 元。

借：其他应收款——李强　1 000

　贷：库存现金　1 000

4) 10 日，计提工人工资 16 000 元、管理人员工资 9 000 元。

借：生产成本——基本生产成本　16 000

　　管理费用　9 000

　贷：应付职工薪酬——工资　25 000

5) 11 日，车间领用材料 2 100 元。

借：生产成本　2 100

　贷：原材料　2 100

6) 12 日，销售部销售产品取得收入 74 880 元，存入工行。

借：银行存款——工行　74 880

　贷：主营业务收入　64 000

　　　应交税费——应交增值税（销项税额）　10 880

7) 31 日，用工行存款支付本月电话费 400 元。

借：管理费用　400

　贷：银行存款——工行　400

8) 31 日，用建行存款支付本月银行借款利息 120 元。

借：财务费用　120

　贷：银行存款——建行　120

9) 31 日，计提本月固定资产折旧 3 000 元。

借：生产成本　2 000

管理费用 1 000

贷：累计折旧 3 000

10）31 日，结转本月完工产品成本。

借：库存商品 30 100

贷：生产成本 30 100

11）31 日，结转本月销售产品成本。

借：主营业务成本 20 100

贷：库存商品 20 100

12）31 日，结转本月损益。

借：主营业务收入 64 000

贷：本年利润 64 000

借：本年利润 30 620

贷：主营业务成本 20 100

管理费用 10 400

财务管理 120

13）31 日，计算并结转应交所得税（不考虑纳税调整事项，税率为 25%）。

借：所得税费用 8 345

贷：应交税费——应交所得税 8 345

借：本年利润 8 345

贷：所得税费用 8 345

14）31 日，计算本年利润。

借：本年利润 25 035

贷：利润分配——未分配利润 25 035

【实训要求】

（1）建账：用 Excel 建立一个工作簿，并建立若干张工作表，用以分别存放会计科目及期初余额、记账凭证，以及根据记账凭证自动生成的总账和明细账。

（2）设置账户：建立一个“会计科目及余额表”。

（3）输入期初余额：在“会计科目及余额表”中输入期初数据，并实现试算平衡。

（4）输入记账凭证：建立一个“1412 凭证”工作簿，在此表中输入所有业务凭证。

（5）生成总账：建立一个总账表，在此表中汇总所有凭证数据，并根据记账凭证自动生成总账。

（6）生成明细账：建立一个明细表，在此表中利用 Excel 的数据透视表功能自动生成明细账。

项目九
Excel 在财务报表中的应用

情景介绍

王雪完成了用 Excel 建账工作后，开始尝试用 Excel 编制会计报表。

在项目八中已经完成的宏宇公司 2013 年 2 月的总账如表 9-0-1 所示。

表 9-0-1　　宏宇公司 2013 年 2 月总账　　单位：元

科目编码	科目名称	期初借方余额	期初贷方余额	本期借方发生额合计	本期贷方发生额合计	期末借方余额	期末贷方余额
1001	库存现金	5 000.00	0.00	20 500.00	14 000.00	11 500.00	0.00
1002	银行存款	2 660 000.00	0.00	1 201 800.00	537 200.00	3 324 600.00	0.00
1012	其他货币资金	128 000.00	0.00	0.00	0.00	128 000.00	0.00
1101	交易性金融资产	25 000.00	0.00	0.00	25 000.00	0.00	0.00
1121	应收票据	246 000.00	0.00	0.00	0.00	246 000.00	0.00
1122	应收账款	400 000.00	0.00	585 000.00	351 000.00	634 000.00	0.00
1231	坏账准备	0.00	1 895.12	0.00	0.00	0.00	1 895.12
1123	预付账款	100 000.00	0.00	0.00	0.00	100 000.00	0.00
1221	其他应收款	6 000.00	0.00	14 000.00	14 000.00	6 000.00	0.00
1402	在途物资	245 000.00	0.00	160 000.00	110 000.00	295 000.00	0.00
1403	原材料	550 000.00	0.00	110 000.00	650 000.00	10 000.00	0.00
1411	周转材料	98 050.00	0.00	0.00	50 000.00	48 050.00	0.00
1405	库存商品	1 700 000.00	0.00	725 155.00	720 000.00	1 705 155.00	0.00
1511	长期股权投资	250 000.00	0.00	0.00	0.00	250 000.00	0.00

续前表

科目编码	科目名称	期初借方余额	期初贷方余额	本期借方发生额合计	本期贷方发生额合计	期末借方余额	期末贷方余额
1602	累计折旧	0.00	554 632.44	180 000.00	14 120.00	0.00	388 752.44
1601	固定资产	2 524 527.56	0.00	1 400 000.00	200 000.00	3 724 527.56	0.00
1604	在建工程	1 500 000.00	0.00	0.00	1 400 000.00	100 000.00	0.00
1606	固定资产清理	0.00	0.00	20 500.00	20 500.00	0.00	0.00
1701	无形资产	600 000.00	0.00	0.00	0.00	600 000.00	0.00
1702	累计摊销	0.00	0.00	0.00	11 000.00	0.00	11 000.00
1801	长期待摊费用	200 000.00	0.00	0.00	0.00	200 000.00	0.00
2001	短期借款	0.00	240 000.00	150 000.00	0.00	0.00	90 000.00
2201	应付票据	0.00	300 000.00	0.00	0.00	0.00	300 000.00
2202	应付账款	0.00	916 850.00	0.00	0.00	0.00	916 850.00
2211	应付职工薪酬	0.00	91 200.00	80 000.00	91 200.00	0.00	102 400.00
2221	应交税费	0.00	30 000.00	99 200.00	283 658.75	0.00	214 458.75
2231	应付利息	0.00	0.00	0.00	11 500.00	0.00	11 500.00
2241	其他应付款	0.00	57 600.00	0.00	0.00	0.00	57 600.00
2501	长期借款	0.00	1 600 000.00	0.00	10 000.00	0.00	1 610 000.00
4001	实收资本	0.00	6 000 000.00	0.00	0.00	0.00	6 000 000.00
4002	资本公积	0.00	983 000.00	0.00	0.00	0.00	983 000.00
4101	盈余公积	0.00	250 000.00	0.00	0.00	0.00	250 000.00
4103	本年利润	0.00	0.00	972 023.75	1 205 000.00	0.00	232 976.25
4104	利润分配	0.00	212 400.00	0.00	0.00	0.00	212 400.00
5001	生产成本	0.00	0.00	725 155.00	725 155.00	0.00	0.00
5101	制造费用	0.00	0.00	25 155.00	25 155.00	0.00	0.00
6001	主营业务收入	0.00	0.00	1 200 000.00	1 200 000.00	0.00	0.00
6111	投资收益	0.00	0.00	5 000.00	5 000.00	0.00	0.00
6401	主营业务成本	0.00	0.00	720 000.00	720 000.00	0.00	0.00
6402	其他业务成本	0.00	0.00	0.00	0.00	0.00	0.00

续前表

科目编码	科目名称	期初借方余额	期初贷方余额	本期借方发生额合计	本期贷方发生额合计	期末借方余额	期末贷方余额
6403	营业税金及附加	0.00	0.00	2 000.00	2 000.00	0.00	0.00
6601	销售费用	0.00	0.00	34 856.00	34 856.00	0.00	0.00
6602	管理费用	0.00	0.00	94 809.00	94 809.00	0.00	0.00
6603	财务费用	0.00	0.00	24 000.00	24 000.00	0.00	0.00
6711	营业外支出	0.00	0.00	18 700.00	18 700.00	0.00	0.00
6801	所得税费用	0.00	0.00	77 658.75	77 658.75	0.00	0.00
合计		11 237 577.56	11 237 577.56	8 645 512.50	8 645 512.50	11 382 832.56	11 382 832.56

任务一 制作资产负债表

任务介绍

在账务处理之后，就要编制会计报表。编制会计报表的目的是向会计报表使用者提供其在经济决策中的有用信息，包括企业的财务状况、经营成果及现金流量。在本任务中，仅介绍Excel在狭义会计报表（资产负债表和利润表）编制中的应用。

任务分析

1. 资产负债表的内容和格式

资产负债表是反映企业在某一特定日期（年末、季末或月末）的资产、负债和所有者权益数额及构成情况的会计报表。它是以“资产=负债+所有者权益”这一会计恒等式为理论根据，按照一定的分类标准与次序把企业一定日期的资产、负债和所有者权益项目予以适当排列，并从企业的总分类账等基本会计资料中摘取相关的数据编制而成的。

我国会计实务中多采用账户式资产负债表。账户式资产负债表分为左右两方，左方反映资产，右方反映负债和所有者权益，将构成项目依据流动性进行分类，并使左右两方总额相等，其格式如表9-1-1所示。

表9-1-1 资产负债表 会企01表

编制单位： 年 月 单位：元

行次	资产	年初数	期末数	行次	负债及所有者权益	年初数	期末数
001	流动资产：			001	流动负债：		
002	货币资金			002	短期借款		
003	交易性金融资产			003	交易性金融负债		

续前表

行次	资产	年初数	期末数	行次	负债及所有者权益	年初数	期末数
004	应收票据			004	应付票据		
005	应收账款			005	应付账款		
006	预付款项			006	预收款项		
007	应收利息			007	应付职工薪酬		
008	应收股利			008	应交税费		
009	其他应收款			009	应付利息		
010	存货			010	应付股利		
011	一年内到期的非流动资产			011	其他应付款		
012	其他流动资产			012	一年内到期的非流动负债		
013	流动资产合计			013	其他流动负债		
014	非流动资产：			014	流动负债合计		
015	可供出售金融资产			015	非流动负债：		
016	持有至到期投资			016	长期借款		
017	长期应收款			017	应付债券		
018	长期股权投资			018	长期应付款		
019	投资性房地产			019	专项应付款		
020	固定资产			020	预计负债		
021	在建工程			021	递延所得税负债		
022	工程物资			022	其他非流动负债		
023	固定资产清理			023	非流动负债合计		
024	生产性生物资产			024	负债合计		
025	油气资产			025	所有者权益：		
026	无形资产			026	实收资本		
027	开发支出			027	资本公积		
028	商誉			028	减：库存股		
029	长期待摊费用			029	盈余公积		
030	递延所得税资产			030	未分配利润		
031	其他非流动资产			031	所有者权益合计		
032	非流动资产合计			032			
033	资产总计			033	负债及所有者权益总计		

2. 资产负债表的编制方法

（1）根据明细账户期末余额分析计算填列。资产负债表中一部分项目的“期末余额”需要根据有关明细账户的期末余额分析计算填列。

1）“应收账款”项目，应根据“应收账款”账户和“预收账款”账户所属明细账户的期末借方余额合计数，减去“坏账准备”账户中有关应收账款计提的坏账准备期末余额后的金额填列。

2）“预付款项”项目，应根据“预付账款”账户和“应付账款”账户所属明细账户的期末借方余额合计数，减去“坏账准备”账户中有关预付款项计提的坏账准备期末余额后的金额填列。

3）“应付账款”项目，应根据“应付账款”账户和“预付账款”账户所属明细账户的期末贷方余额合计数填列。

4）“预收款项”项目，应根据“预收账款”账户和“应收账款”账户所属明细账户的期末贷方余额合计数填列。

（2）根据总账账户期末余额计算填列。资产负债表中一部分项目的“期末余额”需要根据有关总账账户的期末余额计算填列。

1）“货币资金”项目，应根据“库存现金”“银行存款”和“其他货币资金”三个账户的期末余额合计数填列。

2）“未分配利润”项目，应根据“本年利润”账户和“利润分配”账户的期末余额计算填列，如为未弥补亏损，则在本项目内以“—”号填列，年末结账后，“本年利润”账户已无余额，“未分配利润”项目应根据“利润分配”账户的年末余额直接填列，贷方余额以正数填列，如为借方余额，应以“—”号填列。

3）“存货”项目，应根据“材料采购（或在途物资）”“原材料”“周转材料”“库存商品”“委托加工物资”“生产成本”等账户的期末余额之和，减去“存货跌价准备”账户期末余额后的金额填列。

4）“固定资产”项目，应根据“固定资产”账户的期末余额减去“累计折旧”“固定资产减值准备”账户期末余额后的净额填列。

5）“无形资产”项目，应根据“无形资产”账户的期末余额减去“累计摊销”“无形资产减值准备”账户期末余额后的净额填列。

6）“在建工程”“长期股权投资”和“持有至到期投资”项目，均应根据其相应总账账户的期末余额减去相应的减值准备后的净额填列。

7）“长期待摊费用”项目，根据“长期待摊费用”账户期末余额扣除其中将于一年内摊销的数额后的金额填列，将于一年内摊销的数额填列在“一年内到期的非流动资产”项目内。

8）“长期借款”和“应付债券”项目，应根据“长期借款”和“应付债券”账户的期末余额，扣除其中在资产负债表日起一年内到期且企业不能自主地将清偿义务展期的部分后的金额填列，在资产负债表日起一年内到期且企业不能自主地将清偿义务展期的部分在流动负债下的“一年内到期的非流动负债”项目内反映。

（3）根据总账账户期末余额直接填列。资产负债表中大部分项目的“期末余额”可以根据有关总账账户的期末余额直接填列，如“交易性金融资产”“应收票据”“固定资产清理”“工程物资”“递延所得税资产”“短期借款”“交易性金融负债”“应付票据”“应付职工薪酬”“应交税费”“递延所得税负债”“预计负债”“实收资本”“资本公积”“盈余公积”等项目。这些项目中，“应交税费”等负债项目，如果其相应账户出现借方余额，应以“—”号填列；“固定资产清理”等资产项目，如果其相应的账户出现贷方余额，也应以“—”号填列。

相关知识

设置单元格格式：边框、合并、居中、数字格式等操作；SUM函数的引用；增加、删除行和列。

任务实施

（1）打开“1302 总账”工作簿，在“明细账”后新建一张工作表，重命名为“资产负债表”。

（2）在“资产负债表”的 A1 单元格中输入“资产负债表”，选中 A1 至 H1 区域，设置格式为“合并及居中”，字体加粗。

（3）选择 A3：B3 区域，设置格式为“合并及居中”，在 A3 单元格中输入“编制单位：宏宇公司”。选择 D3：E3 区域，设置格式为“合并及居中”，在 D3 单元格中输入“2013 年 2 月 28 日”。选择 G2：H2 区域，设置格式为“合并及居中”，在 G2 单元格中输入“会企 01 表”。选择 G3：H3 区域，设置格式为“合并及居中”，在 G3 单元格中输入“单位：元”。如图 9－1－1 所示。

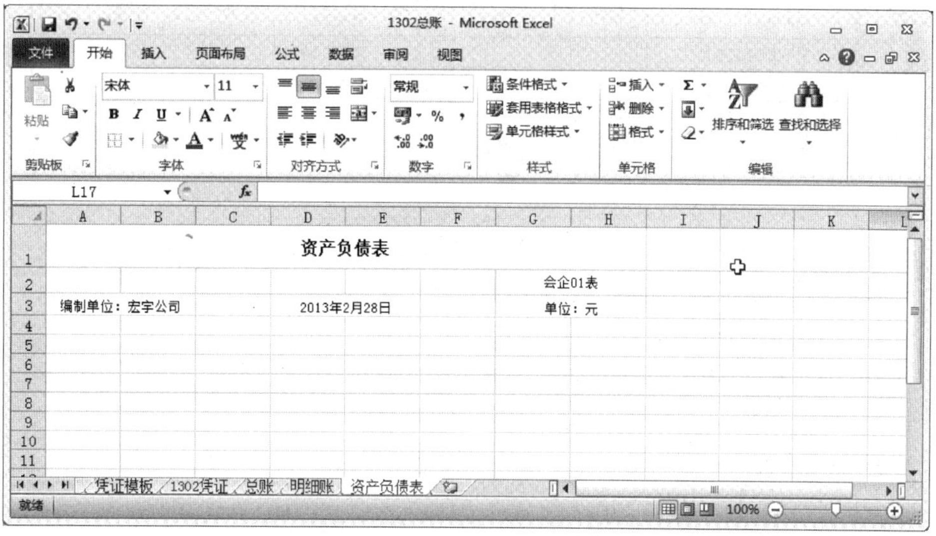

图 9－1－1

（4）在 A4：H37 区域按表 9－1－1 的内容分别输入项目名称及行次。

（5）完成表格文字输入和格式设置后，接下来就是填充表格中的数据部分。其中“年初数”可以按上月资产负债表中的数据进行填充，“期末数”可以用数据链接的方式引用“总账”工作表中的相关数据。

例如，“货币资金”项目需要根据“库存现金”“银行存款”“其他货币资金”三个总账科目的期末余额合计数进行填列。这几项的数据分别存放在“总账”工作表中单元格 G2、G3 和 G4 处。因此，可在“资产负债表”中“货币资金”期末数的单元格 D6 中输入取值公式。具体操作如下：

1）选择 D6 单元格，输入“＝”号。

2）单击“总账”工作表标签，将界面切换至“总账”工作表中。

3）单击“总账”中的 G2 单元格，在编辑栏中输入“＋”，再点击 G3 单元格，在编辑栏中输入“＋”，最后再点击 G4 单元格，按回车键后，会自动切换至“资产负债表”

工作表中，并在D6单元格中显示结果。此时，D6单元格中的公式表示为"＝总账！G2＋总账！G3＋总账！G4"，该公式表明，"资产负债表"工作表中D6单元格的数据是"总账"工作表中单元格G2、G3、G4的数据之和。如图9－1－2所示。

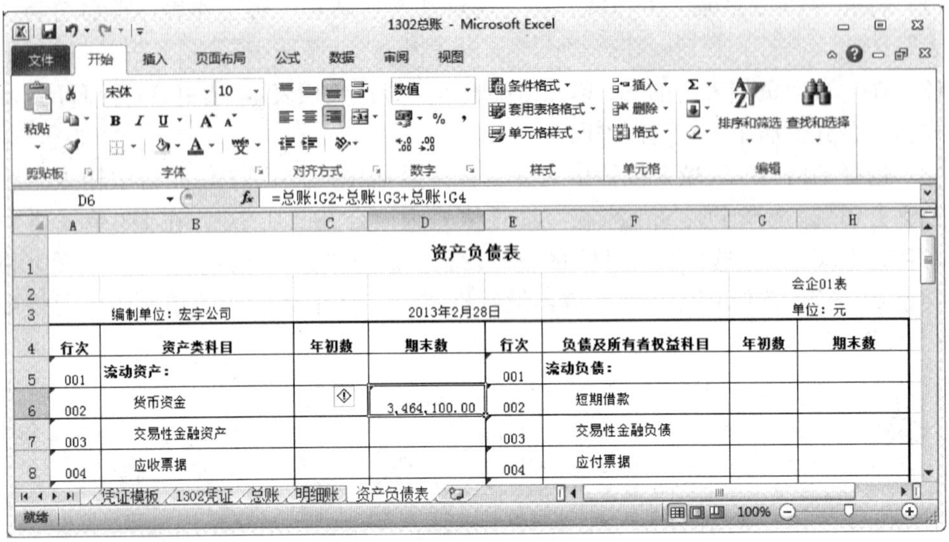

图9－1－2

用同样的方法填制其他单元格的数据。以下是资产负债表取值公式：

D6 ＝总账！G2＋总账！G3＋总账！G4

D7 ＝总账！G5

D8 ＝总账！G6

D9 ＝总账！G7－总账！H8

D10 ＝总账！G9

D13 ＝总账！G10

D14 ＝总账！G11＋总账！G12＋总账！G13＋总账！G14＋总账！G35

D22 ＝总账！G15

D24 ＝总账！G16－总账！H17

D25 ＝总账！G18

D27 ＝总账！G19－总账！H19

D30 ＝总账！G20－总账！H21

D33 ＝总账！G22

H6 ＝总账！H23

H8 ＝总账！H24

H9 ＝总账！H25

H11 ＝总账！H26

H12 ＝总账！H27

H13 ＝总账！H28

H15 ＝总账！H29

H20 ＝总账！H30

H30 ＝总账！H31

H31 ＝总账！H32

H33 ＝总账！H33

H34 ＝总账！H34＋总账！H35

（6）资产负债表中还有一部分单元格中的数据需要用本工作表中的数据计算得到。有关运算公式及函数如下：

D17 ＝SUM（D6：D16）

D36 ＝SUM（D19：D35）

D37 ＝D17＋D36

H18 ＝SUM（H6：H17）

H27 ＝SUM（H20：H26）

H28 ＝H18＋H27

H35 ＝ ＝SUM（H30：H34）

H37 ＝H28＋H35

以上操作完成，就可以得到本期的资产负债表了，最终结果如图 9－1－3 所示。

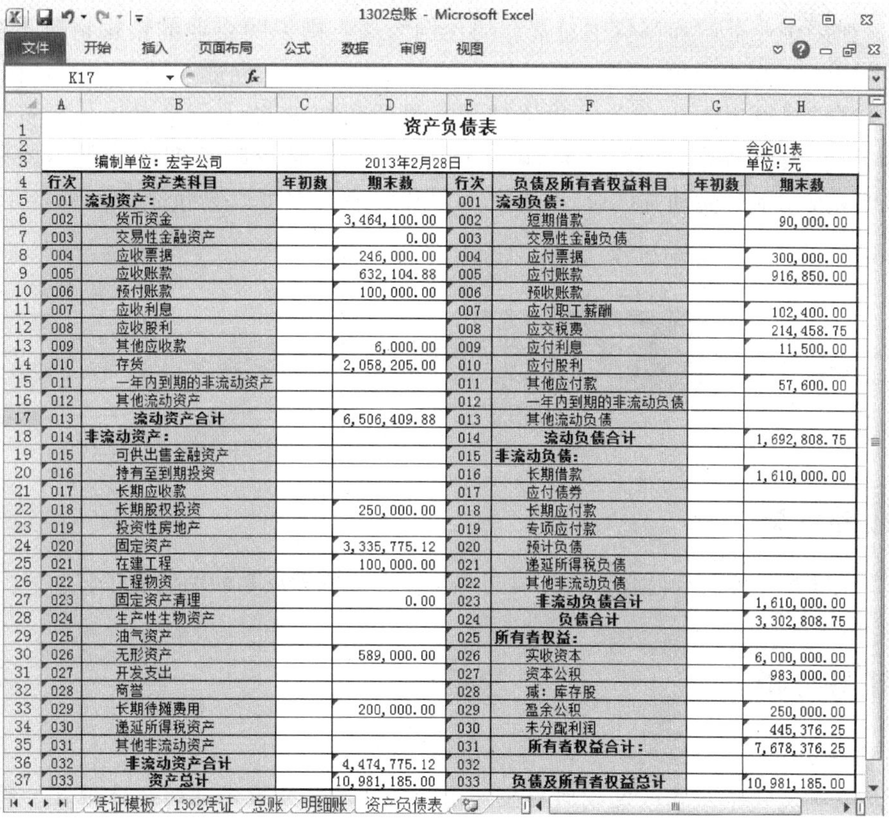

资产负债表

会企01表

编制单位：宏宇公司　　2013年2月28日　　单位：元

行次	资产类科目	年初数	期末数	行次	负债及所有者权益科目	年初数	期末数
001	流动资产：			001	流动负债：		
002	货币资金		3,464,100.00	002	短期借款		90,000.00
003	交易性金融资产		0.00	003	交易性金融负债		
004	应收票据		246,000.00	004	应付票据		300,000.00
005	应收账款		632,104.88	005	应付账款		916,850.00
006	预付账款		100,000.00	006	预收账款		
007	应收利息			007	应付职工薪酬		102,400.00
008	应收股利			008	应交税费		214,458.75
009	其他应收款		6,000.00	009	应付利息		11,500.00
010	存货		2,058,205.00	010	应付股利		
011	一年内到期的非流动资产			011	其他应付款		57,600.00
012	其他流动资产			012	一年内到期的非流动负债		
013	流动资产合计		6,506,409.88	013	其他流动负债		
014	非流动资产：			014	流动负债合计		1,692,808.75
015	可供出售金融资产			015	非流动负债：		
016	持有至到期投资			016	长期借款		1,610,000.00
017	长期应收款			017	应付债券		
018	长期股权投资		250,000.00	018	长期应付款		
019	投资性房地产			019	专项应付款		
020	固定资产		3,335,775.12	020	预计负债		
021	在建工程		100,000.00	021	递延所得税负债		
022	工程物资			022	其他非流动负债		
023	固定资产清理		0.00	023	非流动负债合计		1,610,000.00
024	生产性生物资产			024	负债合计		3,302,808.75
025	油气资产			025	所有者权益：		
026	无形资产		589,000.00	026	实收资本		6,000,000.00
027	开发支出			027	资本公积		983,000.00
028	商誉			028	减：库存股		
029	长期待摊费用		200,000.00	029	盈余公积		250,000.00
030	递延所得税资产			030	未分配利润		445,376.25
031	其他非流动资产			031	所有者权益合计：		7,678,376.25
032	非流动资产合计		4,474,775.12	032			
033	资产总计		10,981,185.00	033	负债及所有者权益总计		10,981,185.00

图 9－1－3

任务总结

（1）资产负债表的制作不算复杂，不会用到特别难的函数，但是需要引入前面数据，所以总账的数据一定要正确。

（2）资产负债表中的数据不需要从键盘输入，只要公式设置正确，前期资料齐全，均可以通过链接得到，这既保证了工作的效率，也大大提高了准确性。

知识拓展

如何看懂资产负债表？

想要从资产负债表里面“挖”内容，首先要清楚它的格式，上面已经详细讲述，资产负债表左边是资产，右边是负债和所有者权益。举例来说，从资产负债表中可以看出资金状况和财务风险，银行存款和现金以及一年内到期变现的非货币性资产总量较少，表明企业的现金流存在一定问题。一个企业的负债与资产的比例过高，表明企业有较高的财务风险，甚至会有资不抵债的可能。通过资产负债表还可以判断企业的经营情况，如果企业资产和存货占总资产的比例太高，则说明企业的销售情况不容乐观。如果企业应收账款的比例过高，则说明企业资金回笼存在问题。此外，通过固定资产的本期增减情况可以看出企业的投资情况。最后可以通过几个比率来分析资金结构、资产结构、偿债能力等，如资产负债率（负债比率）是反映长期偿债能力的晴雨表；流动资产构成比率＝流动资产合计/总资产，利用该比率可以衡量企业经营的稳定性和收益性。

任务二　制作利润表

任务介绍

制作完资产负债表后，我们就可以制作反映企业经营成果的利润表了。

任务分析

1. 利润表的内容和格式

利润表是反映企业在一定期间内生产经营成果及其分配情况的会计报表。利润表是以“收入－费用＝利润”这一平衡等式所包含的经济内容为依据编制的。收入类项目包括主营业务收入、其他业务收入等。费用类项目包括各种费用、成本以及从收入中补偿的各种税金及附加，如主营业务成本、销售费用、营业税金及附加、管理费用、财务费用、销售费用等。利润类项目包括营业利润、投资收益、营业外收入、营业外支出、利润总额等。

在我国，企业利润表采用的是多步式结构，即通过对当期的收入、费用、支出项目按性质加以归类，按利润形成的主要环节列示一些中间性利润指标，分步计算当期净损益。利润表的格式如表9-2-1所示。

表9-2-1

利润表

会企02表

编制单位： 年 月 单位：元

行次	科目	本期金额	上期金额
001	一、营业收入		
002	减：营业成本		
003	营业税金及附加		
004	销售费用		
005	管理费用		
006	财务费用		
007	资产减值损失		
008	加：公允价值变动损益		
009	投资收益		
010	其中：对联营企业和合营企业的投资收益		
011	二、营业利润		
012	加：营业外收入		
013	减：营业外支出		
014	其中：非流动资产处置损失		
015	三、利润总额		
016	减：所得税费用		
017	四、净利润		
018	五、每股收益		
019	（一）基本每股收益		
020	（二）稀释每股收益		

2. 利润表各项目的填列方法

（1）“营业收入”项目反映企业经营主要业务和其他业务所确认的收入总额，本项目应根据“主营业务收入”和“其他业务收入”科目的发生额分析填列。

（2）“营业成本”项目反映企业经营主要业务和其他业务所发生的成本总额，本项目应根据“主营业务成本”和“其他业务成本”科目的发生额分析填列。

（3）“营业税金及附加”项目反映企业经营业务应负担的消费税、城市维护建设税、资源税、教育费附加等，本项目应根据“营业税金及附加”科目的发生额分析填列。

（4）“销售费用”项目反映企业在销售商品过程中发生的包装费、广告费等费用，还有为销售本企业商品而专设的销售机构的职工薪酬、业务费等经营费用，本项目应根据

“销售费用”科目的发生额分析填列。

(5)“管理费用”项目反映企业为组织和管理生产经营发生的管理费用，本项目应根据“管理费用”科目的发生额分析填列。

(6)“财务费用”项目反映企业为筹集生产经营所需资金等而发生的筹资费用，本项目应根据“财务费用”科目的发生额分析填列。

(7)“资产减值损失”项目反映企业各项资产发生的减值损失，本项目应根据“资产减值损失”科目的发生额分析填列。

(8)“公允价值变动收益”项目反映企业应当计入当期损益的资产或负债公允价值变动收益，本项目应根据“公允价值变动损益”科目的发生额分析填列，如为净损失，本项目以“—”号填列。

(9)“投资收益”项目反映企业以各种方式对外投资所取得的收益，本项目应根据“投资收益”科目的发生额分析填列，如为投资损失，本项目以“—”号填列。

(10)“营业利润”项目反映企业实现的营业利润，如为亏损，本项目以“—”号填列。

(11)“营业外收入”项目反映企业发生的与经营业务无直接关系的各项收入，本项目应根据“营业外收入”科目的发生额分析填列。

(12)“营业外支出”项目反映企业发生的与经营业务无直接关系的各项支出，本项目应根据“营业外支出”科目的发生额分析填列。

(13)“利润总额”项目反映企业实现的利润，如为亏损，本项目以“—”号填列。

(14)“所得税费用”项目反映企业应从当期利润总额中扣除的所得税费用，本项目应根据“所得税费用”科目的发生额分析填列。

(15)“净利润”项目反映企业实现的净利润，如为亏损，本项目“—”号填列。

3. 利润表的编制步骤

第一步，以营业收入为基础，减去营业成本、营业税金及附加、销售费用、管理费用、财务费用、资产减值损失，加上公允价值变动收益（减去公允价值变动损失）、投资收益（减去投资损失），计算出营业利润。

第二步，以营业利润为基础，加上营业外收入，减去营业外支出，计算出利润总额。

第三步，以利润总额为基础，减去所得税费用，计算出净利润（或净亏损）。

相关知识

设置单元格格式：边框、对齐方式、字体等；公式的运用。

任务实施

(1) 打开“1302总账”工作簿，在“资产负债表”工作表后建立“利润表”工作表。

(2) 选择A1单元格，输入“利润表”，选中A1：D1区域，设置格式为“合并后居中”，字体加粗。

(3) 选中C2：D2区域，设置格式为“合并后居中”，在C2单元格中输入“会企02

表”。选中 A3：B3 区域，设置格式为“两端对齐”，在 A3 单元格中输入“编制单位：宏宇公司　2013 年 2 月”。选中 C3：D3 区域，设置格式为“合并后居中”，在 C3 单元格中输入“单位：元”。如图 9-2-1 所示。

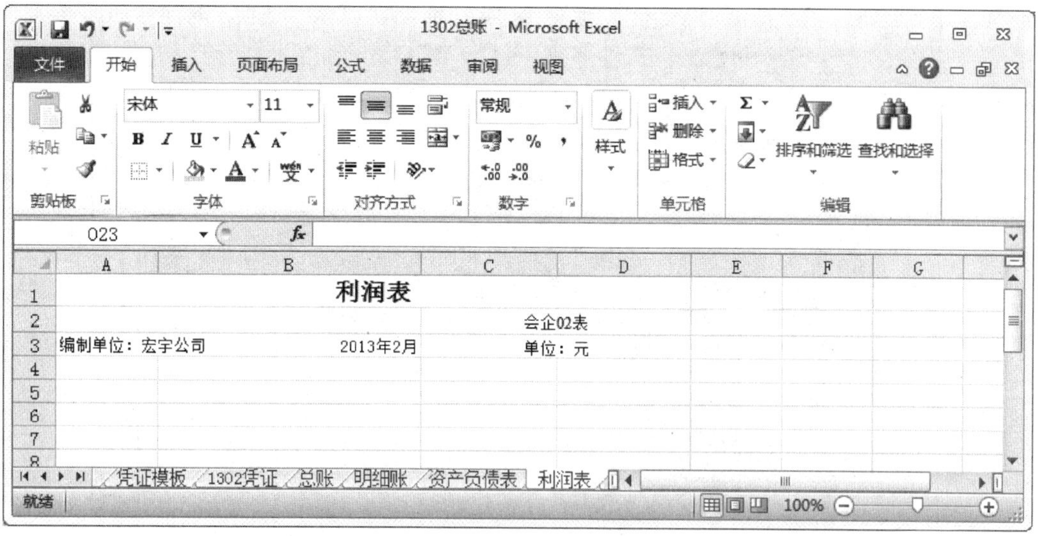

图 9-2-1

（4）在 A4：B24 区域按表 9-2-1 的内容分别输入项目名称及行次。

（5）完成表格文字输入和格式设置后，接下来就是填充表格中的数据部分。其中“上期金额”可以按上月利润表中的数据进行填充，“本期金额”可以用数据链接的方式引用“总账”工作表中的相关数据。取数公式如下：

C5 ＝总账！E38

C6 ＝总账！E40＋总账！E41

C7 ＝总账！E42

C8 ＝总账！E43

C9 ＝总账！E44

C10 ＝总账！E45

C13 ＝总账！E41

C17 ＝总账！E46

C20 ＝总账！E47

（6）利润表中还有一部分数据需要用本工作表中的数据计算得出。有关计算公式如下：

C15 ＝C5－C6－C7－C8－C9－C10－C11＋C12＋C13

C19 ＝C15＋C16－C17

C21＝C19－C20

以上操作完成，就可以得到本期的利润表了，最终结果如图 9-2-2 所示。

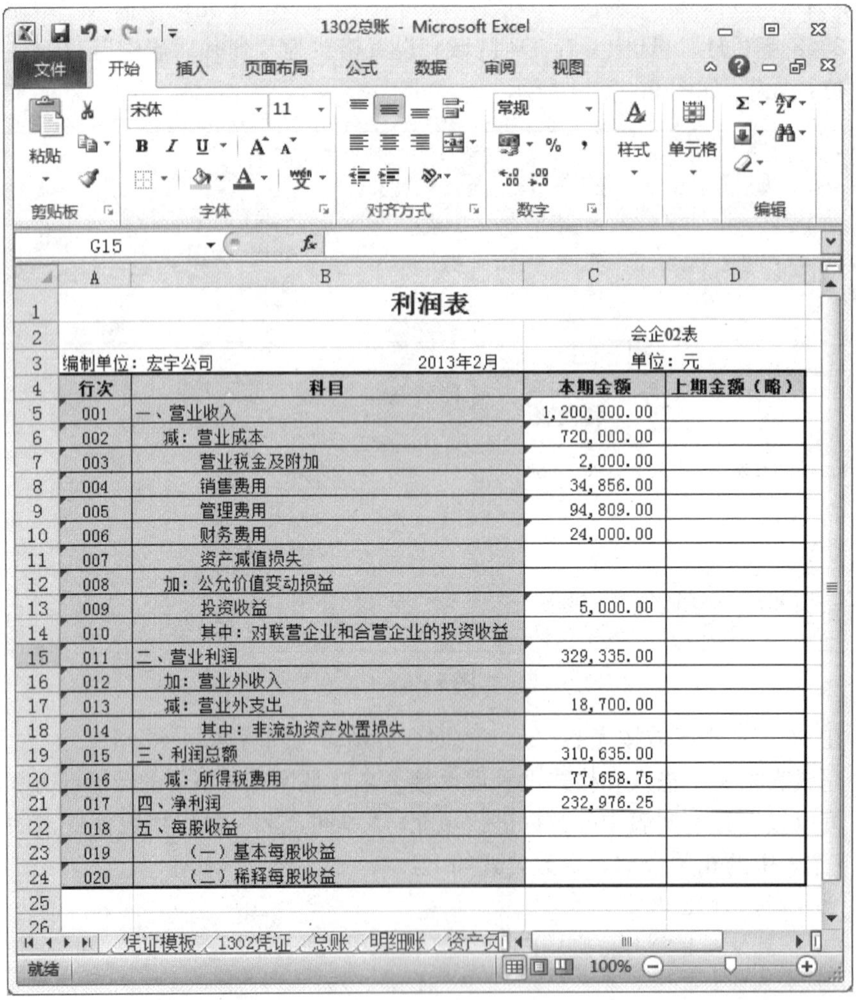

行次	科目	本期金额	上期金额（略）
001	一、营业收入	1,200,000.00	
002	减：营业成本	720,000.00	
003	营业税金及附加	2,000.00	
004	销售费用	34,856.00	
005	管理费用	94,809.00	
006	财务费用	24,000.00	
007	资产减值损失		
008	加：公允价值变动损益		
009	投资收益	5,000.00	
010	其中：对联营企业和合营企业的投资收益		
011	二、营业利润	329,335.00	
012	加：营业外收入		
013	减：营业外支出	18,700.00	
014	其中：非流动资产处置损失		
015	三、利润总额	310,635.00	
016	减：所得税费用	77,658.75	
017	四、净利润	232,976.25	
018	五、每股收益		
019	（一）基本每股收益		
020	（二）稀释每股收益		

图 9-2-2

任务总结

利润表的制作和资产负债表的制作相类似，都是从总账中取数，构成本期数据部分。前面的基础数据变动，后面的报表也会相应变动。另外就是工作表的设计，既要让人看懂，又要美观大方。

知识拓展

利润表的作用

利润表主要有下述四个作用。

1. 反映企业的生产经营情况

利润表反映了某一期间企业收入与费用方面的情况，由此可以了解收益与成本耗费的情况，并可以根据各项费用数额的大小及占总数的比率，了解费用开支的去向，以及为获取收入所耗费的代价（成本）。因此，如果能够清楚地了解一个企业收入与费用的来龙去脉，就会对企业经营的概况及损益的产生、形成的前因后果有一个较为全面且概括的认识，从而有利于后续期间的生产、经营管理和策划。

2. 分析企业的获利能力

获利能力主要通过企业各项利润率的高低反映。通过利润表提供的不同时期的比较数字，可以分析企业正常经营情况下的收支情况及获利能力。例如，将利润表中的税后净利润与实际投资额相比较，即可求得投资报酬率，某一企业的投资报酬率越高，表示其获利能力越大；反之，则越小。比较分析一个企业不同时期，或同行业间各企业的投资报酬率的高低及增减变化的情况，可以确定该企业获利能力的大小，并可审慎预测其损益消长的趋势。

3. 功过得失与奖惩的参考标准

比较企业前后期各项损益数字，深入剖析各项收入、费用比率的增减变化情形，进而探究产生差异的原因，可据以判明企业内部各部门经营管理的成本效益和功过得失，将其作为对员工业绩考核与奖惩的重要参考指标。

4. 企业决策的依据

根据利润表中各项目的相关因素及数据进行成本、数量、利润分析，可判明各项收入、成本与利润之间的比例关系。结合市场环境，还可以预测相关项目的变化趋势，进而找到今后业务改进的重点和制定未来营业决策的主要依据。

任务三 报表分析基础应用

任务介绍

制作完成资产负债表和利润表后，可以利用表里的数据进行一些分析，用来了解企业的偿债能力、营运能力和盈利能力，以判断企业现状，预测企业未来，为决策提供有力依据。接下来我们就对宏宇公司进行报表的基础分析。

任务分析

通过报表分析能了解一个企业经营业绩和财务状况的真实面目，从晦涩的会计程序中将会计数据背后的经济含义挖掘出来，为投资者和债权人提供决策基础。

一般来说，财务分析的主要方法有以下四种：

（1）比较分析法：可以说明财务信息之间的数量关系与数量差异，为进一步的分析指明方向。这种比较可以是将实际与计划相比，也可以是将本期与上期相比，还可以是与同行业的其他企业相比。

（2）趋势分析法：可以揭示财务状况和经营成果的变化及其原因、性质，帮助决策者预测未来。用于趋势分析的数据既可以是绝对值，也可以是比率或百分比数据。

(3) 因素分析法：分析几个相关因素对某一财务指标的影响程度，一般借助于差异分析的方法。

(4) 比率分析法：通过对财务比率的分析，了解企业的财务状况和经营成果，往往借助于比较分析法和趋势分析法。

上述各方法有一定程度的重合。在实际工作中，比率分析法应用最广。财务比率最主要的好处就是可以消除规模的影响，可用来比较不同企业的收益与风险，从而帮助投资者和债权人做出理智的决策。利用财务比率可以评价某项投资在各年之间收益的变化，也可以在某一时点比较某一行业的不同企业。由于不同的决策者信息需求不同，所以使用的分析技术也不同。

(1) 偿债能力：反映企业偿还到期债务的能力。

1) 短期偿债能力是指企业偿还短期债务的能力。短期偿债能力不足，不仅会影响企业的资信，增加今后筹集资金的成本与难度，还可能使企业陷入财务危机，甚至破产。一般来说，企业应该以流动资产偿还流动负债，而不应靠变卖长期资产，所以用流动资产与流动负债的数量关系来衡量短期偿债能力。相关指标的计算公式如下：

流动比率 ＝ 流动资产÷流动负债

速动比率＝ 速动资产÷流动负债

＝（流动资产－存货－预付账款－一年内到期的非流动资产

－其他流动资产）÷流动负债

流动资产既可以用于偿还流动负债，也可以用于支付日常经营所需要的资金。所以，流动比率高一般表明企业短期偿债能力较强，但如果过高，则会影响企业资金的使用效率和获利能力。该比率究竟为多少合适没有定律，因为不同行业的企业具有不同的经营特点，这使得其流动性也各不相同；另外，这还与流动资产中现金、应收账款和存货等项目各自所占的比例有关，因为它们的变现能力不同。为此，可以用速动比率（剔除了存货等）辅助进行分析。一般认为流动比率为 2、速动比率为 1 比较安全，过高有效率低之嫌，过低则有管理不善的可能。但是由于企业所处行业和经营特点不同，故应结合实际情况具体分析。

2) 长期偿债能力是指企业偿还长期利息与本金的能力。一般来说，企业长期负债主要是用于长期投资，因而最好是用投资产生的收益偿还利息与本金。通常以资产负债率和利息保障倍数两项指标衡量企业的长期偿债能力。计算公式如下：

资产负债率 ＝ 负债总额÷资产总额

利息保障倍数＝（税前利润＋利息支出）÷利息支出

资产负债率又称财务杠杆，由于所有者权益无须偿还，所以财务杠杆越高，债权人所受到的保障就越低。但这并不是说财务杠杆越低越好，因为一定的负债表明企业的管理者能够有效地运用股东的资金，帮助股东用较少的资金进行较大规模的经营，所以，财务杠杆过低说明企业没有很好地利用资金。利息保障倍数考察企业的营业利润是否足以支付当年的利息费用，它从企业经营活动的获利能力方面分析其长期偿债能力。一般来说，这个比率越大，长期偿债能力越强。

(2) 营运能力：反映企业利用资金的效率。营运能力是以企业各项资产的周转速度来衡量企业资产的利用效率。周转速度越快，表明企业的各项资产进入生产、销售等经营环节的速度越快，那么其形成收入和利润的周期就越短，经营效率自然就越高。相关指标的计算公式如下：

存货周转率 = 营业成本÷存货平均余额

流动资产周转率 = 营业收入÷流动资产平均余额

固定资产周转率 =营业收入÷固定资产平均净值

总资产周转率 =营业收入÷总资产平均值

由于上述周转率指标的分子、分母分别来自资产负债表和利润表，而资产负债表数据是某一时点的静态数据，利润表数据则是整个报告期的动态数据，所以为了使分子、分母在时间上具有一致性，就必须将取自资产负债表上的数据折算成整个报告期的平均值。通常来讲，上述指标越高，说明企业的经营效率越高，但数量只是一个方面的问题，在进行分析时，还应注意各资产项目的组成结构，如各种类型存货的相互搭配、存货的质量、适用性等。

（3）盈利能力：反映企业获取利润的能力。盈利能力是与企业有关各方都关心的问题，也是企业成败的关键，只有长期盈利，企业才能真正做到持续经营。因此无论是投资者还是债权人，都对反映企业盈利能力的比率非常重视。一般用下面几个指标衡量企业的盈利能力：

营业利润率 =营业利润÷营业收入

净利润率 = 净利润÷营业收入

总资产报酬率 = 净利润÷总资产平均值

权益报酬率 = 净利润÷权益平均值

营业利润率和净利润率分别说明企业生产（或销售）过程、经营活动和企业整体的盈利能力，越高则获利能力越强；总资产报酬率反映股东和债权人共同投入资金的盈利能力；权益报酬率则反映股东投入资金的盈利状况。权益报酬率是股东最为关心的内容，它与财务杠杆有关，如果资产的报酬率相同，则财务杠杆越高的企业权益报酬率也越高，因为股东用较少的资金实现了同等的收益。衡量上述盈利指标是高还是低，一般要通过与同行业其他企业的水平相比较才能得出结论。

相关知识

设置单元格格式：边框、字体等；公式的应用。

任务实施

（1）打开“1302总账”工作簿，在“利润表”工作表（如图9-3-1所示）后建立“报表分析”工作表。

（2）在“报表分析”工作表中建立如图9-3-2所示的表格。

（3）计算表格中的比率。

1）计算流动比率。在“报表分析”工作表B3单元格中输入“=资产负债表！D17/资产负债表！H18”。

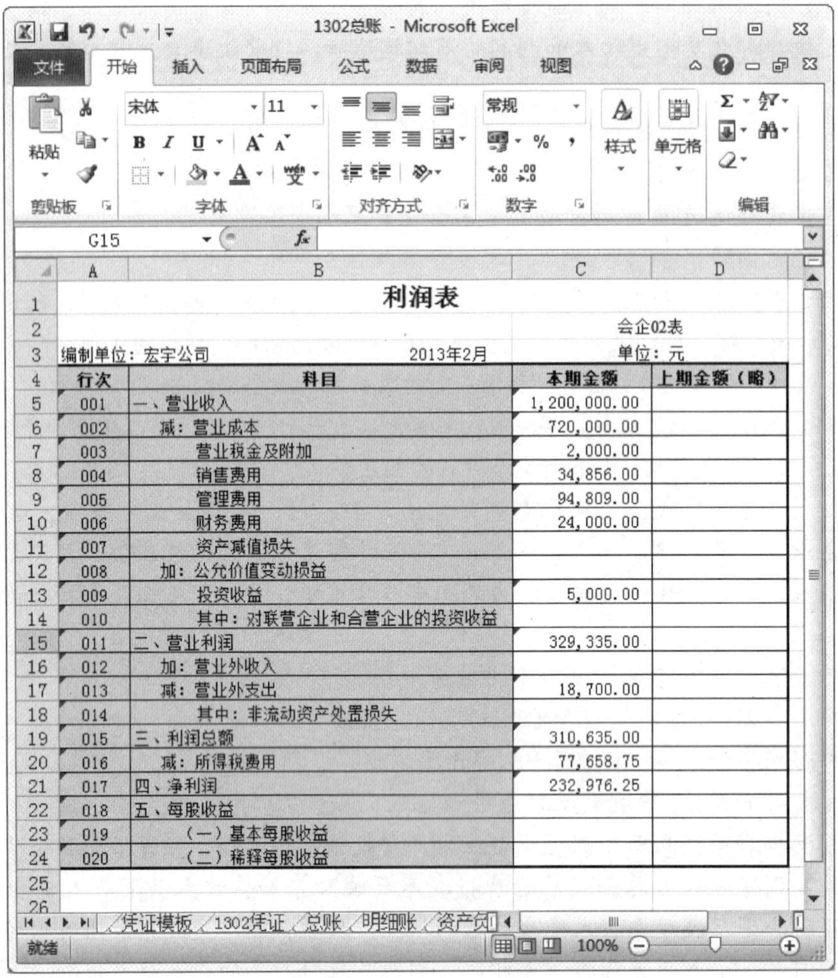

		利润表	
		会企02表	
编制单位：宏宇公司	2013年2月	单位：元	
行次	科目	本期金额	上期金额（略）
001	一、营业收入	1,200,000.00	
002	减：营业成本	720,000.00	
003	营业税金及附加	2,000.00	
004	销售费用	34,856.00	
005	管理费用	94,809.00	
006	财务费用	24,000.00	
007	资产减值损失		
008	加：公允价值变动损益		
009	投资收益	5,000.00	
010	其中：对联营企业和合营企业的投资收益		
011	二、营业利润	329,335.00	
012	加：营业外收入		
013	减：营业外支出	18,700.00	
014	其中：非流动资产处置损失		
015	三、利润总额	310,635.00	
016	减：所得税费用	77,658.75	
017	四、净利润	232,976.25	
018	五、每股收益		
019	（一）基本每股收益		
020	（二）稀释每股收益		

图 9-3-1

2）计算速动比率。在“报表分析”工作表 B4 单元格中输入“=（资产负债表！D17－资产负债表！D14－资产负债表！D10－资产负债表！D15－资产负债表！D16）/资产负债表！H18”。

3）计算资产负债率。在“报表分析”工作表 B5 单元格中输入“=资产负债表！H28/资产负债表！D37”。

4）计算利息保障倍数。在“报表分析”工作表 B6 单元格中输入“=（利润表！C19＋利润表！C10）/利润表！C10”。

5）计算存货周转率。在“报表分析”工作表 B8 单元格中输入“=利润表！C6/（（资产负债表！C14＋资产负债表！D14）/2）”。

6）计算流动资产周转率。在“报表分析”工作表 B9 单元格中输入“=利润表！C5/（（资产负债表！C17＋资产负债表！D17）/2）”。

7）计算固定资产周转率。在“报表分析”工作表 B10 单元格中输入“=利润表！C5/（（资产负债表！C24＋资产负债表！D24）/2）”。

8）计算总资产周转率。在“报表分析”工作表 B11 单元格中输入“=利润表！C5/

（（资产负债表！C37＋资产负债表！D37）/2)”。

9）计算营业利润率。在“报表分析”工作表 B13 单元格中输入“＝利润表！C15/利润表！C5”。

10）计算净利润率。在“报表分析”工作表 B14 单元格中输入“＝利润表！C21/利润表！C5”。

11）计算总资产报酬率。在“报表分析”工作表 B15 单元格中输入“＝利润表！C21/（（资产负债表！C37＋资产负债表！D37）/2)”。

12）计算权益报酬率。在“报表分析”工作表 B16 单元格中输入“＝利润表！C21/（（资产负债表！G35＋资产负债表！H35）/2)”。

以上指标设置完成后，报表比率分析模型建成，如图 9－3－2 所示。

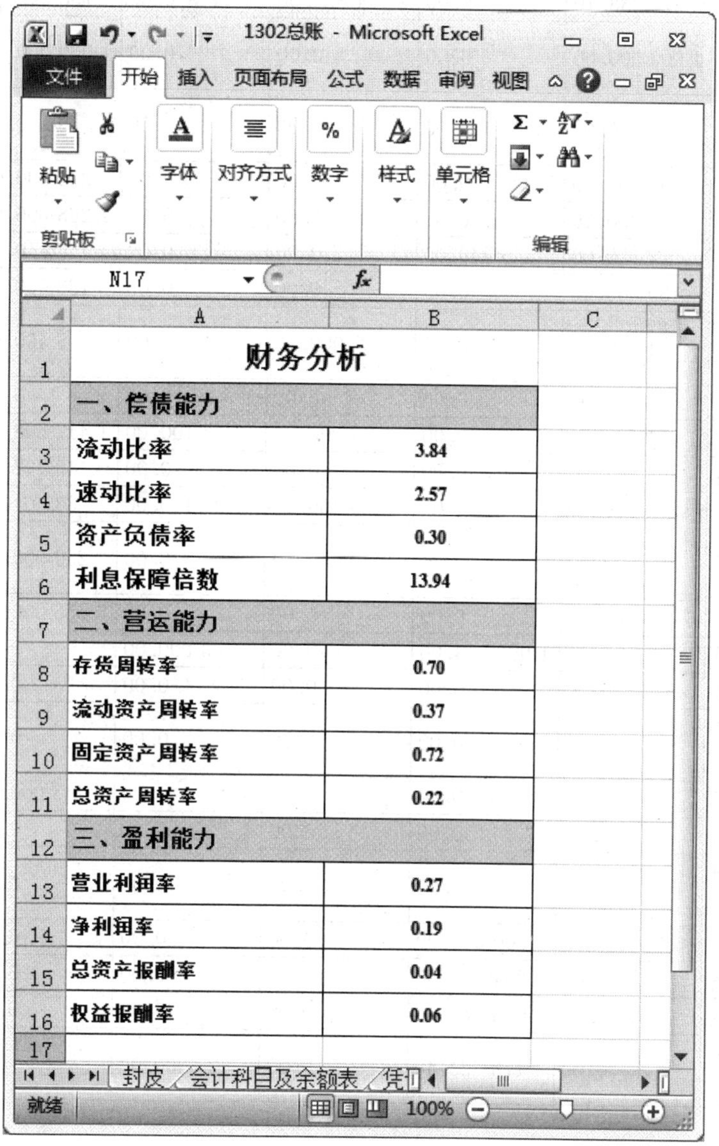

图 9－3－2

练习及实训

【实训资料】

承项目八练习及实训，青岛宏发公司完成账务处理流程，生成“1412 总账及试算平衡表”，如表 9－0－2 所示。

表 9－0－2　　**1412 总账及试算平衡表**　　单位：元

科目编码	科目名称	期初借方余额	期初贷方余额	本期借方发生额合计	本期贷方发生额合计	期末借方余额	期末贷方余额
1001	库存现金	4 038.00	0.00	2 000.00	1 000.00	5 038.00	0.00
1002	银行存款	672 038.10	0.00	74 880.00	8 370.00	738 548.10	0.00
1012	其他货币资金	1 000 000.00	0.00	0.00	0.00	1 000 000.00	0.00
1101	交易性金融资产	0.00	0.00	0.00	0.00	0.00	0.00
1121	应收票据	292 300.00	0.00	0.00	0.00	292 300.00	0.00
1122	应收账款	1 268 000.00	0.00	0.00	0.00	1 268 000.00	0.00
1231	坏账准备	0.00	6 340.00	0.00	0.00	0.00	6 340.00
1123	预付账款	180 000.00	0.00	0.00	0.00	180 000.00	0.00
1221	其他应收款	4 400.00	0.00	1 000.00	0.00	5 400.00	0.00
1402	在途物资	0.00	0.00	0.00	0.00	0.00	0.00
1 403	原材料	1 414 708.00	0.00	5 000.00	2 100.00	1 417 608.00	0.00
1411	周转材料	43 797.00	0.00	0.00	0.00	43 797.00	0.00
1405	库存商品	372 040.00	0.00	30 100.00	20 100.00	382 040.0	0.00
1511	长期股权投资	250 000.00	0.00	0.00	0.00	250 000.00	0.00
1601	固定资产	6 686 000.00	0.00	0.00	0.00	6 686 000.00	0.00
1602	累计折旧	0.00	1 952 514.00	0.00	3 000.00	0.00	1 955 514.00
1604	在建工程	0.00	0.00	0.00	0.00	0.00	0.00
1606	固定资产清理	0.00	0.00	0.00	0.00	0.00	0.00
1701	无形资产	143 000.00	0.00	0.00	0.00	143 000.00	0.00
1702	累计摊销	0.00	0.00	0.00	0.00	0.00	0.00
1801	长期待摊费用	0.00	0.00	0.00	0.00	0.00	0.00
2001	短期借款	0.00	500 000.00	0.00	0.00	0.00	500 000.00
2201	应付票据	0.00	204 750.00	0.00	0.00	0.00	204 750.00
2202	应付账款	0.00	1 058 756.00	0.00	0.00	0.00	1 058 756.00
2211	应付职工薪酬	0.00	173 323.40	0.00	25 000.00	0.0	198 323.40

续前表

科目编码	科目名称	期初借方余额	期初贷方余额	本期借方发生额合计	本期贷方发生额合计	期末借方余额	期末贷方余额
2221	应交税费	0.00	150 387.40	850.00	19 225.00	0.00	168 762.40
2231	应付利息	0.00	0.00	0.00	0.00	0.00	0.00
2241	其他应付款	0.00	86 454.00	0.00	0.00	0.00	86 454.00
2501	长期借款		860 400.00	0.00	0.00	0.00	860 400.00
2502	应付债券	0.00	100 000.00	0.00	0.00	0.00	100 000.00
2701	长期应付款	0.00	68 695.30	0.00	0.00	0.00	68 695.30
4001	实收资本	0.00	6 200 000.00	0.00	0.00	0.00	6 200 000.00
4002	资本公积	0.00	582 701.00	0.00	0.00	0.00	582 701.00
4101	盈余公积	0.00	300 000.00	0.00	0.00	0.00	300 000.00
4103	本年利润	0.00	0.00	64 000.00	64 000.00	0.00	0.00
4104	利润分配	0.00	126 000.00	0.00	25 035.00	0.00	151 035.00
5001	生产成本	40 000.00	0.00	20 100.00	30 100.00	30 000.00	0.00
5101	制造费用	0.00	0.00	0.00	0.00	0.00	0.00
6001	主营业务收入	0.00	0.00	64 000.00	64 000.00	0.00	0.00
6111	投资收益	0.00	0.00	0.00	0.00	0.00	0.00
6401	主营业务成本	0.00	0.00	20 100.00	20 100.00	0.00	0.00
6402	其他业务成本	0.00	0.00	0.00	0.00	0.00	0.00
6403	营业税金及附加	0.00	0.00	0.00	0.00	0.00	0.00
6601	销售费用	0.00	0.00	0.00	0.00	0.00	0.00
6602	管理费用	0.00	0.00	10 400.00	10 400.00	0.00	0.00
6603	财务费用	0.00	0.00	120.00	120.00	0.00	0.00
6711	营业外支出	0.00	0.00	0.00	0.00	0.00	0.00
6801	所得税费用	0.00	0.00	8 345.00	8 345.00	0.00	0.00
合计		12 370 321.10	12 370 321.10	300 895.00	300 895.00	12 441 731.10	12 441 731.10

【实训要求】

（1）利用Excel编制青岛宏发公司2014年12月资产负债表。

（2）利用Excel编制青岛宏发公司2014年12月利润表。

（3）利用Excel编排会计报表，使之更符合财务人员的习惯。

项目十
Excel 在进销存管理中的应用

情景介绍

经过两个月的实践，Excel 在宏宇公司的应用情况良好，王雪的工作再一次得到了大家的认可。由于公司准备进行业务升级，3 月试增加了新的产品及销售渠道，为了更好地管理公司业务，采购部、生产部和销售部的同事希望能够运用 Excel 电子表格管理业务流程。这对王雪来说是一个巨大的挑战，但在与总经理及财务经理沟通后，她决定尝试开展工作。

宏宇公司的供应商及客户资料如表 10－0－1 及表 10－0－2 所示。

表 10－0－1 供应商资料

序号	供应商名称	开户银行	账号	纳税人登记号	备注
1	金盛公司	工行中山路支行	987514568972659	154298522223546	
2	明锐公司	建行光明路支行	562487952654958	852641259865231	新增
3	世达公司	建行彩霞路分理处	156925679852142	145836542974697	新增

表 10－0－2 客户资料

序号	客户名称	开户银行	账号	纳税人登记号	备注
1	龙华公司	农行星光路支行	459821575598222	985432651597753	
2	华成公司	工行胜利路分理处	654124319774662	754652139875462	
3	飞马公司	建行迎宾路支行	154236985246941	356438793211976	新增

库存材料、库存商品资料如表 10－0－3 及表 10－0－4 所示。

表 10－0－3 库存材料

材料编码	材料名称	型号	单位	数量	单价/元	金额/元	备注
C001	X 材料	Ⅲ型	箱	10	1 000.00	10 000.00	
C002	Y 材料	Ⅱ型	箱				新增
C003	Z 材料	Ⅲ型	箱				新增

表 10-0-4 库存商品

产品编码	产品名称	型号	单位	数量	单价/元	金额/元	备注
P001	A产品	K型	台	75	22 735.40	1 705 155.00	
P002	B产品	M型	台				新增
P003	C产品	L型	台				新增

宏宇公司供销存相关规定为：

公司使用一个仓库管理库存，原材料与产成品分区存放。库存材料采用加权平均法核算成本。当库存不足时，库存管理人员要与相关部门进行沟通，以保证生产销售：当原材料不足50箱（含）时，就要采购原材料；当产成品不足5台（含）时，就要与生产部进行沟通，以敦促生产，保证销售。采购价、销售价均为含税价，公司暂时不存在预收、预付款项业务，“预收账款”“预付账款”科目暂不使用。

3月，公司供销存业务如下：

(1) 1日，从金盛公司采购X材料100吨，单价980元，合同金额为98 000元。采购合同号为CG0301，货款未付，材料未入库。

(2) 1日，从明锐公司采购Z材料100吨，单价2 000元，合同金额为200 000元。采购合同号为CG0302，货款已通过电汇方式支付，票据号为48742；材料已入库，入库单号为R-03-1。

(3) 3日，向华成公司销售A产品15台，单价28 000元，合同金额为420 000元。销售合同号为XS0301，以电汇方式收到50%款项，票据号为25481；货已出，出库单号为C-03-1。

(4) 4日，从世达公司采购Y材料100吨，单价1 700元，合同金额为170 000元。采购合同号为CG0303，转账支票支付20%款项，票据号为301201。

(5) 6日，向飞马公司销售A产品5台，单价30 000元，合同金额为150 000元。销售合同号为XS0302，款未收到。

(6) 6日，1日购买的X材料及4日购买的Y材料均已到货，验收入库，入库单号为R-03-2；以电汇方式结清款项，金盛公司票据号为84573，世达公司票据号为48743。

(7) 7日，6日销售给飞马公司的产品出库，出库单号为C-03-2。

(8) 8日，生产领用原材料生产产品，其中：X材料40吨，Y材料50吨，Z材料60吨。出库单号为C-03-3。

(9) 10日，从明锐公司购入X材料150吨，单价950元，Y材料180吨，单价1 530元，Z材料200吨，单价1 800元，合同总金额为777 900元。采购合同号为CG0304，以电汇方式支付30%款项，票据号为59762。

(10) 16日，华成公司通过电汇方式支付销售合同号为XS0301的余款，票据号为54623。

(11) 17 日，10 日购买的所有材料经验收入库，入库单号为 R-03-3。

(12) 23 日，产成品下线，转入仓库，其中：B 产品 10 台，23 000 元/台；C 产品 5 台，24 000 元/台。入库单号为 R-03-4。

(13) 25 日，向龙华公司销售 5 台 B 产品，单价 32 000 元，5 台 C 产品，单价 35 000 元，合同金额为 335 000 元。销售合同号为 XS0303，以电汇方式收到 25%款项，票据号为 98651，产品尚未出库。

任务一 期初余额录入

任务介绍

为了更好地链接手工账以及新的 Excel 进销存管理系统，就要将手工账中商品及材料的期初余额录入到新建的 Excel 工作表中。

通过整理手工账及与财务部领导沟通，宏宇公司期初数据应该包括如下内容：存货编码、存货名称、规格型号、计量单位、期初库存数量、期初库存成本、期初库存余额等。

任务分析

用 Excel 建立一个新的工作簿，并建立数张工作表，分别用来存放存货期初数据、采购业务数据、销售业务数据、收款业务数据及付款业务数据等内容。

本任务要新建存货期初数据表格，用来存放各个存货的期初数据。由于本任务的相关操作在之前的项目中已经反复练习，故此处仅作简单说明，不再赘述。

相关知识

工作簿、工作表基本操作；设置单元格格式。

任务实施

一、新建工作簿及工作表

新建一个工作簿，重命名为“1303 进销存”，将 Sheet1 重命名为“存货期初余额”。

二、输入数据列表

输入数据列表，如图 10－1－1 所示。

	A	B	C	D	E	F	G
1	材料编码	材料名称	型号	单位	数量	单价/元	金额/元
2	C001	X材料	Ⅲ型	箱	10	1000	10000
3	C002	Y材料	Ⅱ型	箱			
4	C003	Z材料	Ⅲ型	箱			
5							
6	商品编码	产品名称	型号	单位	数量	单价/元	金额/元
7	P001	A产品	K型	台	75	22735.4	1705155
8	P002	B产品	M型	台			
9	P003	C产品	L型	台			

图 10－1－1

三、设置表格格式

为了使表格更加美观，需要设置单元格格式，按照如下要求设置：

（1）表头部分：字体加粗，水平居中，背景色设置为灰色。

（2）表体部分：单价及金额设置为“数值，保留两位小数，使用千分位，右对齐”；数量列不做特殊设置；其他内容设置为“水平居中”；调整至合适的行高、列宽后，整体增加边框。

（3）设置完毕后，整体效果如图 10－1－2 所示。

	A	B	C	D	E	F	G
1	**材料编码**	**材料名称**	**型号**	**单位**	**数量**	**单价/元**	**金额/元**
2	C001	X材料	Ⅲ型	箱	10	1,000.00	10,000.00
3	C002	Y材料	Ⅱ型	箱			
4	C003	Z材料	Ⅲ型	箱			
5							
6	**商品编码**	**产品名称**	**型号**	**单位**	**数量**	**单价/元**	**金额/元**
7	P001	A产品	K型	台	75	22,735.40	1,705,155.00
8	P002	B产品	M型	台			
9	P003	C产品	L型	台			

图 10－1－2

任务总结

任务一的操作看似简单，其作用却是非常重要的——不仅与财务部分相连接，而且还关系到本期供销存管理的各项数据正确性。需要特别注意细节，不能出错。

任务二 采购与付款业务

任务介绍

宏宇公司在拓展业务之后，从单一材料采购转变为多材料采购。使用Excel进行采购及付款业务管理，可以更好地帮助企业管理采购业务，提高工作效率，并且间接提高企业的经济效益。

采购部同事经过多方考察和沟通，新增明锐公司、世达公司为供货商，作为Y材料、Z材料的主要供货商。

任务分析

宏宇公司的进货流程为：库管员发现原材料不足时，通知采购员，采购员分析缺货信息情况是否合理；确认情况后，与供应商沟通，签订采购合同；供应商送达货物后，实物入库，据实登记库存账，同时处理货物款项。

在处理采购业务时，需要建立三个工作表——采购业务表、付款明细表和应付账款汇总表。采购业务表记录原材料采购信息的数据清单，由采购部记录填写；付款明细表记录付款情况相关数据，“应付账款汇总表”汇总应付账款结余情况，这两张表由财务部填写。

相关知识

设置单元格格式；应用数据有效性设置下拉菜单；VLOOKUP函数、SUMIF函数的引用；设置单元格条件格式。

任务实施

一、编制采购业务表

编制采购业务表的具体操作步骤如下所述。

（一）设置表头

（1）重命名Sheet2为“采购业务表”。

（2）在表头录入以下项目：业务日期、摘要、采购合同编号、供应商名称、材料编码、材料名称、型号、计量单位、采购数量、采购单价、采购金额、已付货款。

（3）冻结首行，设置表头格式为字体加粗、水平居中，背景色设置为灰色，加边框且下方为双横线。

（二）设置表体

（1）表体整体增加边框。

（2）设置单元格格式。设置“业务日期”单元格格式为“日期，3月14日”；设置“采购合同编号”“材料编码”两列的单元格格式为“文本，水平居中”，设置“采购单价”“采购金额”和“已付货款”三列的单元格格式为“数值，保留两位小数，使用千分位，右对齐”。

（3）设置数据有效性。通过下拉菜单选取供应商名称，并且当鼠标选中单元格时，弹出提示对话框。具体设置方式如图10－2－1、图10－2－2所示。

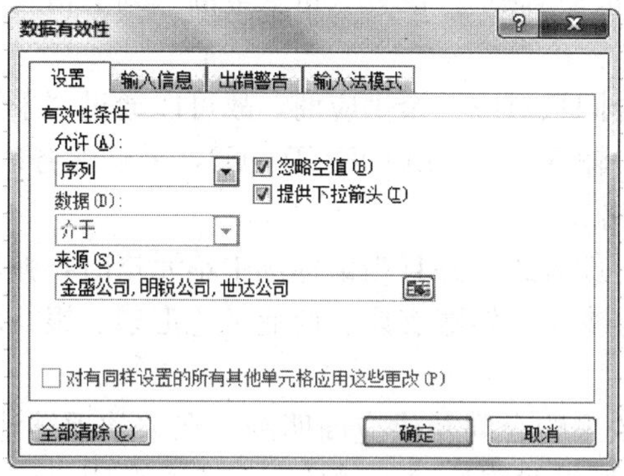

图 10－2－1

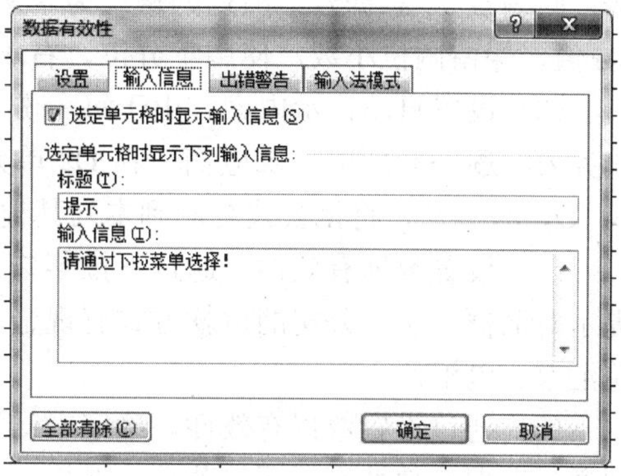

图 10－2－2

（4）设置自动显示内容。由于材料编码、材料名称、型号及计量单位之间存在对应关系，可以通过“存货期初余额”工作表中的这种关系逐一显示。

1）在F2单元格中输入“＝VLOOKUP（E2，存货期初余额！$A$1：$G$4，2，0)”，将该公式复制到本列其他单元格；

2）在G2单元格中输入“＝VLOOKUP（E2，存货期初余额！$A$1：$G$4，3，0)”，将该公式复制到本列其他单元格；

3）在H2单元格中输入“＝VLOOKUP（E2，存货期初余额！$A$1：$G$4，4，0)”，将该公式复制到本列其他单元格。

（5）设置自动计算。在“采购金额”列中设置计算公式。在K2单元格中输入“＝I2＊J2”，将该公式复制到本列其他单元格。

（6）按照3月供产销业务填写“采购业务表”，填写完成后如图10－2－3所示。

	A	B	C	D	E	F	G	H	I	J	K	L
1	业务日期	摘要	采购合同编号	供应商名称	材料编码	材料名称	型号	计量单位	采购数量	采购单价	采购金额	已付货款
2	3月1日	采购X材料	CG0301	金盛公司	C001	X材料	Ⅲ型	箱	100	980.00	98,000.00	
3	3月1日	采购Z材料	CG0302	明锐公司	C003	Z材料	Ⅲ型	箱	100	2,000.00	200,000.00	200,000.00
4	3月4日	采购Y材料	CG0303	世达公司	C002	Y材料	Ⅱ型	箱	100	1,700.00	170,000.00	34,000.00
5	3月10日	采购X材料	CG0304	明锐公司	C001	X材料	Ⅲ型	箱	150	950.00	142,500.00	42,750.00
6	3月10日	采购Y材料	CG0304	明锐公司	C002	Y材料	Ⅱ型	箱	180	1,530.00	275,400.00	82,620.00
7	3月10日	采购Z材料	CG0304	明锐公司	C003	Z材料	Ⅲ型	箱	200	1,800.00	360,000.00	108,000.00

图 10－2－3

二、编制付款明细表

（一）设置表头

（1）重命名Sheet3为“付款明细表”。

（2）在表头录入以下项目：付款日期、摘要、采购合同编号、供应商名称、付款方式、票据号、付款金额、款项结清。

（3）冻结首行，设置表头格式为字体加粗、水平居中，背景色设置为灰色，加边框且下方为双横线。

（二）设置表体

（1）表体整体增加边框。

（2）设置单元格格式。设置“付款日期”列的格式为“日期，3月14日”；设置“采购合同编号”“票据号”两列的格式为“文本，水平居中”；设置“付款金额”列的格式为“数值，保留两位小数，使用千分位，右对齐”。

（3）设置自动显示内容。由于每一份采购合同只对应一个供应商，故可以通过“采购业务表”逐一对应填写供应商。在D2单元格中输入“＝VLOOKUP（C2，采购业务表！C：D，2，0）”，将该公式复制到本列其他单元格。

（4）设置数据有效性。通过下拉菜单选取付款方式，并且当鼠标选中单元格时，弹出提示对话框。宏宇公司的付款方式有现金、现金支票、转账支票、商业承兑汇票、银行承兑汇票、电汇。

（5）通过设置数据有效性，确定未结清账款采购合同及供应商明细。在“款项结清”列通过数据有效性设置下拉菜单，选择“是”。如果此笔款项支付后，该采购合同仍然存在未付账款，那么“款项结清”中不选择内容；如果此笔款项支付后，该采购合同已经结清所有款项，则“款项结清”中选择“是”，并依据采购合同编号查找之前的付款记录，并在其对应的“款项结清”中选择“是”。

这样，月末时，“款项结清”为空白的采购合同即为新增应付账款的合同，可以作为本期应付账款明细账进行查询。

（6）按照3月供产销业务填写“付款明细表”，填写完成后如图10－2－4所示。可以看出，本月新增应付账款为：明锐公司在采购合同编号为CG0304的合同中的余款544 530元（合同金额777 900元—已付款233 370元）。

	A	B	C	D	E	F	G	H
1	付款日期	摘要	采购合同编号	供应商名称	付款方式	票据号	付款金额	款项结清
2	3月1日	支付采购货款	CG0302	明锐公司	电汇	48742	200,000.00	是
3	3月4日	支付采购货款	CG0303	世达公司	转账支票	301201	34,000.00	是
4	3月6日	支付采购货款	CG0301	金盛公司	电汇	84573	98,000.00	是
5	3月6日	支付采购货款	CG0303	世达公司	电汇	48743	136,000.00	是
6	3月10日	支付采购货款	CG0304	明锐公司	电汇	59762	233,370.00	

图10－2－4

三、编制应付账款汇总表

（一）设置表头

（1）新增一个工作表Sheet4，并重命名Sheet4为“应付账款汇总表”。

（2）在表头录入以下项目：业务期间、供应商名称、应付账款期初余额、本月新增应付账款、应付账款余额。

（3）冻结首行，设置表头格式为字体加粗、水平居中，背景色设置为灰色，加边框且下方为双横线。

（二）设置表体

（1）表体整体增加边框。

（2）设置单元格格式。设置“应付账款期初余额”“本月新增应付账款”和“应付账款余额”的格式为“数值，保留两位小数，使用千分位，右对齐”。

（3）手工填写“业务期间”为“3月”，逐个填写供应商名称。经查阅上月账目，确定金盛公司的应付账款期初余额为916 850元，其他两家为新增供应商，无期初余额，手工填写至相应位置。

（4）设置自动计算内容。本月新增的应付账款就是本月新签采购合同付款后的余额，所以，在“本月新增应付账款”处可以运用函数计算。在单元格D2中填写“＝SUMIF（采购业务表！D：D，B2，采购业务表！K：K）－SUMIF（付款明细表！D：D，B2，付款明细表！G：G)”，将该公式复制到本列其他单元格。

由于不存在预收、预付款项业务，所以，应付账款余额＝应付账款期初余额＋本月新增应付账款，即在单元格E2中输入“＝C2＋D2”。

（5）设置条件格式。为了更加醒目地提示应付账款的金额，可以设置在应付账款未结清时，单元格填充为红色。具体操作步骤如下：

1）选择E2：E4区域，选择“开始”菜单中“条件格式”下的“新建规则”，打开对话框。

2）在对话框“选择规则类型”中选择“只为包含以下内容的单元格设置格式”。

3）在“编辑规则说明”中定义：当“单元格值”“不等于”“0”时，运用条件格式（如图10-2-5所示），然后点击“格式”，进行格式设置。

4）在“单元格格式”对话框中选择“填充”页签，设置填充颜色为红色，如图10-2-6所示，点击“确定”，设置完成。

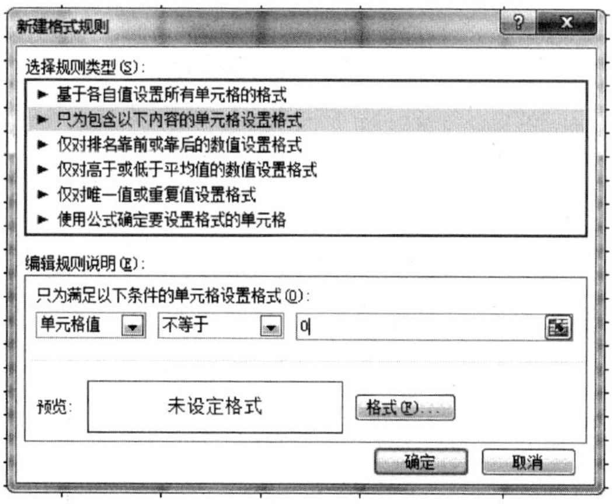

图 10-2-5

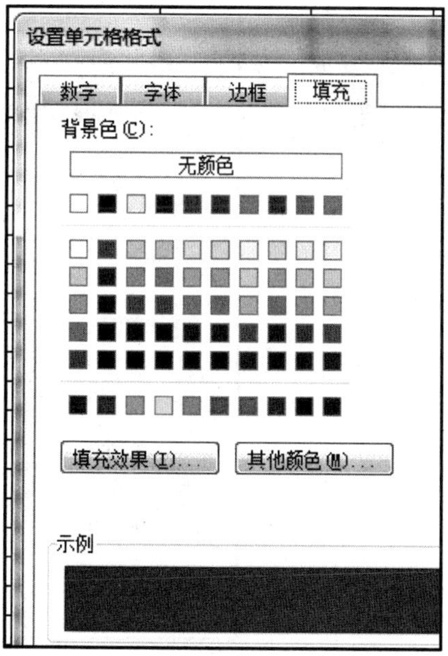

图 10-2-6

（6）设置完成之后，具体运算结果如图 10-2-7 所示，与“付款明细表”相呼应。

	A	B	C	D	E
1	业务期间	供应商名称	应付账款期初余额	本月新增应付账款	应付账款余额
2	3月	金盛公司	916,850.00	0.00	916,850.00
3	3月	明锐公司		544,530.00	544,530.00
4	3月	世达公司		0.00	0.00

图 10-2-7

任务总结

条件格式的设置对日常工作非常有帮助，除了以上提到的“新建规则”之外，用户还可以应用“突出显示单元格规则”“项目选取规则”等内容对相应单元格进行格式设置。

知识拓展

有时，我们需要清除单元格、工作表等存在的条件格式，可按如下步骤进行操作：

（1）选择要清除条件格式的单元格区域、工作表等。

（2）在“开始”选项卡上的“样式”组中，单击“条件格式”旁边的箭头，然后单击“清除规则”。

（3）根据要清除格式的区域，在“清除规则”右侧单击“清除所选单元格的规则”或“清除整个工作表的规则”，如图 10-2-8 所示，此时，相应规则清除。

图 10-2-8

任务三 销售与收款业务

任务介绍

宏宇公司拓展业务之后，新增了产品种类，也拓展了销售渠道。销售是企业生产经营活动的一个重要环节，是取得营业收入的重要手段。使用Excel进行销售及收款业务管理，能够更好地管理客户，帮助企业增加收入。

在销售部同事的努力下，新增飞马公司为重点客户，并于3月成功销售产品。

任务分析

宏宇公司的销售流程为：销售部员工与客户沟通，接受客户订单，签订销售合同，向客户发货并催收货款。财务部对因销售产生的款项及应收账款进行管理，每笔销售业务发生时都要及时更新库存，登记明细账。

由于销售业务与采购业务是对应业务，所以，使用Excel进行销售管理的时候应参照采购管理的相关内容，即建立三个工作表——销售业务表、收款明细表和应收账款汇总表。销售业务表记录产品的销售信息，由销售部记录填写；收款明细表记录与收款情况相关的数据，应收账款汇总表汇总应收账款结余情况，这两张表由财务部填写。

销售业务管理与采购业务管理存在高度一致性，故本部分仅做简要阐述，不过多介绍操作流程及细节。

相关知识

设置单元格格式；应用数据有效性设置下拉菜单；VLOOKUP函数、SUMIF函数的引用；设置单元格条件格式。

任务实施

一、编制销售业务表

编制销售业务表的具体操作步骤如下所述。

（一）设置表头

（1）新建一张工作表，并将其重命名为“销售业务表”。

（2）在表头录入以下项目：业务日期、摘要、销售合同编号、客户名称、商品编码、商品名称、型号、计量单位、销售数量、销售单价、销售金额、已收货款。

（3）冻结首行，设置表头格式为字体加粗、水平居中，背景色设置为灰色，加边框且下方为双横线。

（二）设置表体

（1）表体整体增加边框。

（2）设置单元格格式。设置“业务日期”列的单元格格式为“日期，3 月 14 日”；设置“销售合同编号”“商品编码”两列的单元格格式为“文本，水平居中”，设置“销售单价”“销售金额”和“已收货款”三列的单元格格式为“数值，保留两位小数，使用千分位，右对齐”。

（3）设置数据有效性。通过下拉菜单选取客户名称，并且当鼠标选中单元格时，弹出提示对话框。

（4）设置自动显示内容。由于商品编码、商品名称、型号及计量单位之间存在对应关系，可以通过“存货期初余额”工作表中的这种关系逐一显示。

1）在 F2 单元格中输入“=VLOOKUP（E2，存货期初余额！\$A\$7：\$G\$9，2，0)”，将该公式复制到本列其他单元格；

2）在 G2 单元格中输入“=VLOOKUP（E2，存货期初余额！\$A\$7：\$G\$9，3，0)”，将该公式复制到本列其他单元格；

3）在 H2 单元格中输入“=VLOOKUP（E2，存货期初余额！\$A\$7：\$G\$9，4，0)”，将该公式复制到本列其他单元格。

（5）设置自动计算。在“销售金额”列中设置计算公式。在 K2 单元格中输入“=I2 * J2”，将该公式复制到本列其他单元格。

（6）按照 3 月供产销业务填写“销售业务表”，填写完成后，结果如图 10－3－1 所示。

	A	B	C	D	E	F	G	H	I	J	K	L
1	业务日期	摘要	销售合同编号	客户名称	商品编码	商品名称	型号	计量单位	销售数量	销售单价	销售金额	已收货款
2	3月3日	销售产品	XS0301	华成公司	P001	A产品	K型	台	15	28,000.00	420,000.00	210,000.00
3	3月6日	销售产品	XS0302	飞马公司	P001	A产品	K型	台	5	30,000.00	150,000.00	
4	3月25日	销售产品	XS0303	龙华公司	P002	B产品	M型	台	5	32,000.00	160,000.00	80,000.00
5	3月25日	销售产品	XS0303	龙华公司	P003	C产品	L型	台	5	35,000.00	175,000.00	87,500.00

图 10－3－1

二、编制收款明细表

（一）设置表头

（1）新建工作表，并将其重命名为“收款明细表”。

（2）在表头录入以下项目：收款日期、摘要、销售合同编号、客户名称、收款方式、票据号、收款金额、款项结清。

（3）冻结首行，设置表头格式为字体加粗、水平居中，背景色设置为灰色，加边框且下方为双横线。

（二）设置表体

（1）表体整体增加边框。

（2）设置单元格格式。设置“收款日期”列的格式为“日期，3 月 14 日”；设置“销售合同编号”“票据号”两列的格式为“文本，水平居中”，设置“收款金额”列的格式为“数值，保留两位小数，使用千分位，右对齐”。

（3）设置自动显示内容。由于每一份销售合同只对应一个客户，故可以通过“销售业务表”逐一对应填写客户。在D2单元格中输入“=VLOOKUP（C2，销售业务表！C：D，2，0）”，将该公式复制到本列其他单元格。

（4）设置数据有效性。通过下拉菜单选取收款方式，并且当鼠标选中单元格时，弹出提示对话框。宏宇公司的收款方式有现金、现金支票、转账支票、商业承兑汇票、银行承兑汇票、电汇。

（5）通过设置数据有效性，确定未结清账款销售合同及客户明细。在“款项结清”列通过数据有效性设置下拉菜单，选择“是”。如果此笔款项收到后，该销售合同仍然存在未收账款，那么“款项结清”中不选择内容；如果此笔款项收到后，该销售合同已经结清所有款项，则“款项结清”中选择“是”，并依据销售合同编号查找之前的收款记录，并在其对应的“款项结清”中选择“是”。

这样，月末时，“款项结清”单元格为空白的销售合同即为新增应付账款的合同，可以作为本期应付账款明细账进行查询。

（6）按照3月供产销业务填写“收款明细表”，填写完成后，结果如图10－3－2所示。可以看出，华成公司应收款项已全部结清，该公司本月无新增应收账款。本月新增应收账款中有龙华公司在销售合同编号为XS0303的合同中的余款251 250元（合同金额335 000元—已收款项83 750元）。

	A	B	C	D	E	F	G	H
1	收款日期	摘要	销售合同编号	客户名称	收款方式	票据号	收款金额	款项结清
2	3月3日	销售产品	XS0301	华成公司	电汇	25481	210,000.00	是
3	3月16日	销售产品	XS0301	华成公司	电汇	54623	210,000.00	是
4	3月25日	销售产品	XS0303	龙华公司	电汇	98651	83,750.00	

图10－3－2

三、编制应收账款汇总表

（一）设置表头

（1）新增工作表，并将其重命名为“应收账款汇总表”。

（2）在表头录入以下项目：业务期间、客户名称、应收账款期初余额、本月新增应收账款、应收账款余额。

（3）冻结首行，设置表头格式为字体加粗、水平居中，背景色设置为灰色，加边框且下方为双横线。

（二）设置表体

（1）表体整体增加边框。

（2）设置单元格格式。设置“应收账款期初余额”“本月新增应收账款”和“应收账款余额”列的格式为“数值，保留两位小数，使用千分位，右对齐”。

（3）手工填写“业务期间”为“3月”，逐个填写客户名称。经查阅上月账目，确定龙华公司的应收账款期初余额为632 104.88元，其他两家无期初余额，手工填写至相应位置。

（4）设置自动计算内容。本月新增的应收账款就是本月新签销售合同收款后的余额，所以，在“本月新增应收账款”处可以运用函数计算。在单元格 D2 中填写“＝SUMIF（销售业务表！D：D，B2，销售业务表！K：K）－SUMIF（收款明细表！D：D，B2，收款明细表！G：G)”，将该公式复制到本列其他单元格。

由于不存在预收、预付款项业务，所以，应收账款余额＝应收账款期初余额＋本月新增应收账款，即在单元格 E2 中输入“＝C2＋D2”。

（5）设置条件格式。为了更加醒目地提示应收账款的金额，可以设置在应付账款未结清时，单元格有不同的填充色。为了与“应付账款汇总表”相区别，此处将有应收账款单元格的填充色设置为黄色。

（6）设置完成之后，具体运算结果如图 10－3－3 所示。结果与“收款明细表”相呼应。

	A	B	C	D	E
1	业务期间	客户名称	应收账款期初余额	本月新增应收账款	应收账款余额
2	3月	龙华公司	632,104.88	251,250.00	883,354.88
3	3月	华成公司		0.00	0.00
4	3月	飞马公司		150,000.00	150,000.00

图 10－3－3

任务总结

销售管理操作与采购管理高度相似，注意操作细节，尤其是公式中的所有符号均应在英文半角状态下录入。

任务四 库存管理

任务介绍

库存管理是企业供销存管理中不可缺少的环节，与采购管理和销售管理紧密相连，无论是采购原材料还是企业销售商品，都要进行出入库统计。

宏宇公司只有一个仓库，实行原材料与产成品分区管理，所有出入库都必须有对应的出库单及入库单；为了方便汇总，最后在库存管理表中对当月出入库情况进行统一汇总。当原材料不足 50 箱（含）时，就要采购原材料；当产成品不足 4 台（含）时，就要与生产部进行沟通，以敦促生产，保证销售。

以前，仓库由出纳吴波代管，随着业务发展、物料种类增加及管理效率提升，现公司已初步拟定新招聘一名库管员全面负责仓库工作，招聘工作正在筹备中。

任务分析

宏宇公司库存管理流程是：材料采购入库、产品完工入库、领料退货等业务均涉及库存变化，当天所进行的相关业务都做进出库记录，当天要将所有业务全部处理完毕，并核实库存情况；如果发现异常，及时报告、及时处理。

宏宇公司日常出入库业务除了涉及采购入库、销售出库之外，还有产成品完工入库、生产领用原材料、盘盈入库、盘亏出库等情况。这些业务都通过出库单、入库单进行管理，以摘要区分业务，以库存管理表管理公司整体库存量。即本任务需要建立三个工作表——出库单统计、入库单统计表和库存管理表。出库单统计表、入库单统计表记录日常出入库情况；库存管理表汇总各产品及原材料结余情况。

相关知识

设置单元格格式；VLOOKUP 函数、SUMIF 函数 ROUND 函数及简单公式的应用；条件格式的应用。

任务实施

一、编制出库单统计表

（一）设置表头

（1）新建一张工作表，并将其重命名为“出库单统计表”。

（2）在表头录入以下项目：业务日期、摘要、合同编号、出库单号、出库物编码、出库物名称、型号、计量单位、出库数量、出库单价、出库金额。

（3）冻结首行，设置表头格式为字体加粗、水平居中，背景色设置为灰色，加边框且下方为双横线。

（二）设置表体

（1）表体整体增加边框。

（2）设置单元格格式。设置“业务日期”列的单元格格式为“日期，3 月 14 日”；设置“合同编号”“出库单号”和“出库物编码”三列的单元格格式为“文本，水平居中”，设置“出库数量”“出库单价”和“出库金额”三列的单元格格式为“数值，保留两位小数，使用千分位，右对齐”。

（3）设置自动显示内容。通过 VLOOKUP 函数自动显示与“出库物编码”一一对应的“出库物名称”“型号”和“计量单位”。

1）在 F2 单元格中输入“＝VLOOKUP（E2，存货期初余额！$A$1：$D$9，2，0)”，将该公式复制到本列其他单元格；

2）在 G2 单元格中输入“＝VLOOKUP（E2，存货期初余额！$A$1：$D$9，3，0)”，将该公式复制到本列其他单元格；

3）在 H2 单元格中输入“＝VLOOKUP（E2，存货期初余额！$A$7：$G$9，4，0)”，将该公式复制到本列其他单元格。

（4）设置自动计算。在“出库金额”列中设置计算公式。在 K2 单元格中输入“=I2 * J2”，将该公式复制到本列其他单元格。

（5）需要特别强调的是，由于宏宇公司采用的是加权平均法核算存货成本，所以，出库单中的“出库单价”要在月末才可以根据“库存管理表”进行填写。此时，按照 3 月供产销业务填写“出库单统计”，填写完成后如图 10－4－1 所示。

业务日期	摘要	合同编号	出库单号	出库物编码	出库物名称	型号	计量单位	出库数量	出库单价	出库金额
3月3日	销售出库	XS0301	C-03-1	P001	A产品	K型	台	15		-
3月7日	销售出库	XS0302	C-03-2	P001	A产品	K型	台	5		-
3月8日	生产领用出库		C-03-3	C001	X材料	Ⅲ型	箱	40		-
3月8日	生产领用出库		C-03-3	C002	Y材料	Ⅱ型	箱	50		-
3月8日	生产领用出库		C-03-3	C003	Z材料	Ⅲ型	箱	60		-

图 10－4－1

二、编制入库单统计表

复制“出库单统计表”到本工作簿的最后，修改表头信息为业务日期、摘要、合同编号、入库单号、入库物编码、入库物名称、型号、计量单位、入库数量、入库单价、入库金额。编辑完成后，按照 3 月供产销业务填写“入库单统计表”，填写完成后如图 10－4－2 所示。

业务日期	摘要	合同编号	入库单号	入库物编码	入库物名称	型号	计量单位	入库数量	入库单价	入库金额
3月1日	采购材料入库	CG0302	R-03-1	C003	Z材料	Ⅲ型	箱	100	2,000.00	200,000.00
3月6日	采购材料入库	CG0301	R-03-2	C001	X材料	Ⅲ型	箱	100	980.00	98,000.00
3月6日	采购材料入库	CG0303	R-03-2	C002	Y材料	Ⅱ型	箱	100	1,700.00	170,000.00
3月17日	采购材料入库	CG0304	R-03-3	C001	X材料	Ⅲ型	箱	150	950.00	142,500.00
3月17日	采购材料入库	CG0304	R-03-3	C002	Y材料	Ⅱ型	箱	180	1,530.00	275,400.00
3月17日	采购材料入库	CG0304	R-03-3	C003	Z材料	Ⅲ型	箱	200	1,800.00	360,000.00
3月23日	产成品入库		R-03-4	P002	B产品	M型	台	10	23,000.00	230,000.00
3月23日	产成品入库		R-03-4	P003	C产品	L型	台	5	24,000.00	120,000.00

图 10－4－2

三、编制库存管理表

库存管理表是“出库单统计表”与“入库单统计表”的汇总，主要反映各产品及原材料的出入库及结余情况。

编制库存管理表时，参照图 10－4－3 设置表格。这里需要特别说明的是，在“期初结存金额”和“期末结存金额”列中，用户可以将单元格格式设置为“会计专用”，此时，录入数值时，单元格内数据就会显示货币符号、千分位符、保留两位小数，也可以取消显示“货币符号”。

编码	名称	型号	单位	期初结存数量	期初结存金额	入库数量	入库金额	出库数量	出库金额	期末结存数量	期末结存金额	单位成本
C001	X材料	Ⅲ型	箱									
C002	Y材料	Ⅱ型	箱									
C003	Z材料	Ⅲ型	箱									
P001	A产品	K型	台									
P002	B产品	M型	台									
P003	C产品	L型	台									

图 10－4－3

填列各数值时，可以通过函数与公式进行自动填列。

（1）在E2单元格中输入“＝VLOOKUP（A2，存货期初余额！＄A＄1：＄G＄9，5，0)”，将该公式复制到本列其他单元格。

（2）在F2单元格中输入“＝VLOOKUP（A2，存货期初余额！＄A＄1：＄G＄9，7，0)”，将该公式复制到本列其他单元格。

（3）在G2单元格中输入“＝SUMIF（入库单统计表！E：E，A2，入库单统计表！I：I)”，将该公式复制到本列其他单元格。

（4）在H2单元格中输入“＝SUMIF（入库单统计表！E：E，A2，入库单统计表！K：K)”，将该公式复制到本列其他单元格。

（5）在I2单元格中输入“＝SUMIF（出库单统计表！E：E，A2，出库单统计表！I：I)”，将该公式复制到本列其他单元格。

由于库存材料采用加权平均法计算成本，所以，在计算J列“出库金额”时，要先依据加权平均法计算M列的“单位成本”，而且为了保证金额计算正确，应使用ROUND函数对计算所得数据进行四舍五入。在M2单元格中输入“＝ROUND（（F2＋H2）/（E2＋G2)，2)”，将该公式复制到本列其他单元格。然后，在J2单元格中输入“＝I2＊M2”计算该物料的“出库金额”，并将该公式复制到本列其他单元格。

期末结存是通过计算得出的最终数据，可以在K2单元格中输入“＝E2＋G2－I2”，在L2单元格中输入“＝F2＋H2－J2”，并将该公式复制到其他单元格。公式录入完毕之后，通过“条件格式”功能设置警戒库存提示。当原材料的期末结存数量不足50箱（含)、库存商品数量不足5台（含）时，期末结存数量单元格填充为橙色。具体设置方法如前，这里不再赘述。

设置完成后，具体运算结果如图10-4-4所示。

	A	B	C	D	E	F	G	H	I	J	K	L	M
1	编码	名称	型号	单位	期初结存数量	期初结存金额	入库数量	入库金额	出库数量	出库金额	期末结存数量	期末结存金额	单位成本
2	C001	X材料	Ⅲ型	箱	10	10,000.00	250	240,500.00	40	38,538.40	220	211,961.60	963.46
3	C002	Y材料	Ⅱ型	箱	-	-	280	445,400.00	50	79,535.50	230	365,864.50	1,590.71
4	C003	Z材料	Ⅲ型	箱	-	-	300	560,000.00	60	112,000.20	240	447,999.80	1,866.67
5	P001	A产品	K型	台	75	1,705,155.00	-	-	20	454,708.00	55	1,250,447.00	22,735.40
6	P002	B产品	M型	台	-	-	10	230,000.00	-	-	10	230,000.00	23,000.00
7	P003	C产品	L型	台	-	-	5	120,000.00	-	-	5	120,000.00	24,000.00

图10-4-4

任务总结

（1）以加权平均法计算存货成本时，出库单中的出库金额要在期末统一进行填写。

（2）期末以加权平均法计算存货成本时，计算公式中必须使用ROUND函数对计算数值进行四舍五入，保证计算结果的统一性与正确性。

（3）在库存管理过程中，为了提升管理效率、保证生产、促进销售，通过“条件格式”设置提醒效果是很好的管理方式。

任务五 生成明细账

任务介绍

为了方便计算，结转材料、商品成本，及时发现库存情况，需要按材料、商品的编码、名称、型号分别设置活页明细账。由财务人员根据仓库管理员每月的库存报表登账，原材料及库存商品明细账采用数量金额式账页。

任务分析

宏宇公司有X材料、Y材料、Z材料三种原材料，A产品、B产品、C产品三种产品，应分别按照材料和商品的类别设置明细账。为了保证数据正确，生成明细账时应建立两类工作表——总记录表和×××（物料名）明细账。总记录表用来进行汇总所有原材料及产品的采销进出业务，×××（物料名）明细账用来呈现各原材料及产品的最终明细账。

相关知识

数据排序与筛选。

任务实施

此处，以生成“X材料明细账”为例，讲解生成存货明细账的操作。

一、编制总记录表

（一）设置表头

新建一张工作表，并将其重命名为“总记录表”。接着，录入表头项目：业务日期、摘要、合同编号、对方公司名称/出入库单号、存货编码、存货名称、型号、计量单位、借方数量、借方单价、借方金额、贷方数量、贷方单价、贷方金额。然后，按使用情况设置单元格格式。

（二）设置表体

从“采购业务表”中复制A列至K列材料采购数据。

从“销售业务表”中复制A列至K列产品销售数据，并在“销售数量”列前插入三列空列。

从“出库单统计表”中复制出库数据，并在“出库数量”列前插入三列空列。

从“入库单统计表”中复制入库数据。

删除多余的空白行及各表标题行，如图 10－5－1 所示。

	A	B	C	D	E	F	G	H	I	J	K	L	M	N
1	业务日期	摘要	合同编号	对方公司名称/出入库单号	存货编码	存货名称	型号	计量单位	借方数量	借方单价	借方金额	贷方数量	贷方单价	贷方金额
2	3月1日	采购X材料	CG0301	金鑫公司	C001	X材料	Ⅲ型	箱	100	980.00	98,000.00			
3	3月1日	采购Z材料	CG0302	明锐公司	C003	Z材料	Ⅲ型	箱	100	2,000.00	200,000.00			
4	3月4日	采购Y材料	CG0303	世达公司	C002	Y材料	Ⅱ型	箱	100	1,700.00	170,000.00			
5	3月10日	采购X材料	CG0304	明锐公司	C001	X材料	Ⅲ型	箱	150	950.00	142,500.00			
6	3月10日	采购Y材料	CG0304	明锐公司	C002	Y材料	Ⅱ型	箱	180	1,530.00	275,400.00			
7	3月10日	采购Z材料	CG0304	明锐公司	C003	Z材料	Ⅲ型	箱	200	1,800.00	360,000.00			
8	3月3日	销售产品	XS0301	华成公司	P001	A产品	K型	台				15	28,000.00	420,000.00
9	3月6日	销售产品	XS0302	飞马公司	P001	A产品	K型	台				5	30,000.00	150,000.00
10	3月25日	销售产品	XS0303	龙华公司	P002	B产品	M型	台				5	32,000.00	160,000.00
11	3月25日	销售产品	XS0303	龙华公司	P003	C产品	L型	台				5	35,000.00	175,000.00
12	3月3日	销售出库	XS0301	C-03-1	P001	A产品	K型	台				15	22,735.40	341,031.00
13	3月7日	销售出库	XS0302	C-03-2	P001	A产品	K型	台				5	22,735.40	113,677.00
14	3月8日	生产领用出库		C-03-3	C001	X材料	Ⅲ型	箱				40	963.46	38,538.40
15	3月8日	生产领用出库		C-03-3	C002	Y材料	Ⅱ型	箱				50	1,590.71	79,535.50
16	3月8日	生产领用出库		C-03-3	C003	Z材料	Ⅲ型	箱				60	1,866.67	112,000.20
17	3月1日	采购材料入库	CG0302	R-03-1	C003	Z材料	Ⅲ型	箱	100	2,000.00	200,000.00			
18	3月6日	采购材料入库	CG0301	R-03-2	C001	X材料	Ⅲ型	箱	100	980.00	98,000.00			
19	3月6日	采购材料入库	CG0303	R-03-2	C002	Y材料	Ⅱ型	箱	100	1,700.00	170,000.00			
20	3月17日	采购材料入库	CG0304	R-03-3	C001	X材料	Ⅲ型	箱	150	950.00	142,500.00			
21	3月17日	采购材料入库	CG0304	R-03-3	C002	Y材料	Ⅱ型	箱	180	1,530.00	275,400.00			
22	3月17日	采购材料入库	CG0304	R-03-3	C003	Z材料	Ⅲ型	箱	200	1,800.00	360,000.00			
23	3月23日	产成品入库		R-03-4	P002	B产品	M型	台	10	23,000.00	230,000.00			
24	3月23日	产成品入库		R-03-4	P003	C产品	L型	台	5	24,000.00	120,000.00			

图 10－5－1

对上述数据按“业务日期”进行排序，生成“总记录表”，具体结果如图 10－5－2 所示。

	A	B	C	D	E	F	G	H	I	J	K	L	M	N
1	业务日期	摘要	合同编号	对方公司名称/出入库单号	存货编码	存货名称	型号	计量单位	借方数量	借方单价	借方金额	贷方数量	贷方单价	贷方金额
2	3月1日	采购X材料	CG0301	金鑫公司	C001	X材料	Ⅲ型	箱	100	980.00	98,000.00			
3	3月1日	采购Z材料	CG0302	明锐公司	C003	Z材料	Ⅲ型	箱	100	2,000.00	200,000.00			
4	3月1日	采购材料入库	CG0302	R-03-1	C003	Z材料	Ⅲ型	箱	100	2,000.00	200,000.00			
5	3月3日	销售产品	XS0301	华成公司	P001	A产品	K型	台				15	28,000.00	420,000.00
6	3月3日	销售出库	XS0301	C-03-1	P001	A产品	K型	台				15	22,735.40	341,031.00
7	3月4日	采购Y材料	CG0303	世达公司	C002	Y材料	Ⅱ型	箱	100	1,700.00	170,000.00			
8	3月6日	销售产品	XS0302	飞马公司	P001	A产品	K型	台				5	30,000.00	150,000.00
9	3月6日	采购材料入库	CG0301	R-03-2	C001	X材料	Ⅲ型	箱	100	980.00	98,000.00			
10	3月6日	采购材料入库	CG0303	R-03-2	C002	Y材料	Ⅱ型	箱	100	1,700.00	170,000.00			
11	3月7日	销售出库	XS0302	C-03-2	P001	A产品	K型	台				5	22,735.40	113,677.00
12	3月8日	生产领用出库		C-03-3	C001	X材料	Ⅲ型	箱				40	963.46	38,538.40
13	3月8日	生产领用出库		C-03-3	C002	Y材料	Ⅱ型	箱				50	1,590.71	79,535.50
14	3月8日	生产领用出库		C-03-3	C003	Z材料	Ⅲ型	箱				60	1,866.67	112,000.20
15	3月10日	采购X材料	CG0304	明锐公司	C001	X材料	Ⅲ型	箱	150	950.00	142,500.00			
16	3月10日	采购Y材料	CG0304	明锐公司	C002	Y材料	Ⅱ型	箱	180	1,530.00	275,400.00			
17	3月10日	采购Z材料	CG0304	明锐公司	C003	Z材料	Ⅲ型	箱	200	1,800.00	360,000.00			
18	3月17日	采购材料入库	CG0304	R-03-3	C001	X材料	Ⅲ型	箱	150	950.00	142,500.00			
19	3月17日	采购材料入库	CG0304	R-03-3	C002	Y材料	Ⅱ型	箱	180	1,530.00	275,400.00			
20	3月17日	采购材料入库	CG0304	R-03-3	C003	Z材料	Ⅲ型	箱	200	1,800.00	360,000.00			
21	3月23日	产成品入库		R-03-4	P002	B产品	M型	台	10	23,000.00	230,000.00			
22	3月23日	产成品入库		R-03-4	P003	C产品	L型	台	5	24,000.00	120,000.00			
23	3月25日	销售产品	XS0303	龙华公司	P002	B产品	M型	台				5	32,000.00	160,000.00
24	3月25日	销售产品	XS0303	龙华公司	P003	C产品	L型	台				5	35,000.00	175,000.00

图 10－5－2

二、编制 X 材料明细账

选中“总记录表”中的所有数据，选择“数据”菜单中“排序与筛选”的“筛选”命令。在工作表的“存货名称”下拉列表框中选择“X 材料”，即筛选出 X 材料本期的所有发生额信息，如图 10－5－3 所示。

	A	B	C	D	E	F	G	H	I	J	K	L	M	N
1	业务日期	摘要	合同编号	对方公司名称/出入库单号	存货编码	存货名称	型号	计量单位	借方数量	借方单价	借方金额	贷方数量	贷方单价	贷方金额
2	3月1日	采购X材料	CG0301	金鑫公司	C001	X材料	Ⅲ型	箱	100	980.00	98,000.00			
9	3月6日	采购材料入库	CG0301	R-03-2	C001	X材料	Ⅲ型	箱	100	980.00	98,000.00			
12	3月8日	生产领用出库		C-03-3	C001	X材料	Ⅲ型	箱				40	963.46	38,538.40
15	3月10日	采购X材料	CG0304	明锐公司	C001	X材料	Ⅲ型	箱	150	950.00	142,500.00			
18	3月17日	采购材料入库	CG0304	R-03-3	C001	X材料	Ⅲ型	箱	150	950.00	142,500.00			

图 10－5－3

将筛选结果复制到一个新的工作表中，即可得到“X 材料明细账”。选择其他筛选条件，并将结果复制到不同的工作表中，就可以生成相关的原材料和产品明细账。

任务总结

本任务主要运用数据排序与筛选功能生成明细账，方法简单，但操作重复性高，具体操作时需要细心，以保证各明细账数据正确。

练习及实训

【实训资料】

A公司为某市品牌电视机的代理销售商，长期为长虹、TCL、海信、东芝公司做代理。该公司2015年12月的付款、收款、采购、销售业务如表10－0－5至表10－0－8所示。

表10－0－5　付款业务　　单位：元

日期	供应商	付款金额
12月2日	海信	390 000
12月8日	长虹	440 000
12月24日	东芝	430 000
12月31日	TCL	300 000

表10－0－6　收款业务　　单位：元

日期	客户	收款金额
12月1日	新时代	130 000
12月24日	科新	400 000
12月31日	滨海	480 000

表10－0－7　采购业务

采购日期	规格型号	供应商	数量/台	单价/元	采购金额/元
12月1日	T-T021	TCL	200	1 120	224 000
12月2日	H-T029	海信	300	1 300	390 000
12月3日	D-T036	东芝	200	2 150	430 000
12月4日	C-T042	长虹	200	2 200	440 000
12月5日	T-G021	TCL	300	1 420	426 000
12月6日	H-G029	海信	300	1 500	450 000
12月7日	H-G036	海信	200	1 800	360 000
12月8日	C-G042	长虹	150	2 000	300 000

表10－0－8　销售业务

销售日期	规格型号	客户	数量/台	单价/元	销售金额/元
12月1日	H-G036	新时代	50	2 600	130 000
12月12日	C-G042	利群	100	2 700	270 000
12月15日	D-T036	科新	120	2 800	336 000
12月21日	C-T042	滨海	160	3 000	480 000
12月24日	T-T021	长城	150	1 500	225 000

A公司的主管会计随时了解公司库存销售情况，以此来决定公司下一步的经营活动，如公司客户的应收或预收账款余额和供应商的应付或预付账款余额，以加强对应收、预收账款和应付、预付账款的管理，加快资金回笼，保证公司资金充裕。

【实训要求】

（1）设置付款业务初始信息。

（2）设置收款业务初始信息。

（3）设置采购业务初始信息。

（4）设置销售业务初始信息。

（5）对库存量进行控制，对库存量不到50台和超过500台的商品进行条件格式定义，起到提醒作用。

（6）设置输出信息公式。

（7）录入业务信息。

（8）生成业务明细账。

附表 A Excel 常用函数

附表 A-1　统计函数

函数	说明
AVEDEV 函数	返回数据点与它们的平均值的绝对偏差平均值
AVERAGE 函数	返回参数的平均值
AVERAGEA 函数	返回参数的平均值，包括数字、文本和逻辑值
AVERAGEIF 函数	返回区域中满足给定条件的所有单元格的平均值（算术平均值）
AVERAGEIFS 函数	返回满足多个条件的所有单元格的平均值（算术平均值）
BETA. DIST 函数	返回 Beta 累积分布函数
BETA. INV 函数	返回指定 Beta 分布的累积分布函数的反函数
BINOM. DIST 函数	返回二项式分布的概率值
BINOM. INV 函数	返回使累积二项式分布小于或等于临界值的最小值
CHISQ. DIST 函数	返回累积 Beta 概率密度函数
CHISQ. DIST. RT 函数	返回 $\chi 2$ 分布的单尾概率
CHISQ. INV 函数	返回累积 Beta 概率密度函数
CHISQ. INV. RT 函数	返回 $\chi 2$ 分布的单尾概率的反函数
CHISQ. TEST 函数	返回独立性检验值
CONFIDENCE. NORM 函数	返回总体平均值的置信区间
CONFIDENCE. T 函数	返回总体平均值的置信区间（使用学生的 t 分布）
CORREL 函数	返回两个数据集之间的相关系数
COUNT 函数	计算参数列表中数字的个数
COUNTA 函数	计算参数列表中值的个数
COUNTBLANK 函数	计算区域内空白单元格的数量
COUNTIF 函数	计算区域内符合给定条件的单元格的数量
COUNTIFS 函数	计算区域内符合多个条件的单元格的数量
COVARIANCE. P 函数	返回协方差（成对偏差乘积的平均值）
COVARIANCE. S 函数	返回样本协方差，即两个数据集中每对数据点的偏差乘积的平均值
DEVSQ 函数	返回偏差的平方和
EXPON. DIST 函数	返回指数分布
F. DIST 函数	返回 F 概率分布
F. DIST. RT 函数	返回 F 概率分布

续前表

函数	说明
F. INV 函数	返回 F 概率分布的反函数
F. INV. RT 函数	返回 F 概率分布的反函数
F. TEST 函数	返回 F 检验的结果
FISHER 函数	返回 Fisher 变换值
FISHERINV 函数	返回 Fisher 变换的反函数
FORECAST 函数	返回沿线性趋势的值
FREQUENCY 函数	以垂直数组的形式返回频率分布
GAMMA. DIST 函数	返回 γ 分布
GAMMA. INV 函数	返回 γ 累积分布函数的反函数
GAMMALN 函数	返回 γ 函数的自然对数，Γ（x）
GAMMALN. PRECISE 函数	返回 γ 函数的自然对数，Γ（x）
GEOMEAN 函数	返回几何平均值
GROWTH 函数	返回沿指数趋势的值
HARMEAN 函数	返回调和平均值
HYPGEOM. DIST 函数	返回超几何分布
INTERCEPT 函数	返回线性回归线的截距
KURT 函数	返回数据集的峰值
LARGE 函数	返回数据集中第 k 个最大值
LINEST 函数	返回线性趋势的参数
LOGEST 函数	返回指数趋势的参数
LOGNORM. DIST 函数	返回对数累积分布函数
LOGNORM. INV 函数	返回对数累积分布的反函数
MAX 函数	返回参数列表中的最大值
MAXA 函数	返回参数列表中的最大值，包括数字、文本和逻辑值
MEDIAN 函数	返回给定数值集合的中值
MIN 函数	返回参数列表中的最小值
MINA 函数	返回参数列表中的最小值，包括数字、文本和逻辑值
MODE. MULT 函数	返回一组数据或数据区域中出现频率最高或重复出现的数值的垂直数组
MODE. SNGL 函数	返回在数据集内出现次数最多的值
NEGBINOM. DIST 函数	返回负二项式分布
NORM. DIST 函数	返回正态累积分布
NORM. INV 函数	返回标准正态累积分布的反函数
NORM. S. DIST 函数	返回标准正态累积分布
NORM. S. INV 函数	返回标准正态累积分布函数的反函数
PEARSON 函数	返回 Pearson 乘积矩相关系数
PERCENTILE. EXC 函数	返回某个区域中的数值的第 k 个百分点值，此处的 k 的范围为 0 到 1（不含 0 和 1）
PERCENTILE. INC 函数	返回区域中数值的第 k 个百分点的值
PERCENTRANK. EXC 函数	将某个数值在数据集中的排位作为数据集的百分点值返回，此处的百分点值的范围为 0 到 1（不含 0 和 1）
PERCENTRANK. INC 函数	返回数据集中值的百分比排位
PERMUT 函数	返回给定数目对象的排列数

续前表

函数	说明
POISSON. DIST 函数	返回泊松分布
PROB 函数	返回区域中的数值落在指定区间内的概率
QUARTILE. EXC 函数	基于百分点值返回数据集的四分位，此处的百分点值的范围为 0 到 1（不含 0 和 1）
QUARTILE. INC 函数	返回一组数据的四分位点
RANK. AVG 函数	返回一列数字的数字排位
RANK. EQ 函数	返回一列数字的数字排位
RSQ 函数	返回 Pearson 乘积矩相关系数的平方
SKEW 函数	返回分布的不对称度
SLOPE 函数	返回线性回归线的斜率
SMALL 函数	返回数据集中的第 k 个最小值
STANDARDIZE 函数	返回正态化数值
STDEV. P 函数	基于整个样本总体计算标准偏差
STDEV. S 函数	基于样本估算标准偏差
STDEVA 函数	基于样本（包括数字、文本和逻辑值）估算标准偏差
STDEVPA 函数	基于总体（包括数字、文本和逻辑值）计算标准偏差
STEYX 函数	返回通过线性回归法预测每个 x 的 y 值时所产生的标准误差
T. DIST 函数	返回 t 分布的百分点（概率）
T. DIST. 2T 函数	返回 t 分布的百分点（概率）
T. DIST. RT 函数	返回 t 分布
T. INV 函数	返回作为概率和自由度函数的 t 分布的 t 值
T. INV. 2T 函数	返回 t 分布的反函数
TREND 函数	返回沿线性趋势的值
TRIMMEAN 函数	返回数据集的内部平均值
T. TEST 函数	返回与 t 检验相关的概率
VAR. P 函数	计算基于样本总体的方差
VAR. S 函数	基于样本估算方差
VARA 函数	基于样本（包括数字、文本和逻辑值）估算方差
VARPA 函数	计算基于总体（包括数字、文本和逻辑值）的标准偏差
WEIBULL. DIST 函数	返回 Weibull 分布
Z. TEST 函数	返回 z 检验的单尾概率值

附表 A－2　　数学和三角函数

函数	说明
ABS 函数	返回数字的绝对值
ACOS 函数	返回数字的反余弦值
ACOSH 函数	返回数字的反双曲余弦值
AGGREGATE 函数	返回列表或数据库中的聚合
ASIN 函数	返回数字的反正弦值
ASINH 函数	返回数字的反双曲正弦值
ATAN 函数	返回数字的反正切值
ATAN2 函数	返回 X 和 Y 坐标的反正切值
ATANH 函数	返回数字的反双曲正切值

续前表

函数	说明
CEILING 函数	将数字舍入为最接近的整数或最接近的指定基数的倍数
CEILING. PRECISE 函数	将数字舍入为最接近的整数或最接近的指定基数的倍数。无论该数字的符号如何，该数字都向上舍入
COMBIN 函数	返回给定数目对象的组合数
COS 函数	返回数字的余弦值
COSH 函数	返回数字的双曲余弦值
DEGREES 函数	将弧度转换为度
EVEN 函数	将数字向上舍入到最接近的偶数
EXP 函数	返回 e 的 n 次方
FACT 函数	返回数字的阶乘
FACTDOUBLE 函数	返回数字的双倍阶乘
FLOOR 函数	向绝对值减小的方向舍入数字
FLOOR. PRECISE 函数	将数字向下舍入为最接近的整数或最接近的指定基数的倍数。无论该数字的符号如何，该数字都向下舍入
GCD 函数	返回最大公约数
INT 函数	将数字向下舍入到最接近的整数
LCM 函数	返回最小公倍数
LN 函数	返回数字的自然对数
LOG 函数	返回数字的以指定底为底的对数
LOG10 函数	返回数字的以 10 为底的对数
MDETERM 函数	返回数组的矩阵行列式的值
MINVERSE 函数	返回数组的逆矩阵
MMULT 函数	返回两个数组的矩阵乘积
MOD 函数	返回除法的余数
MROUND 函数	返回一个舍入到所需倍数的数字
MULTINOMIAL 函数	返回一组数字的多项式
ODD 函数	将数字向上舍入为最接近的奇数
PI 函数	返回 pi 的值
POWER 函数	返回数的乘幂
PRODUCT 函数	将参数相乘
QUOTIENT 函数	返回除法的整数部分
RADIANS 函数	将度转换为弧度
RAND 函数	返回 0 和 1 之间的一个随机数
RANDBETWEEN 函数	返回位于两个指定数之间的一个随机数
ROMAN 函数	将阿拉伯数字转换为文本式罗马数字
ROUND 函数	将数字按指定位数舍入
ROUNDDOWN 函数	向绝对值减小的方向舍入数字
ROUNDUP 函数	向绝对值增大的方向舍入数字
SERIESSUM 函数	返回基于公式的幂级数的和
SIGN 函数	返回数字的符号
SIN 函数	返回给定角度的正弦值
SINH 函数	返回数字的双曲正弦值
SQRT 函数	返回正平方根

续前表

函数	说明
SQRTPI 函数	返回某数与 pi 的乘积的平方根
SUBTOTAL 函数	返回列表或数据库中的分类汇总
SUM 函数	求参数的和
SUMIF 函数	按给定条件对指定单元格求和
SUMIFS 函数	在区域中添加满足多个条件的单元格
SUMPRODUCT 函数	返回对应的数组元素的乘积和
SUMSQ 函数	返回参数的平方和
SUMX2MY2 函数	返回两数组中对应值平方差之和
SUMX2PY2 函数	返回两数组中对应值的平方和之和
SUMXMY2 函数	返回两个数组中对应值差的平方和
TAN 函数	返回数字的正切值
TANH 函数	返回数字的双曲正切值
TRUNC 函数	将数字截尾取整

附表 A-3　　文本函数

函数	说明
ASC 函数	将字符串中的全角（双字节）英文字母或日语更改为半角（单字节）字符
BAHTTEXT 函数	将数字转换为泰语文本并添加后缀"泰铢"
CHAR 函数	返回由代码数字指定的字符
CLEAN 函数	删除文本中所有非打印字符
CODE 函数	返回文本字符串中第一个字符的数字代码
CONCATENATE 函数	将几个文本项合并为一个文本项
RMB 函数	使用"￥"（人民币）货币格式，将数字转换为文本
EXACT 函数	检查两个文本值是否相同
FIND、FINDB 函数	在一个文本值中查找另一个文本值（区分大小写）
FIXED 函数	将数字格式设置为具有固定小数位数的文本
JIS 函数	将字符串中的半角（单字节）英文字母或片假名更改为全角（双字节）字符
LEFT、LEFTB 函数	返回文本值中最左边的字符
LEN、LENB 函数	返回文本字符串中的字符个数
LOWER 函数	将文本转换为小写
MID、MIDB 函数	从文本字符串中的指定位置起返回特定个数的字符
PHONETIC 函数	提取文本字符串中的拼音（汉字注音）字符
PROPER 函数	将文本值的每个字的首字母大写
REPLACE、REPLACEB 函数	替换文本中的字符
REPT 函数	按给定次数重复文本
RIGHT、RIGHTB 函数	返回文本值中最右边的字符
SEARCH、SEARCHB 函数	在一个文本值中查找另一个文本值（不区分大小写）
SUBSTITUTE 函数	在文本字符串中用新文本替换旧文本
T 函数	将参数转换为文本
TEXT 函数	设置数字格式并将其转换为文本
TRIM 函数	删除文本中的空格

续前表

函数	说明
UPPER 函数	将文本转换为大写形式
VALUE 函数	将文本参数转换为数字

附表 A-4　　逻辑函数

函数	说明
AND 函数	如果所有参数均为 TRUE，则返回 TRUE
FALSE 函数	返回逻辑值 FALSE
IF 函数	指定要执行的逻辑检测
IFERROR 函数	如果公式的计算结果错误，则返回指定的值；否则返回公式的结果
NOT 函数	对参数的逻辑求反
OR 函数	如果任一参数为 TRUE，则返回 TRUE
TRUE 函数	返回逻辑值 TRUE

附表 A-5　　查找和引用函数

函数	说明
ADDRESS 函数	以文本形式将引用值返回到工作表的单个单元格
AREAS 函数	返回引用中涉及的区域个数
CHOOSE 函数	从值的列表中选择值
COLUMN 函数	返回引用的列号
COLUMNS 函数	返回引用中包含的列数
GETPIVOTDATA 函数	返回存储在数据透视表中的数据
HLOOKUP 函数	查找数组的首行，并返回指定单元格的值
HYPERLINK 函数	创建快捷方式或跳转，以打开存储在网络服务器、Intranet 或 Internet 上的文档
INDEX 函数	使用索引从引用或数组中选择值
INDIRECT 函数	返回由文本值指定的引用
LOOKUP 函数	在向量或数组中查找值
MATCH 函数	在引用或数组中查找值
OFFSET 函数	从给定引用中返回引用偏移量
ROW 函数	返回引用的行号
ROWS 函数	返回引用中的行数
TRANSPOSE 函数	返回数组的转置
VLOOKUP 函数	在数组第一列中查找，然后在行之间移动以返回单元格的值

附表 A-6　　日期和时间函数

函数	说明
DATE 函数	返回特定日期的序列号
DATEVALUE 函数	将文本格式的日期转换为序列号
DAY 函数	将序列号转换为月份日期
DAYS360 函数	以一年 360 天为基准计算两个日期间的天数
EDATE 函数	返回用于表示开始日期之前或之后月数的日期的序列号
EOMONTH 函数	返回指定月数之前或之后的月份的最后一天的序列号
HOUR 函数	将序列号转换为小时

续前表

函数	说明
MINUTE 函数	将序列号转换为分钟
MONTH 函数	将序列号转换为月
NETWORKDAYS 函数	返回两个日期间的完整工作日的天数
NETWORKDAYS. INTL 函数	返回两个日期之间的完整工作日的天数（使用参数指明周末有几天并指明是哪几天）
NOW 函数	返回当前日期和时间的序列号
SECOND 函数	将序列号转换为秒
TIME 函数	返回特定时间的序列号
TIMEVALUE 函数	将文本格式的时间转换为序列号
TODAY 函数	返回今天日期的序列号
WEEKDAY 函数	将序列号转换为星期日期
WEEKNUM 函数	将序列号转换为代表该星期为一年中第几周的数字
WORKDAY 函数	返回指定的若干个工作日之前或之后的日期的序列号
WORKDAY. INTL 函数	返回日期在指定的工作日天数之前或之后的序列号（使用参数指明周末有几天并指明是哪几天）
YEAR 函数	将序列号转换为年
YEARFRAC 函数	返回代表 start _ date 和 end _ date 之间整天天数的年份数

附表 A-7　　财务函数

函数	说明
ACCRINT 函数	返回定期支付利息的债券的应计利息
ACCRINTM 函数	返回在到期日支付利息的债券的应计利息
AMORDEGRC 函数	返回使用折旧系数的每个记账期的折旧值
AMORLINC 函数	返回每个记账期的折旧值
COUPDAYBS 函数	返回从付息期开始到结算日之间的天数
COUPDAYS 函数	返回包含结算日的付息期天数
COUPDAYSNC 函数	返回从结算日到下一付息日之间的天数
COUPNCD 函数	返回结算日之后的下一个付息日
COUPNUM 函数	返回结算日和到期日之间的应付利息次数
COUPPCD 函数	返回结算日之前的上一付息日
CUMIPMT 函数	返回两个付款期之间累积支付的利息
CUMPRINC 函数	返回两个付款期之间为贷款累积支付的本金
DB 函数	使用固定余额递减法，返回一笔资产在给定期间内的折旧值
DDB 函数	使用双倍余额递减法或其他指定方法，返回一笔资产在给定期间内的折旧值
DISC 函数	返回债券的贴现率
DOLLARDE 函数	将以分数表示的价格转换为以小数表示的价格
DOLLARFR 函数	将以小数表示的价格转换为以分数表示的价格
DURATION 函数	返回定期支付利息的债券的每年期限
EFFECT 函数	返回年有效利率
FV 函数	返回一笔投资的未来值
FVSCHEDULE 函数	返回应用一系列复利率计算的初始本金的未来值
INTRATE 函数	返回完全投资型债券的利率

续前表

函数	说明
IPMT 函数	返回一笔投资在给定期间内支付的利息
IRR 函数	返回一系列现金流的内部收益率
ISPMT 函数	计算特定投资期内要支付的利息
MDURATION 函数	返回假设面值为 ￥100 的有价证券的 Macauley 修正期限
MIRR 函数	返回正现金流和负现金流以不同利率进行计算的内部收益率
NOMINAL 函数	返回年度的名义利率
NPER 函数	返回投资的期数
NPV 函数	返回基于一系列定期的现金流和贴现率计算的投资的净现值
ODDFPRICE 函数	返回每张票面为 ￥100 且第一期为奇数的债券的现价
ODDFYIELD 函数	返回第一期为奇数的债券的收益
ODDLPRICE 函数	返回每张票面为 ￥100 且最后一期为奇数的债券的现价
ODDLYIELD 函数	返回最后一期为奇数的债券的收益
PMT 函数	返回年金的定期支付金额
PPMT 函数	返回一笔投资在给定期间内偿还的本金
PRICE 函数	返回每张票面为 ￥100 且定期支付利息的债券的现价
PRICEDISC 函数	返回每张票面为 ￥100 的已贴现债券的现价
PRICEMAT 函数	返回每张票面为 ￥100 且在到期日支付利息的债券的现价
PV 函数	返回投资的现值
RATE 函数	返回年金的各期利率
RECEIVED 函数	返回完全投资型债券在到期日收回的金额
SLN 函数	返回固定资产的每期线性折旧费
SYD 函数	返回某项固定资产按年限总和折旧法计算的每期折旧金额
TBILLEQ 函数	返回国库券的等价债券收益
TBILLPRICE 函数	返回面值 ￥100 的国库券的价格
TBILLYIELD 函数	返回国库券的收益率
VDB 函数	使用余额递减法，返回一笔资产在给定期间或部分期间内的折旧值
XIRR 函数	返回一组现金流的内部收益率，这些现金流不一定定期发生
XNPV 函数	返回一组现金流的净现值，这些现金流不一定定期发生
YIELD 函数	返回定期支付利息的债券的收益
YIELDDISC 函数	返回已贴现债券的年收益，例如短期国库券
YIELDMAT 函数	返回在到期日支付利息的债券的年收益

附表 B
Excel 功能键

按键	说明
F1	显示“Excel 帮助”任务窗格
	按“Ctrl+F1”将显示或隐藏功能区
	按“Alt+F1”可创建当前区域中数据的嵌入图表
	按“Alt+Shift+F1”可插入新的工作表
F2	编辑活动单元格并将插入点放在单元格内容的结尾。如果禁止在单元格中进行编辑，它也会将插入点移到编辑栏中
	按“Shift+F2”可添加或编辑单元格批注
	在“Backstage”视图中，按“Ctrl+F2”可显示“打印”选项卡上的打印预览区域
F3	显示“粘贴名称”对话框。仅当工作簿中存在名称时才可用
	按“Shift+F3”将显示“插入函数”对话框
F4	重复上一个命令或操作（如有可能）
	按“Ctrl+F4”可关闭选定的工作簿窗口
	按“Alt+F4”可关闭 Excel
F5	显示“定位”对话框
	按“Ctrl+F5”可恢复选定工作簿窗口的大小
F6	在工作表、功能区、任务窗格和缩放控件之间切换。在已拆分（通过依次单击“视图”菜单→“管理此窗口”→“冻结窗格”→“拆分窗口”命令来进行拆分）的工作表中，在窗格和功能区区域之间切换时，按 F6 键可包括已拆分的窗格
	按“Shift+F6”可以在工作表、缩放控件、任务窗格和功能区之间切换
	如果打开了多个工作簿窗口，则按“Ctrl+F6”可切换到下一个工作簿窗口
F7	显示“拼写检查”对话框，以检查活动工作表或选定范围中的拼写
	如果工作簿窗口未最大化，则按“Ctrl+F7”可对该窗口执行“移动”命令。使用箭头键移动窗口，并在完成时按 Enter 键，或按 Esc 键取消
F8	打开或关闭扩展模式。在扩展模式中，“扩展选定区域”将出现在状态行中，并且按箭头键可扩展选定范围
	通过按“Shift+F8”，可以使用箭头键将非邻近单元格或区域添加到单元格的选定范围中
	当工作簿未最大化时，按“Ctrl+F8”可执行“大小”命令（在工作簿窗口的“控制”菜单上）
	按“Alt+F8”可显示用于创建、运行、编辑或删除宏的“宏”对话框

续前表

按键	说明
F9	计算所有打开的工作簿中的所有工作表
	按“Shift+F9”可计算活动工作表
	按“Ctrl+Alt+F9”可计算所有打开的工作簿中的所有工作表，不管它们自上次计算以来是否已更改
	如果按“Ctrl+Alt+Shift+F9”，则会重新检查相关公式，然后计算所有打开的工作簿中的所有单元格，其中包括未标记为需要计算的单元格
	按“Ctrl+F9”可将工作簿窗口最小化为图标
F10	打开或关闭按键提示（按 Alt 键也能实现同样目的）
	按“Shift+F10”可显示选定项目的快捷菜单
	按“Alt+Shift+F10”可显示用于“错误检查”按钮的菜单或消息
	按“Ctrl+F10”可最大化或还原选定的工作簿窗口
F11	在单独的图表工作表中创建当前范围内数据的图表
	按“Shift+F11”可插入一个新工作表
	按“Alt+F11”可打开 Microsoft Visual Basic For Applications 编辑器，用户可以在该编辑器中通过 Visual Basic for Applications（VBA）来创建宏
F12	显示“另存为”对话框

附表 C Excel 快捷键组合

按键	说明
Ctrl＋Shift＋（	取消隐藏选定范围内所有隐藏的行
Ctrl＋Shift＋&	将外框应用于选定单元格
Ctrl＋Shift＋_	从选定单元格删除外框
Ctrl＋Shift＋～	应用“常规”数字格式
Ctrl＋Shift＋$	应用带有两位小数的“货币”格式（负数放在括号中）
Ctrl＋Shift＋%	应用不带小数位的“百分比”格式
Ctrl＋Shift＋ˆ	应用带有两位小数的科学计数格式
Ctrl＋Shift＋#	应用带有日、月和年的“日期”格式
Ctrl＋Shift＋@	应用带有小时和分钟以及 AM 或 PM 的“时间”格式
Ctrl＋Shift＋!	应用带有两位小数、千位分隔符和减号（－）（用于负值）的“数值”格式
Ctrl＋Shift＋*	1. 选择环绕活动单元格的当前区域（由空白行和空白列围起的数据区域） 2. 在数据透视表中，将选择整个数据透视表
Ctrl＋Shift＋：	输入当前时间
Ctrl＋Shift＋"	将值从活动单元格上方的单元格复制到单元格或编辑栏中
Ctrl＋Shift＋加号（＋）	显示用于插入空白单元格的“插入”对话框
Ctrl＋减号（－）	显示用于删除选定单元格的“删除”对话框
Ctrl＋；	输入当前日期
Ctrl＋`	在工作表中切换显示单元格值和公式
Ctrl＋′	将公式从活动单元格上方的单元格复制到单元格或编辑栏中
Ctrl＋1	显示“单元格格式”对话框
Ctrl＋2	应用或取消加粗格式设置
Ctrl＋3	应用或取消倾斜格式设置
Ctrl＋4	应用或取消下划线
Ctrl＋5	应用或取消删除线
Ctrl＋6	在隐藏对象和显示对象之间切换
Ctrl＋8	显示或隐藏大纲符号
Ctrl＋9	隐藏选定的行
Ctrl＋0	隐藏选定的列